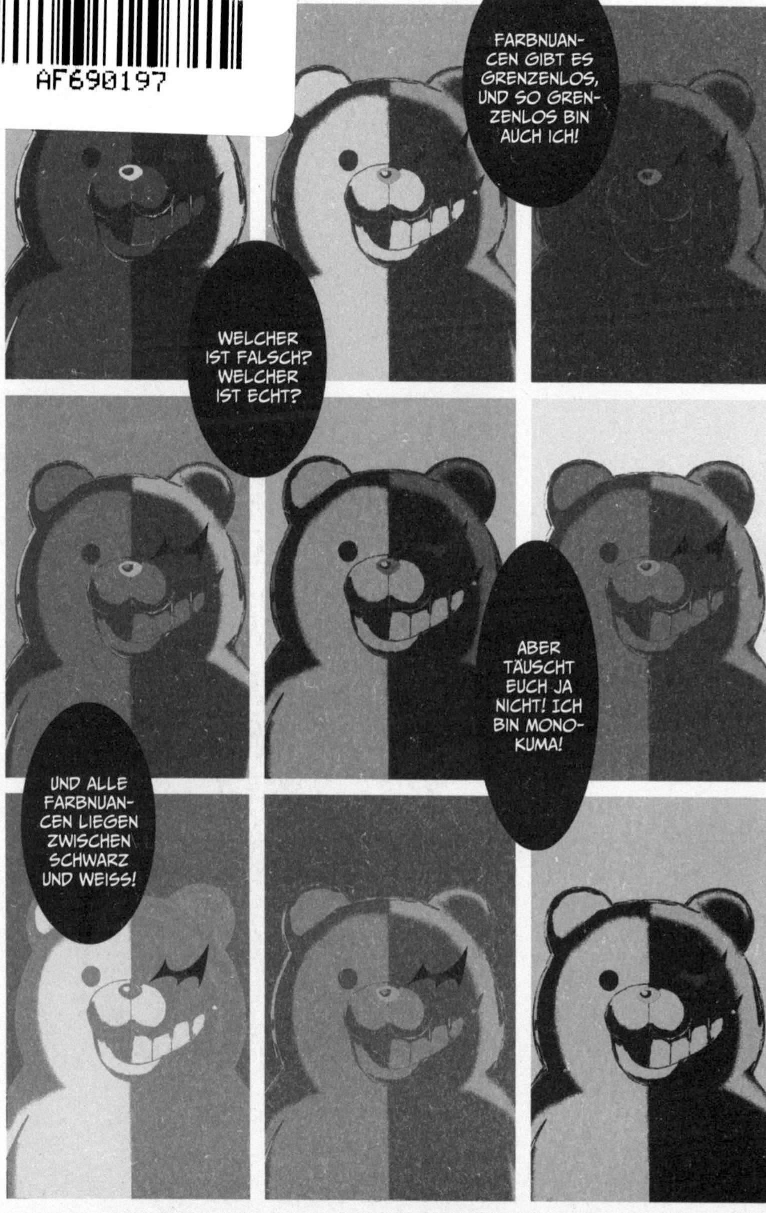
FARBNUANCEN GIBT ES GRENZENLOS, UND SO GRENZENLOS BIN AUCH ICH!
WELCHER IST FALSCH? WELCHER IST ECHT?
ABER TÄUSCHT EUCH JA NICHT! ICH BIN MONOKUMA!
UND ALLE FARBNUANCEN LIEGEN ZWISCHEN SCHWARZ UND WEISS!

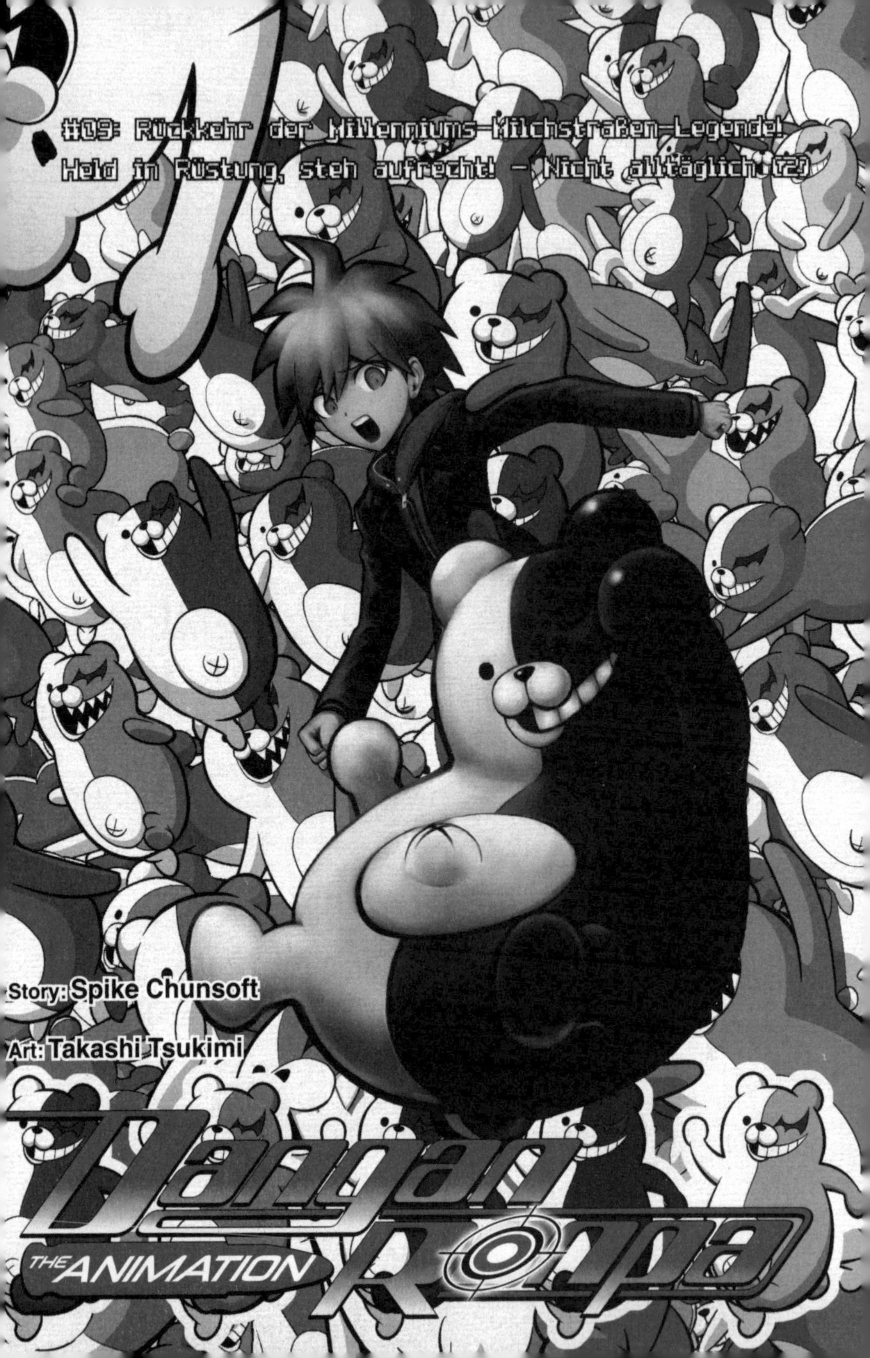
#09: Rückkehr der Millenniums-Milchstraßen-Legende!
Held in Rüstung, steh aufrecht! - Nicht alltäglich (2)
Story: Spike Chunsoft
Art: Takashi Tsukimi
Dangan Ronpa
THE ANIMATION

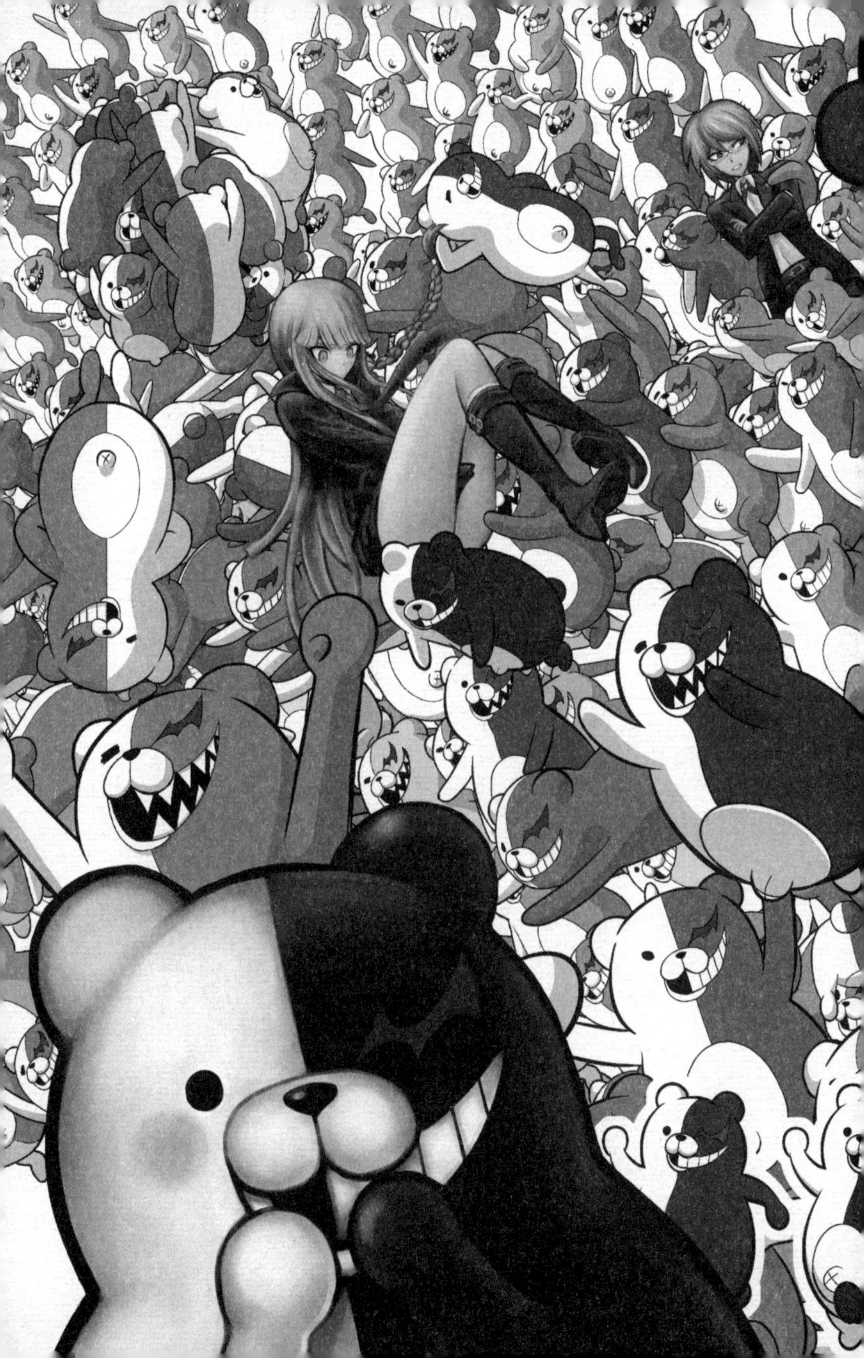

Inhalt

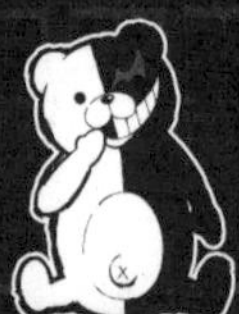

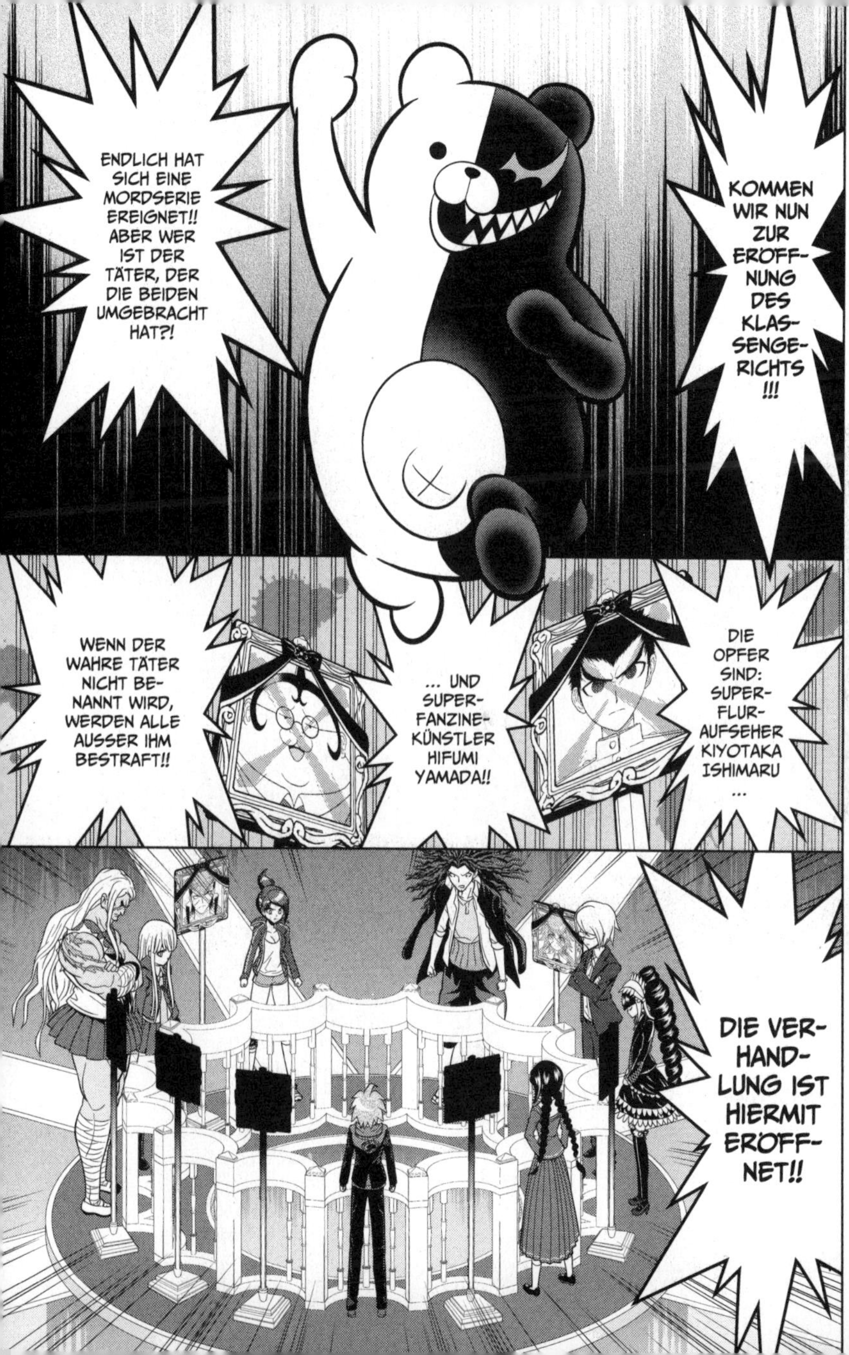
ENDLICH HAT SICH EINE MORDSERIE EREIGNET!! ABER WER IST DER TÄTER, DER DIE BEIDEN UMGEBRACHT HAT?!
KOMMEN WIR NUN ZUR ERÖFF-NUNG DES KLAS-SENGE-RICHTS !!!
DIE OPFER SIND: SUPER-FLUR-AUFSEHER KIYOTAKA ISHIMARU ...
... UND SUPER-FANZINE-KÜNSTLER HIFUMI YAMADA!!
WENN DER WAHRE TÄTER NICHT BE-NANNT WIRD, WERDEN ALLE AUSSER IHM BESTRAFT!!
DIE VER-HAND-LUNG IST HIERMIT ERÖFF-NET!!

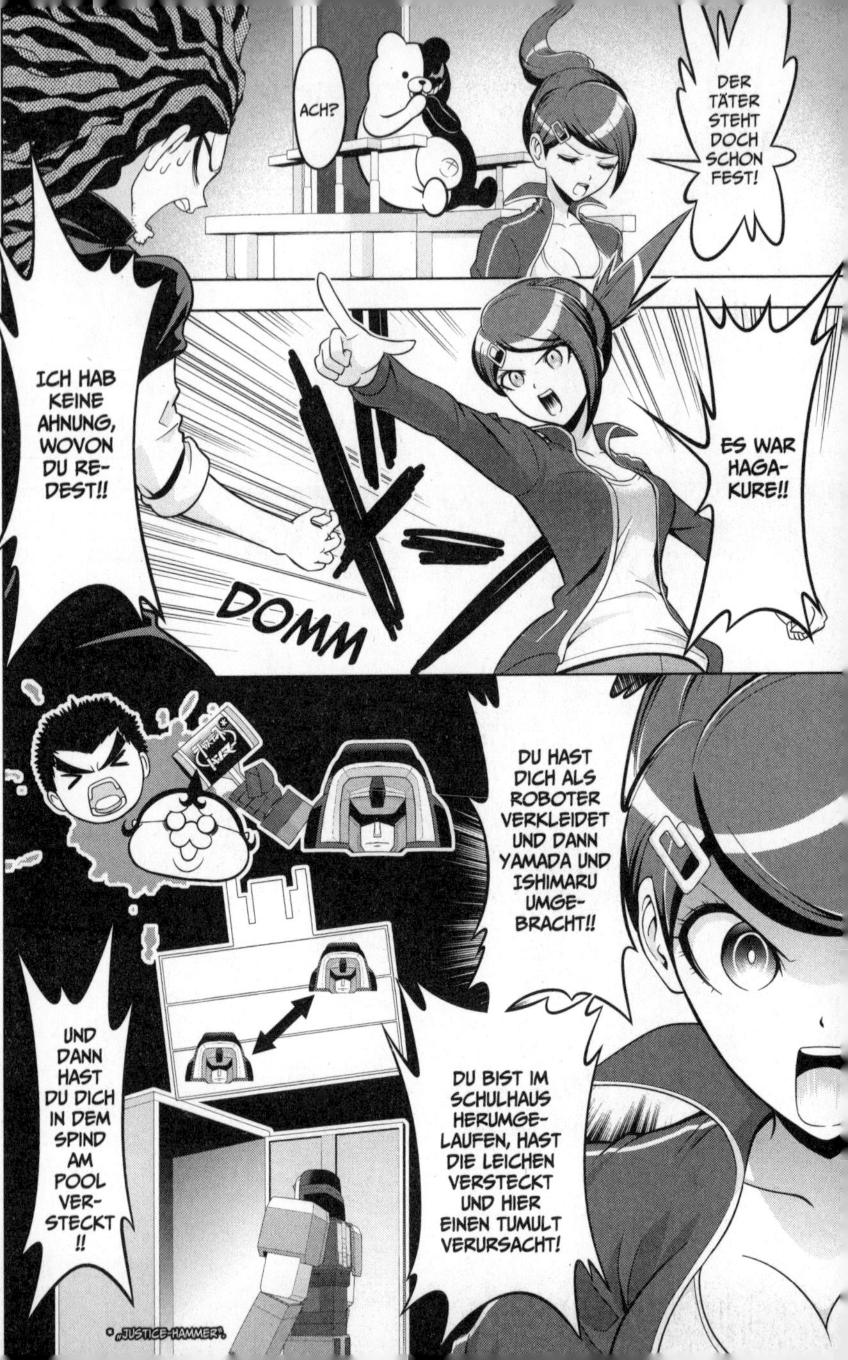

* „JUSTICE-HAMMER".

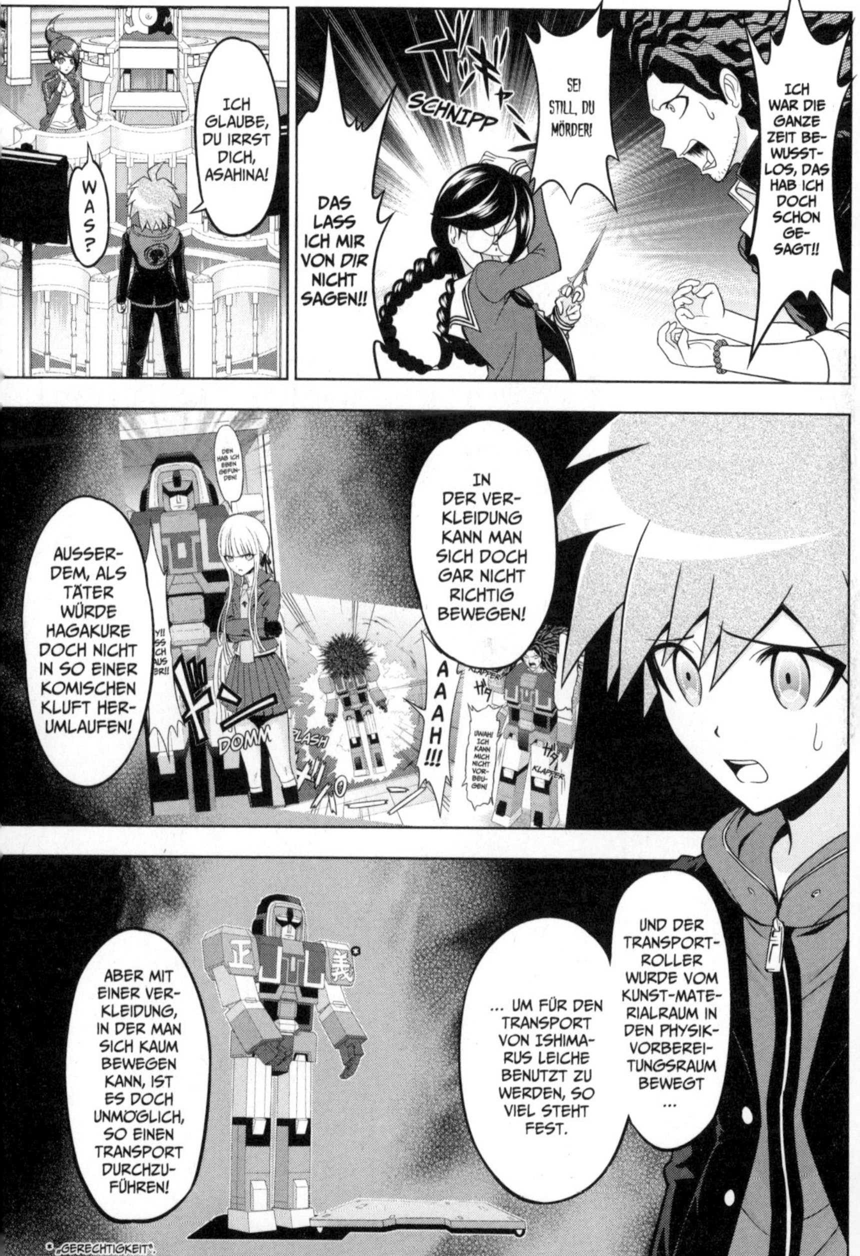

* „GERECHTIGKEIT“.

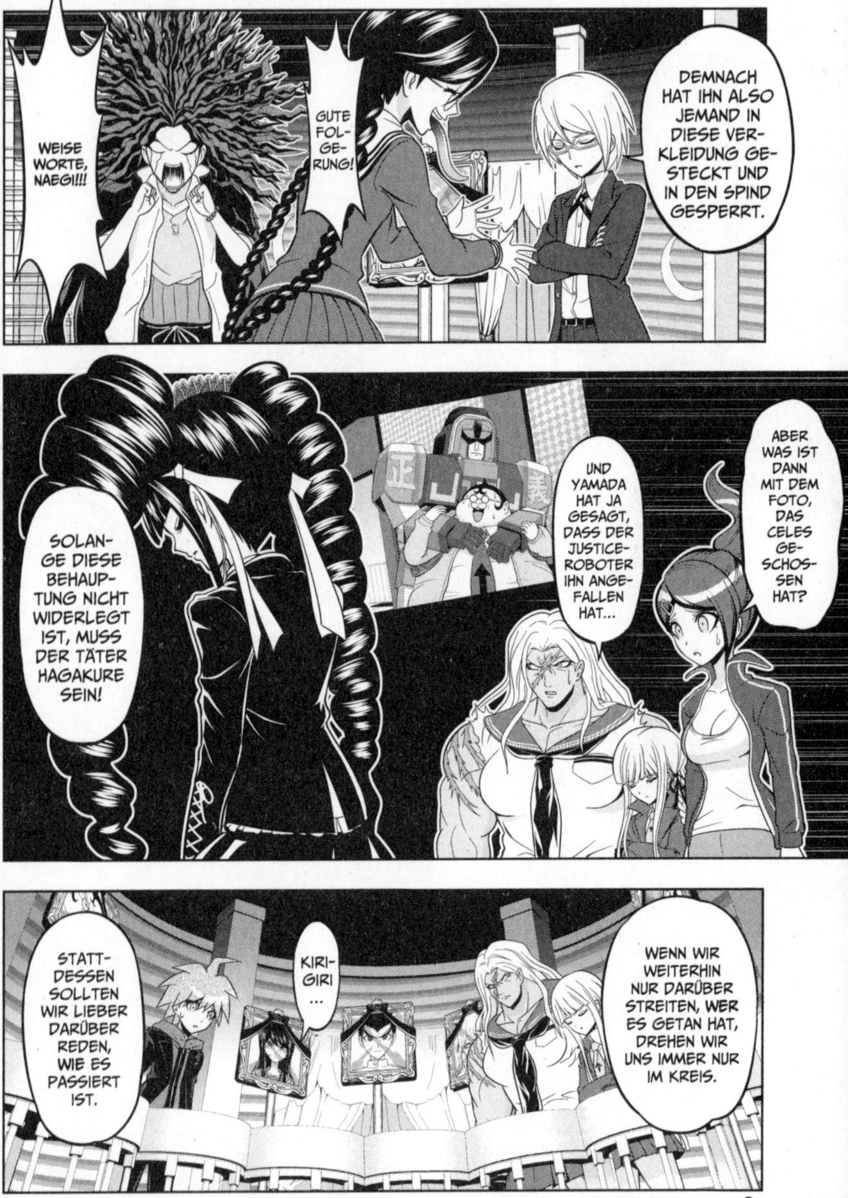
DEMNACH HAT IHN ALSO JEMAND IN DIESE VERKLEIDUNG GESTECKT UND IN DEN SPIND GESPERRT.
GUTE FOLGERUNG!
WEISE WORTE, NAEGI!!!
ABER WAS IST DANN MIT DEM FOTO, DAS CELES GESCHOSSEN HAT?
UND YAMADA HAT JA GESAGT, DASS DER JUSTICE-ROBOTER IHN ANGEFALLEN HAT...
SOLANGE DIESE BEHAUPTUNG NICHT WIDERLEGT IST, MUSS DER TÄTER HAGAKURE SEIN!
WENN WIR WEITERHIN NUR DARÜBER STREITEN, WER ES GETAN HAT, DREHEN WIR UNS IMMER NUR IM KREIS.
KIRIGIRI ...
STATTDESSEN SOLLTEN WIR LIEBER DARÜBER REDEN, WIE ES PASSIERT IST.

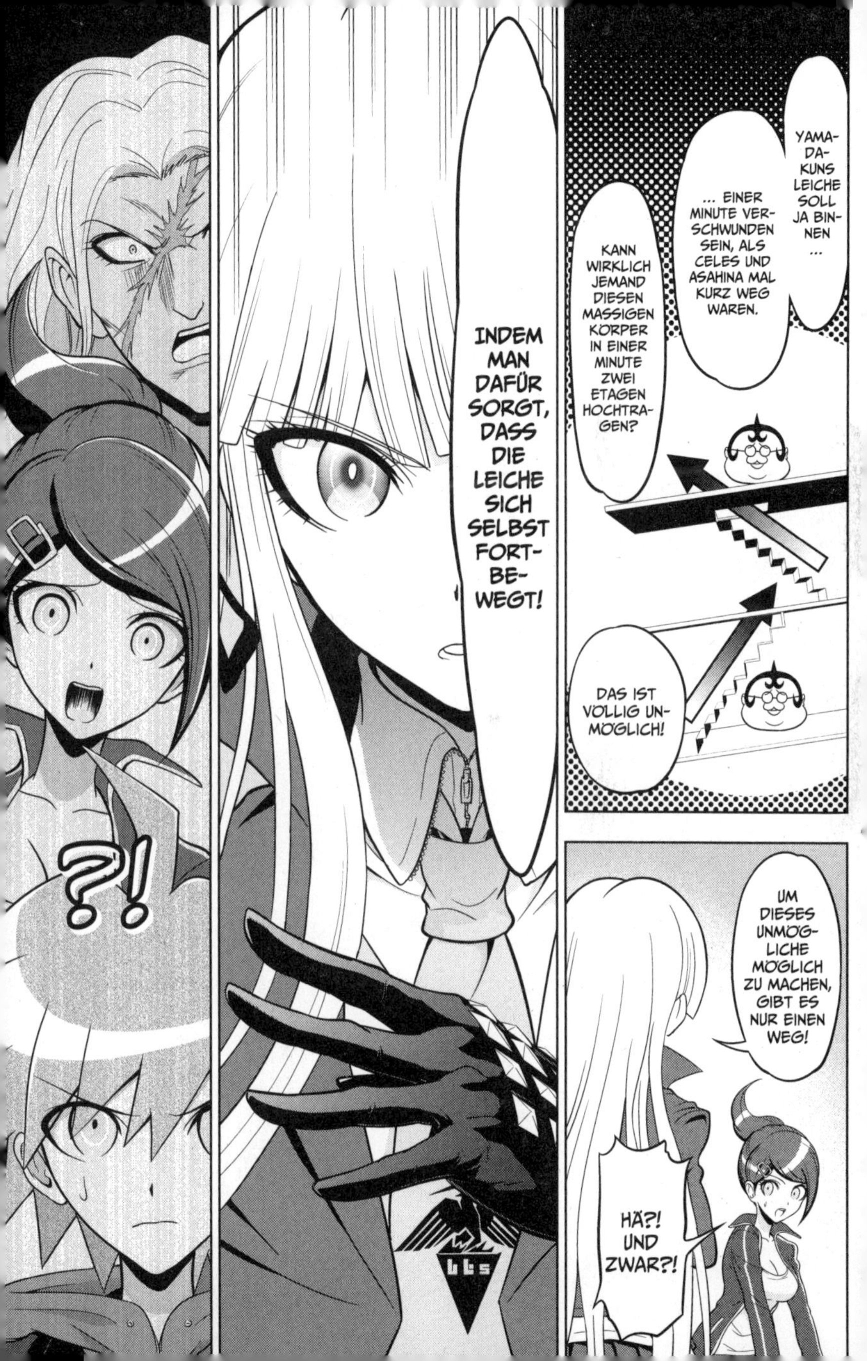
YAMADA-KUNS LEICHE SOLL JA BINNEN ...
... EINER MINUTE VERSCHWUNDEN SEIN, ALS CELES UND ASAHINA MAL KURZ WEG WAREN.
KANN WIRKLICH JEMAND DIESEN MASSIGEN KÖRPER IN EINER MINUTE ZWEI ETAGEN HOCHTRAGEN?
DAS IST VÖLLIG UNMÖGLICH!
UM DIESES UNMÖGLICHE MÖGLICH ZU MACHEN, GIBT ES NUR EINEN WEG!
HÄ?! UND ZWAR?!
INDEM MAN DAFÜR SORGT, DASS DIE LEICHE SICH SELBST FORTBEWEGT!
?!

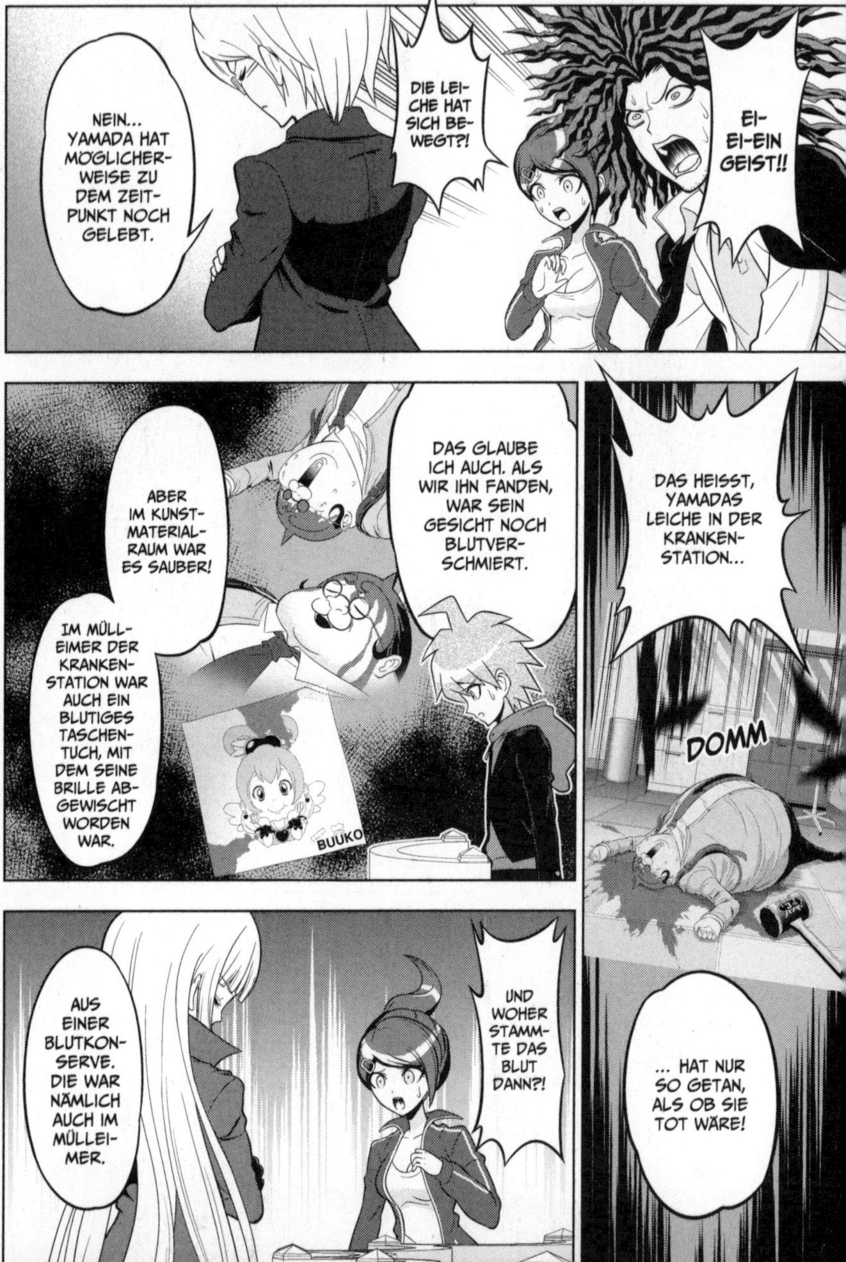
EI-
EI-EIN
GEIST!!
DIE LEICHE HAT SICH BEWEGT?!
NEIN... YAMADA HAT MÖGLICHERWEISE ZU DEM ZEITPUNKT NOCH GELEBT.
DAS HEISST, YAMADAS LEICHE IN DER KRANKENSTATION...
DOMM
DAS GLAUBE ICH AUCH. ALS WIR IHN FANDEN, WAR SEIN GESICHT NOCH BLUTVERSCHMIERT.
ABER IM KUNSTMATERIALRAUM WAR ES SAUBER!
IM MÜLLEIMER DER KRANKENSTATION WAR AUCH EIN BLUTIGES TASCHENTUCH, MIT DEM SEINE BRILLE ABGEWISCHT WORDEN WAR.
BUUKO
... HAT NUR SO GETAN, ALS OB SIE TOT WÄRE!
UND WOHER STAMMTE DAS BLUT DANN?!
AUS EINER BLUTKONSERVE. DIE WAR NÄMLICH AUCH IM MÜLLEIMER.

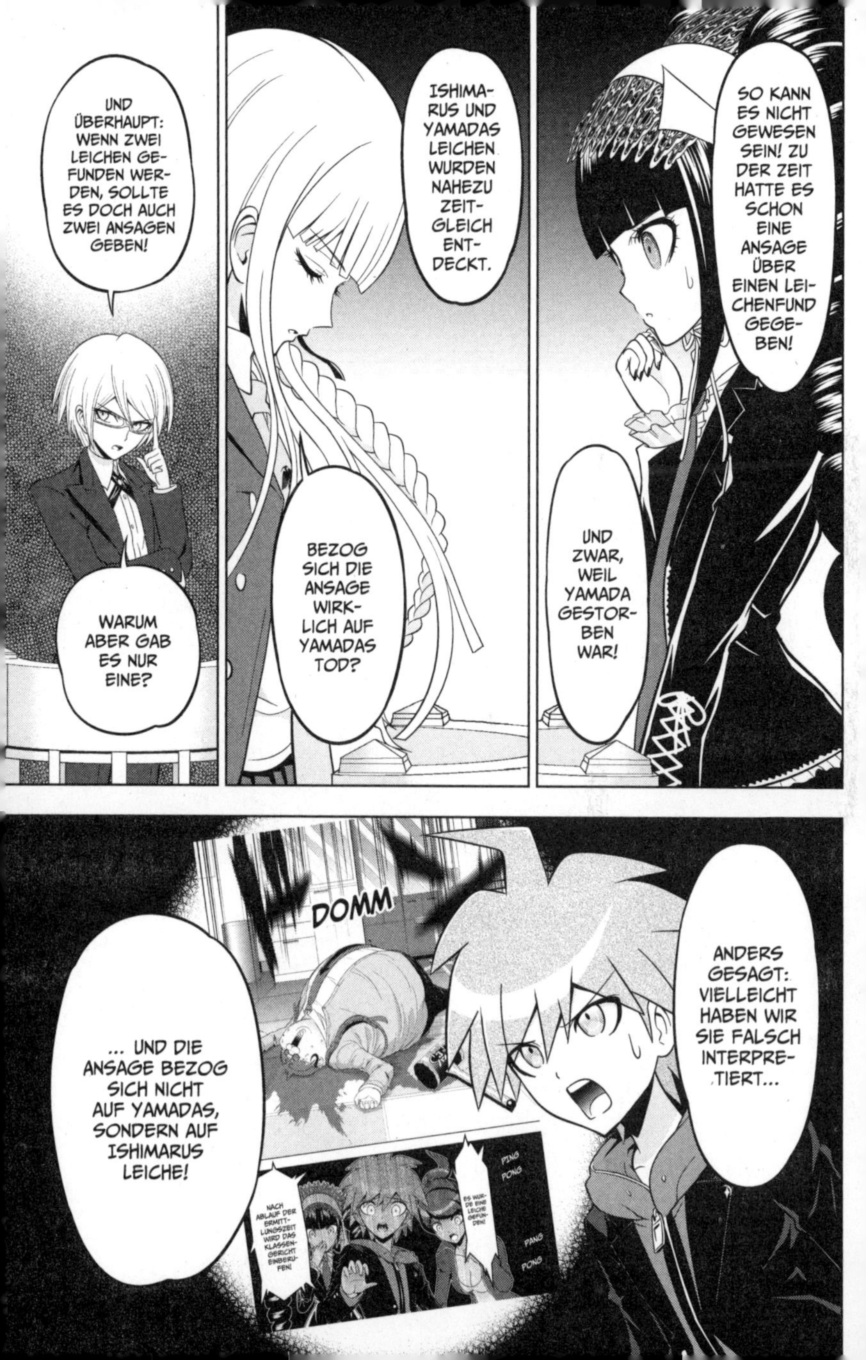
SO KANN ES NICHT GEWESEN SEIN! ZU DER ZEIT HATTE ES SCHON EINE ANSAGE ÜBER EINEN LEICHENFUND GEGEBEN!
UND ZWAR, WEIL YAMADA GESTORBEN WAR!
ISHIMARUS UND YAMADAS LEICHEN WURDEN NAHEZU ZEITGLEICH ENTDECKT.
BEZOG SICH DIE ANSAGE WIRKLICH AUF YAMADAS TOD?
UND ÜBERHAUPT: WENN ZWEI LEICHEN GEFUNDEN WERDEN, SOLLTE ES DOCH AUCH ZWEI ANSAGEN GEBEN!
WARUM ABER GAB ES NUR EINE?
ANDERS GESAGT: VIELLEICHT HABEN WIR SIE FALSCH INTERPRETIERT...
DOMM
... UND DIE ANSAGE BEZOG SICH NICHT AUF YAMADAS, SONDERN AUF ISHIMARUS LEICHE!
PING PONG
ES WURDE EINE LEICHE GEFUNDEN!
PANG PONG
NACH ABLAUF DER ERMITTLUNGSZEIT WIRD DAS KLASSENGERICHT EINBERUFEN!

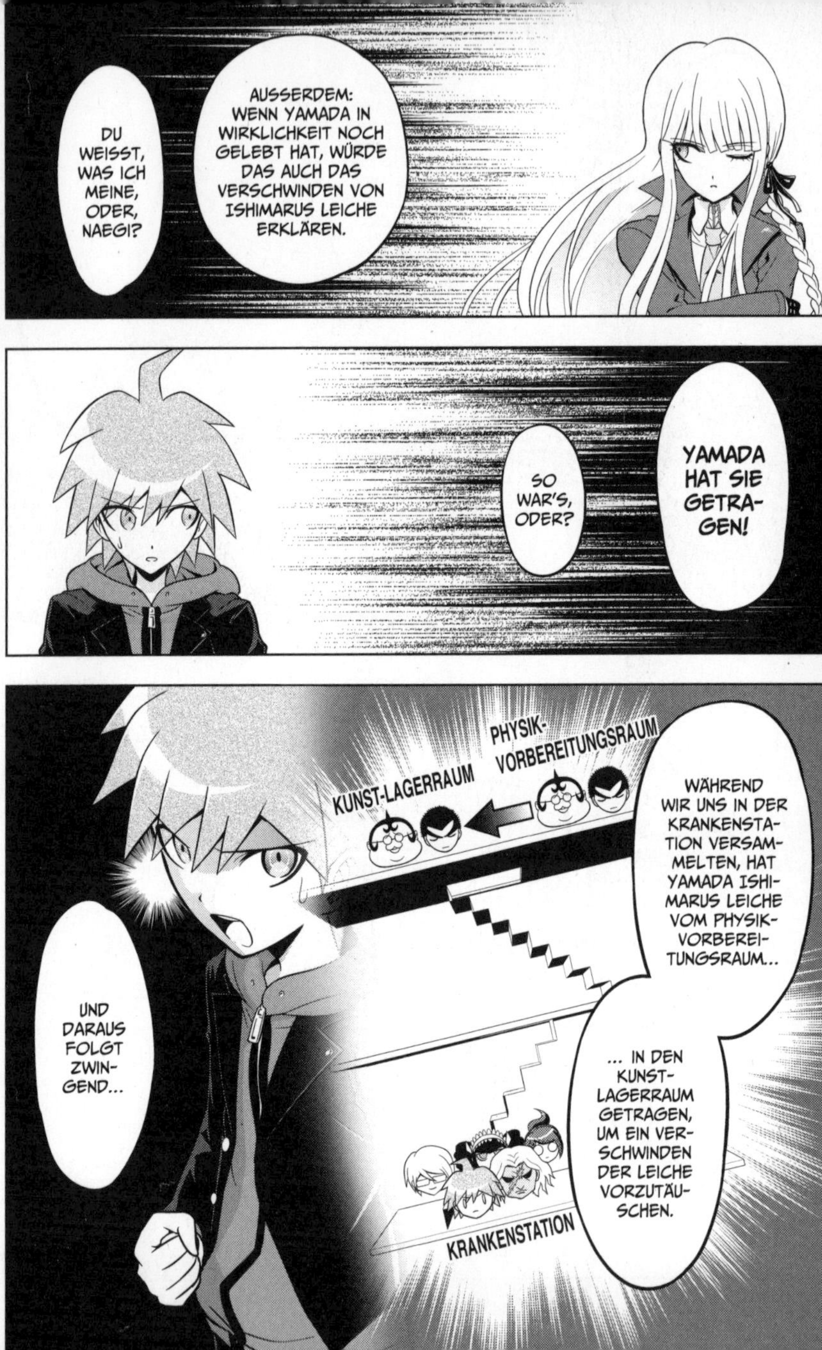
AUSSERDEM: WENN YAMADA IN WIRKLICHKEIT NOCH GELEBT HAT, WÜRDE DAS AUCH DAS VERSCHWINDEN VON ISHIMARUS LEICHE ERKLÄREN.
DU WEISST, WAS ICH MEINE, ODER, NAEGI?
YAMADA HAT SIE GETRAGEN!
SO WAR'S, ODER?
WÄHREND WIR UNS IN DER KRANKENSTATION VERSAMMELTEN, HAT YAMADA ISHIMARUS LEICHE VOM PHYSIKVORBEREITUNGSRAUM...
PHYSIK-VORBEREITUNGSRAUM
KUNST-LAGERRAUM
... IN DEN KUNST-LAGERRAUM GETRAGEN, UM EIN VERSCHWINDEN DER LEICHE VORZUTÄUSCHEN.
KRANKENSTATION
UND DARAUS FOLGT ZWINGEND...

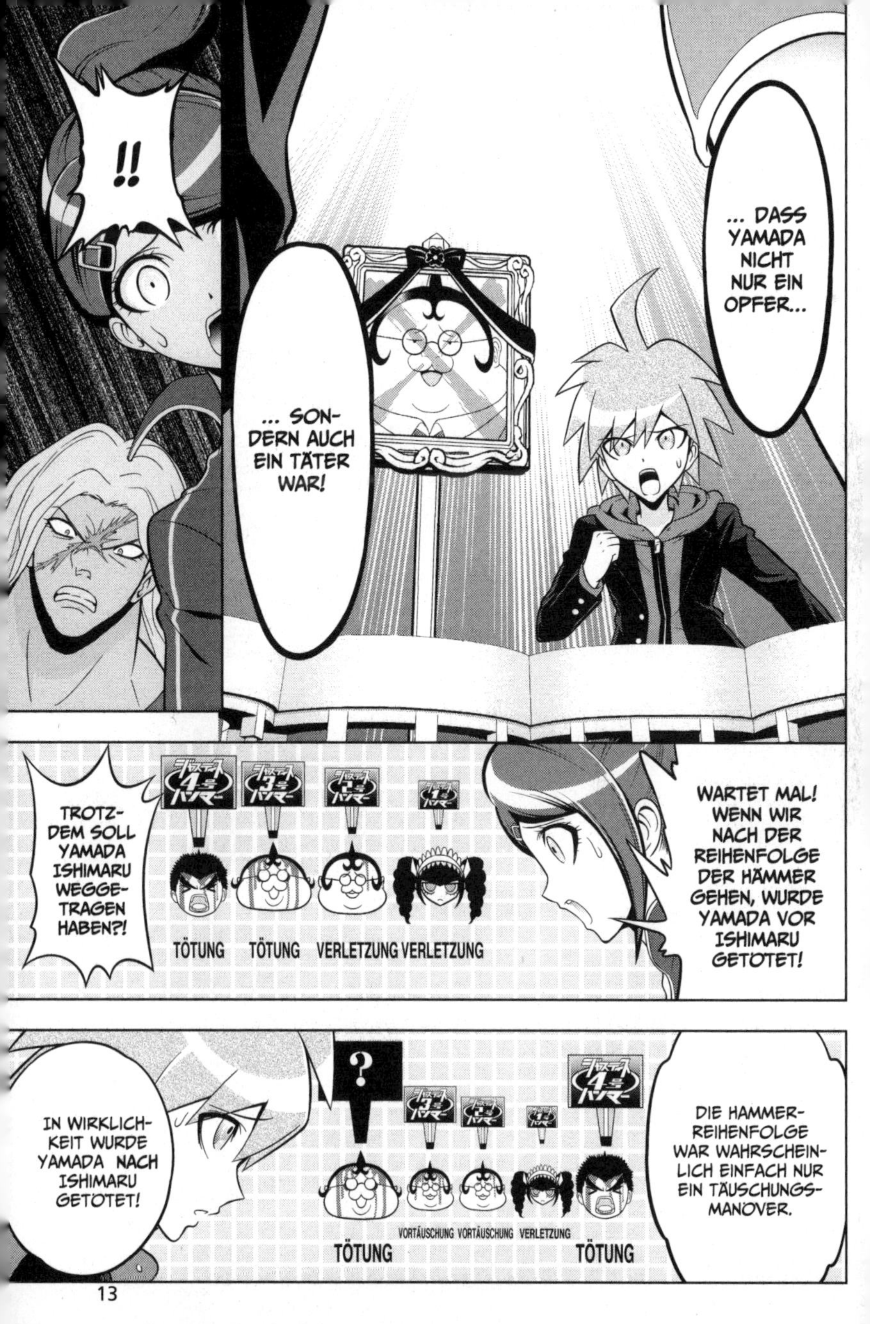
!!
... DASS YAMADA NICHT NUR EIN OPFER...
... SONDERN AUCH EIN TÄTER WAR!
WARTET MAL! WENN WIR NACH DER REIHENFOLGE DER HÄMMER GEHEN, WURDE YAMADA VOR ISHIMARU GETÖTET!
TÖTUNG
TÖTUNG
VERLETZUNG
VERLETZUNG
TROTZDEM SOLL YAMADA ISHIMARU WEGGETRAGEN HABEN?!
DIE HAMMER-REIHENFOLGE WAR WAHRSCHEINLICH EINFACH NUR EIN TÄUSCHUNGSMANÖVER.
?
TÖTUNG
VORTÄUSCHUNG
VORTÄUSCHUNG
VERLETZUNG
TÖTUNG
IN WIRKLICHKEIT WURDE YAMADA NACH ISHIMARU GETÖTET!

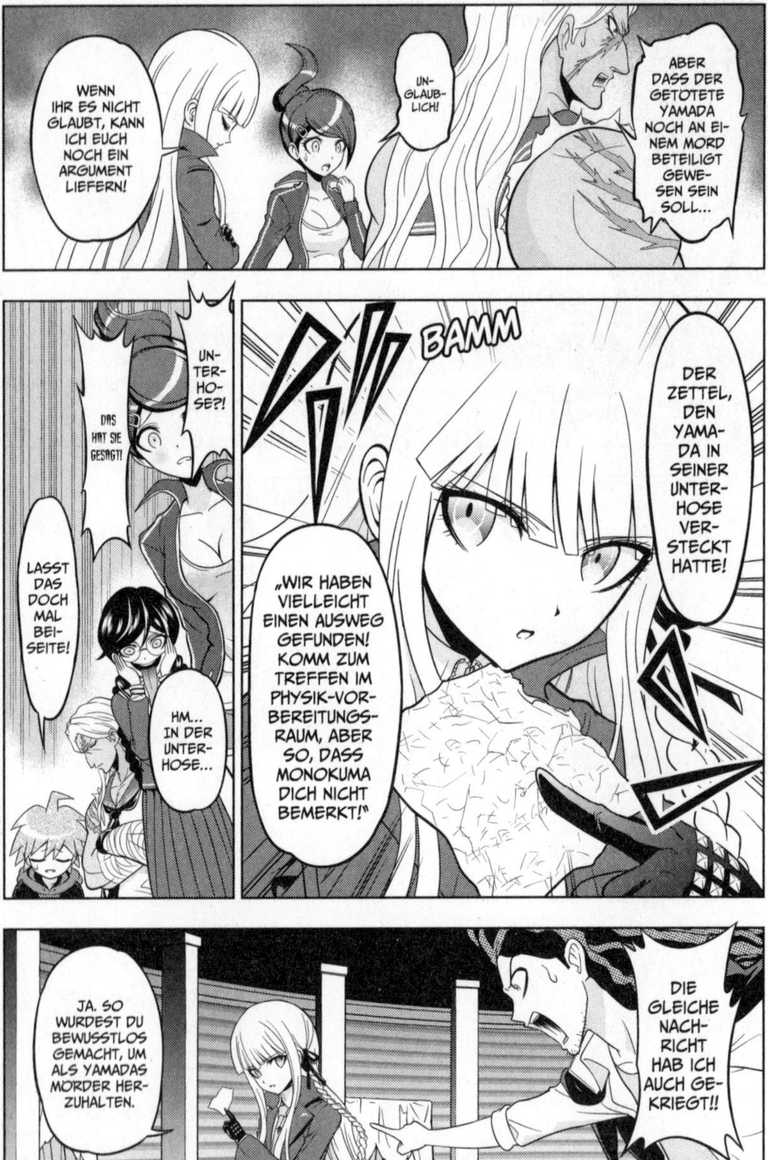
ABER DASS DER GETÖTETE YAMADA NOCH AN EINEM MORD BETEILIGT GEWESEN SEIN SOLL...
UNGLAUBLICH!
WENN IHR ES NICHT GLAUBT, KANN ICH EUCH NOCH EIN ARGUMENT LIEFERN!
DER ZETTEL, DEN YAMADA IN SEINER UNTERHOSE VERSTECKT HATTE!
BAMM
„WIR HABEN VIELLEICHT EINEN AUSWEG GEFUNDEN! KOMM ZUM TREFFEN IM PHYSIK-VORBEREITUNGSRAUM, ABER SO, DASS MONOKUMA DICH NICHT BEMERKT!“
UNTERHOSE?!
DAS HAT SIE GESAGT!
LASST DAS DOCH MAL BEISEITE!
HM... IN DER UNTERHOSE...
DIE GLEICHE NACHRICHT HAB ICH AUCH GEKRIEGT!!
JA. SO WURDEST DU BEWUSSTLOS GEMACHT, UM ALS YAMADAS MÖRDER HERZUHALTEN.

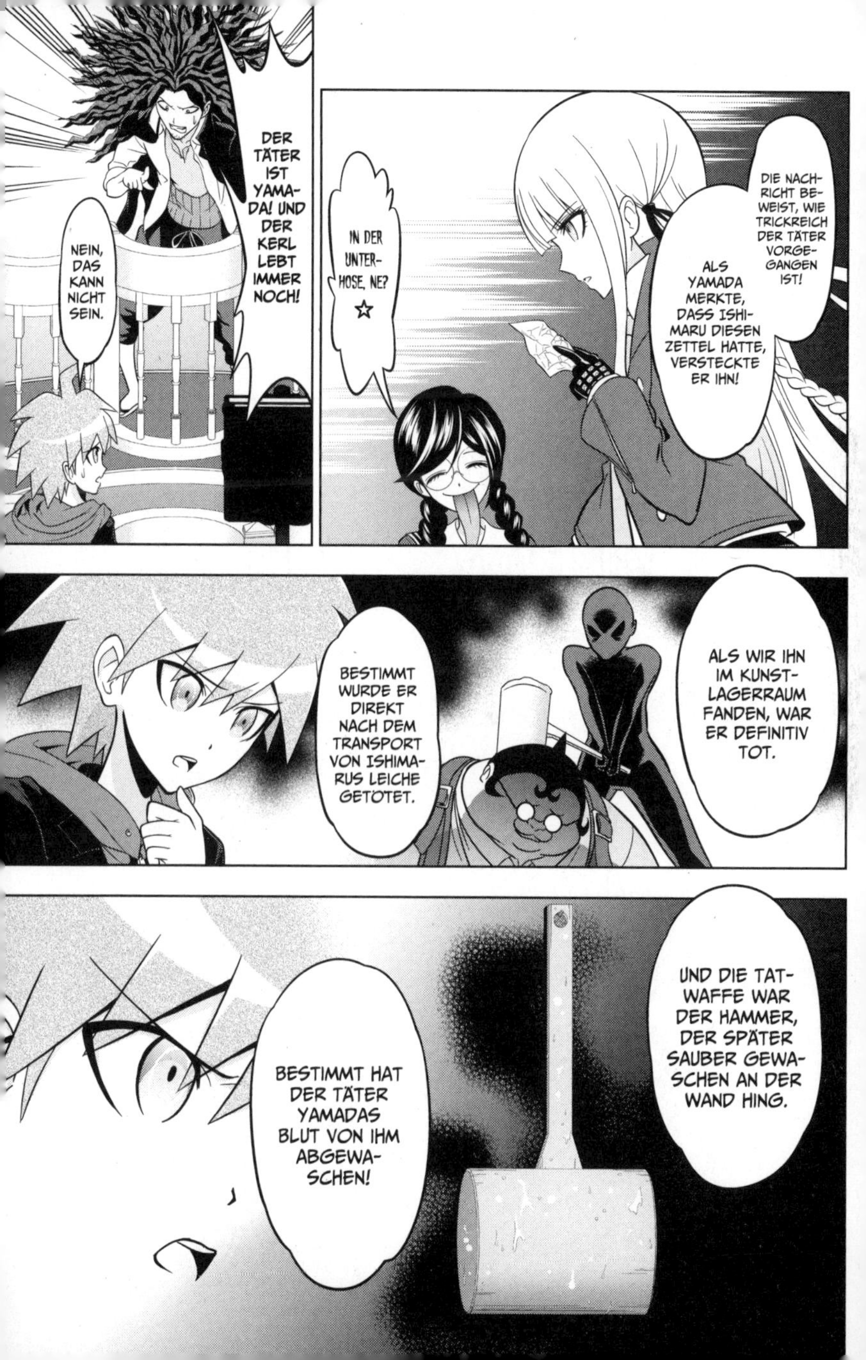
DIE NACHRICHT BEWEIST, WIE TRICKREICH DER TÄTER VORGEGANGEN IST!
ALS YAMADA MERKTE, DASS ISHIMARU DIESEN ZETTEL HATTE, VERSTECKTE ER IHN!
IN DER UNTERHOSE, NE? ☆
DER TÄTER IST YAMADA! UND DER KERL LEBT IMMER NOCH!
NEIN, DAS KANN NICHT SEIN.
ALS WIR IHN IM KUNSTLAGERRAUM FANDEN, WAR ER DEFINITIV TOT.
BESTIMMT WURDE ER DIREKT NACH DEM TRANSPORT VON ISHIMARUS LEICHE GETOTET.
UND DIE TATWAFFE WAR DER HAMMER, DER SPÄTER SAUBER GEWASCHEN AN DER WAND HING.
BESTIMMT HAT DER TÄTER YAMADAS BLUT VON IHM ABGEWASCHEN!

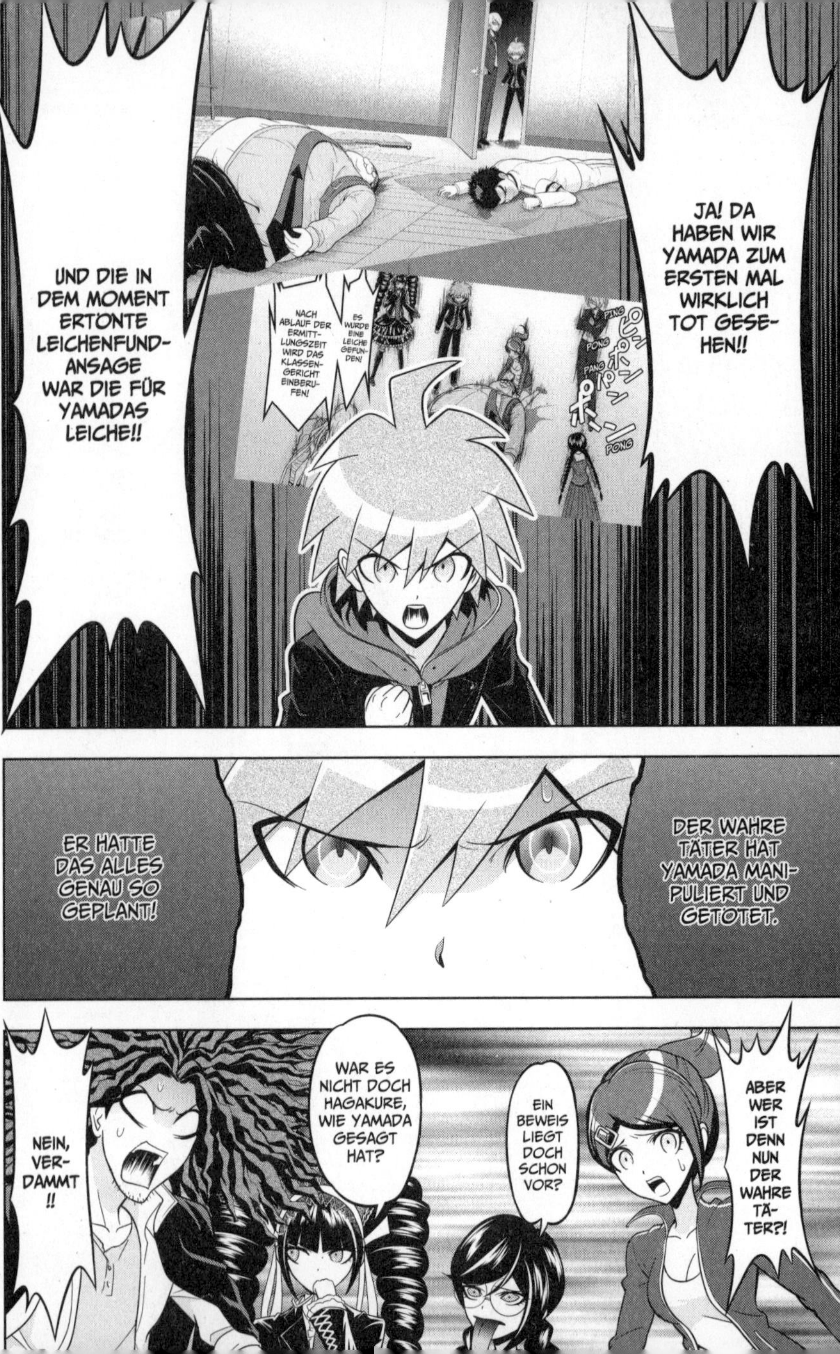
JA! DA HABEN WIR YAMADA ZUM ERSTEN MAL WIRKLICH TOT GESEHEN!!
UND DIE IN DEM MOMENT ERTÖNTE LEICHENFUND-ANSAGE WAR DIE FÜR YAMADAS LEICHE!!
PING PONG PANG PONG
ES WURDE EINE LEICHE GEFUNDEN!
NACH ABLAUF DER ERMITTLUNGSZEIT WIRD DAS KLASSENGERICHT EINBERUFEN!
DER WAHRE TÄTER HAT YAMADA MANIPULIERT UND GETÖTET.
ER HATTE DAS ALLES GENAU SO GEPLANT!
ABER WER IST DENN NUN DER WAHRE TÄTER?!
EIN BEWEIS LIEGT DOCH SCHON VOR?
WAR ES NICHT DOCH HAGAKURE, WIE YAMADA GESAGT HAT?
NEIN, VERDAMMT!!

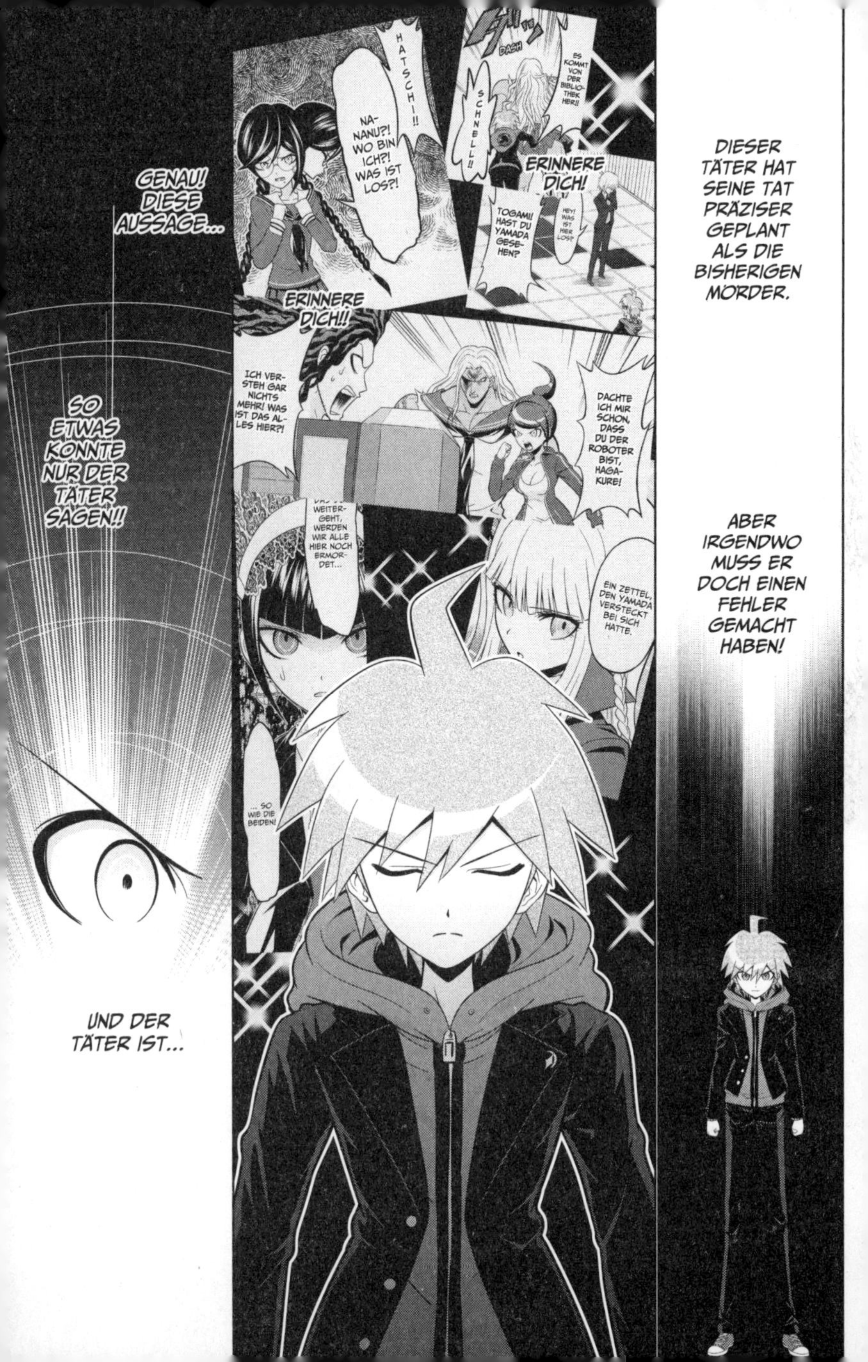

DIESER TÄTER HAT SEINE TAT PRÄZISER GEPLANT ALS DIE BISHERIGEN MÖRDER.
ABER IRGENDWO MUSS ER DOCH EINEN FEHLER GEMACHT HABEN!
DASH
ES KOMMT VON DER BIBLIOTHEK HER!!
SCHNELL!!
ERINNERE DICH!
HEY! WAS IST HIER LOS?
TOGAMI! HAST DU YAMADA GESEHEN?
HATSCHI!!
NA-NANU?! WO BIN ICH?! WAS IST LOS?!
ERINNERE DICH!!
DACHTE ICH MIR SCHON, DASS DU DER ROBOTER BIST, HAGAKURE!
ICH VERSTEH GAR NICHTS MEHR! WAS IST DAS ALLES HIER?!
EIN ZETTEL, DEN YAMADA VERSTECKT BEI SICH HATTE.
WEITERGEHT, WERDEN WIR ALLE HIER NOCH ERMORDET...
... SO WIE DIE BEIDEN!
GENAU! DIESE AUSSAGE...
SO ETWAS KONNTE NUR DER TÄTER SAGEN!!
UND DER TÄTER IST...

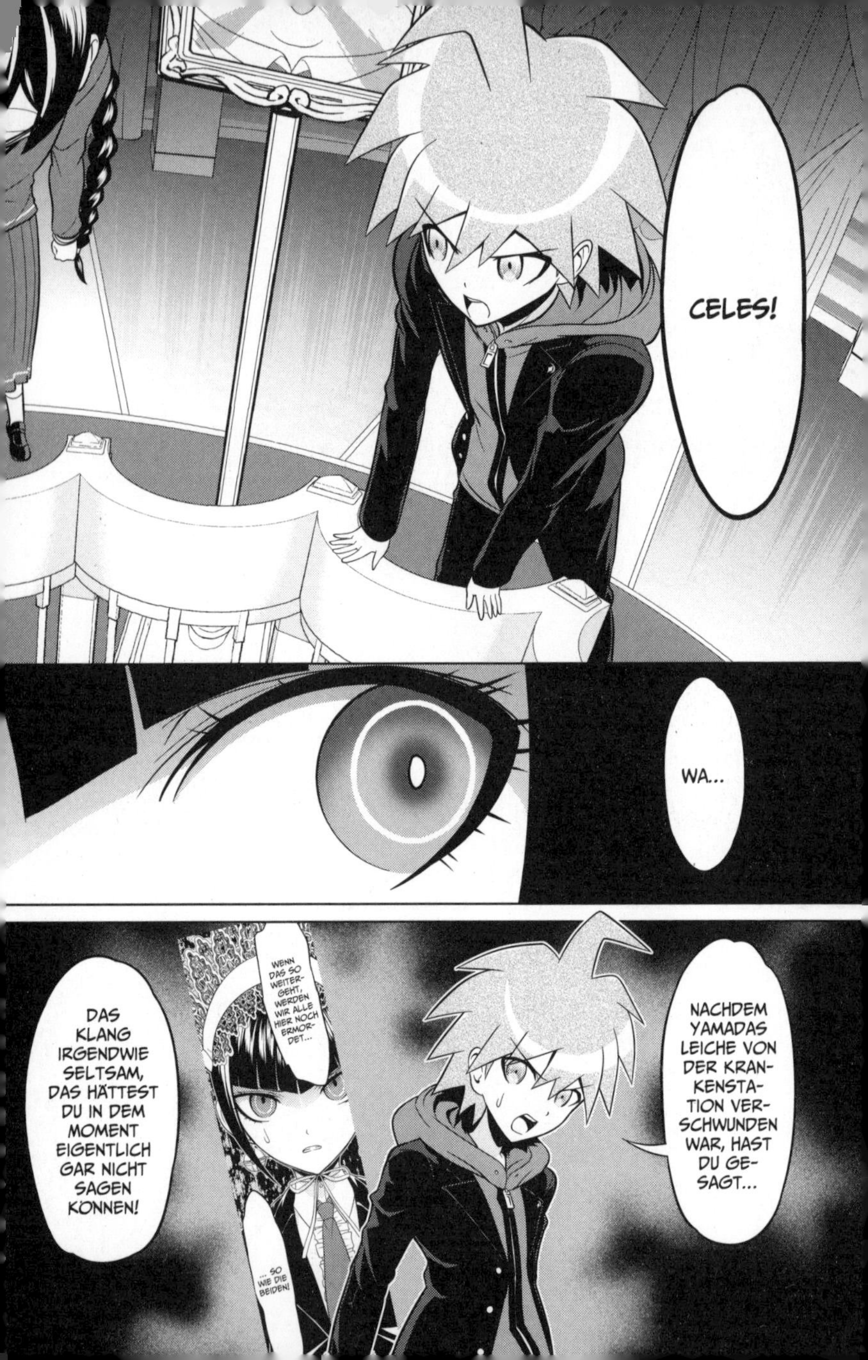
CELES!
WA…
NACHDEM YAMADAS LEICHE VON DER KRANKENSTATION VERSCHWUNDEN WAR, HAST DU GESAGT…
WENN DAS SO WEITERGEHT, WERDEN WIR ALLE HIER NOCH ERMORDET…
… SO WIE DIE BEIDEN!
DAS KLANG IRGENDWIE SELTSAM, DAS HÄTTEST DU IN DEM MOMENT EIGENTLICH GAR NICHT SAGEN KÖNNEN!

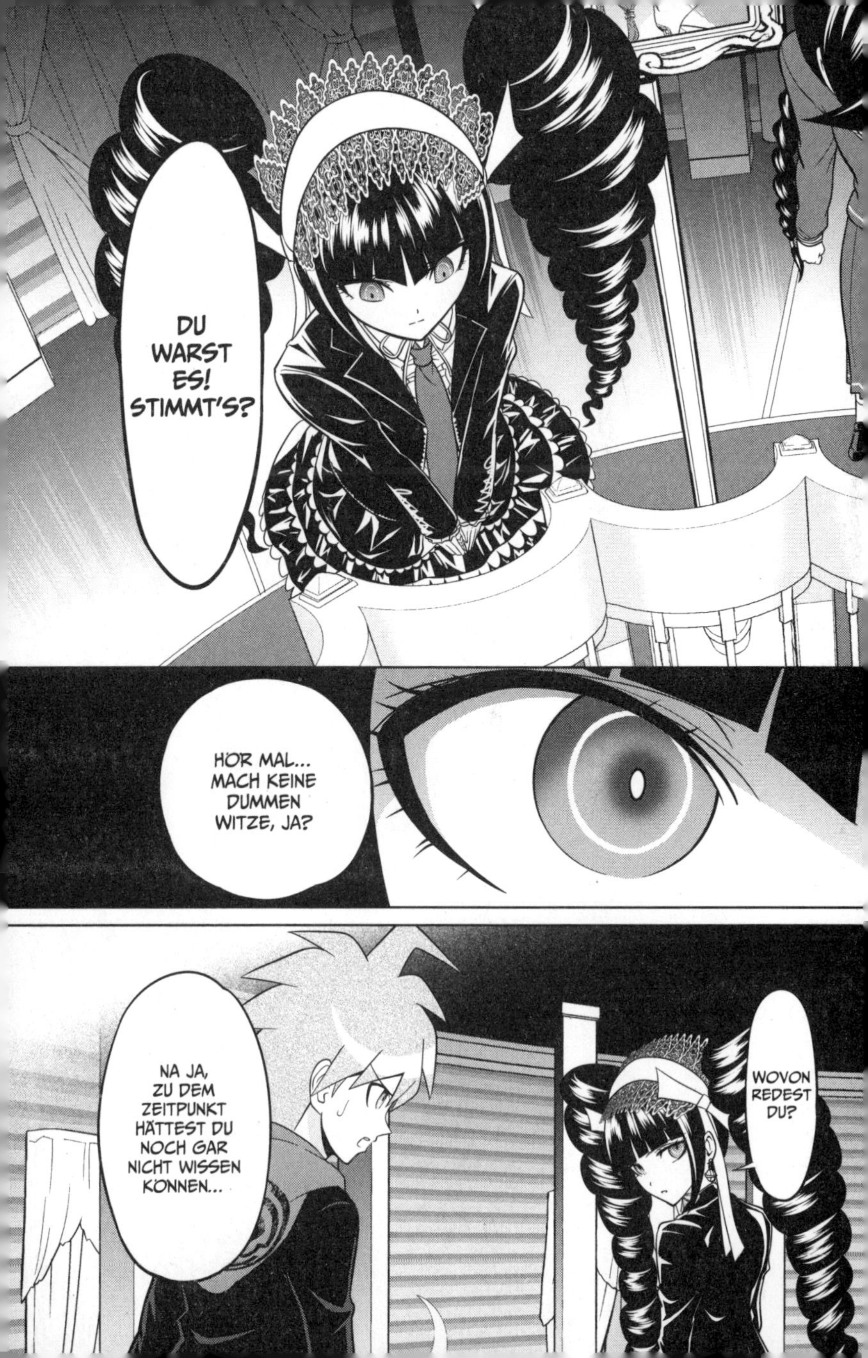
DU WARST ES! STIMMT'S?
HÖR MAL... MACH KEINE DUMMEN WITZE, JA?
WOVON REDEST DU?
NA JA, ZU DEM ZEITPUNKT HÄTTEST DU NOCH GAR NICHT WISSEN KÖNNEN...

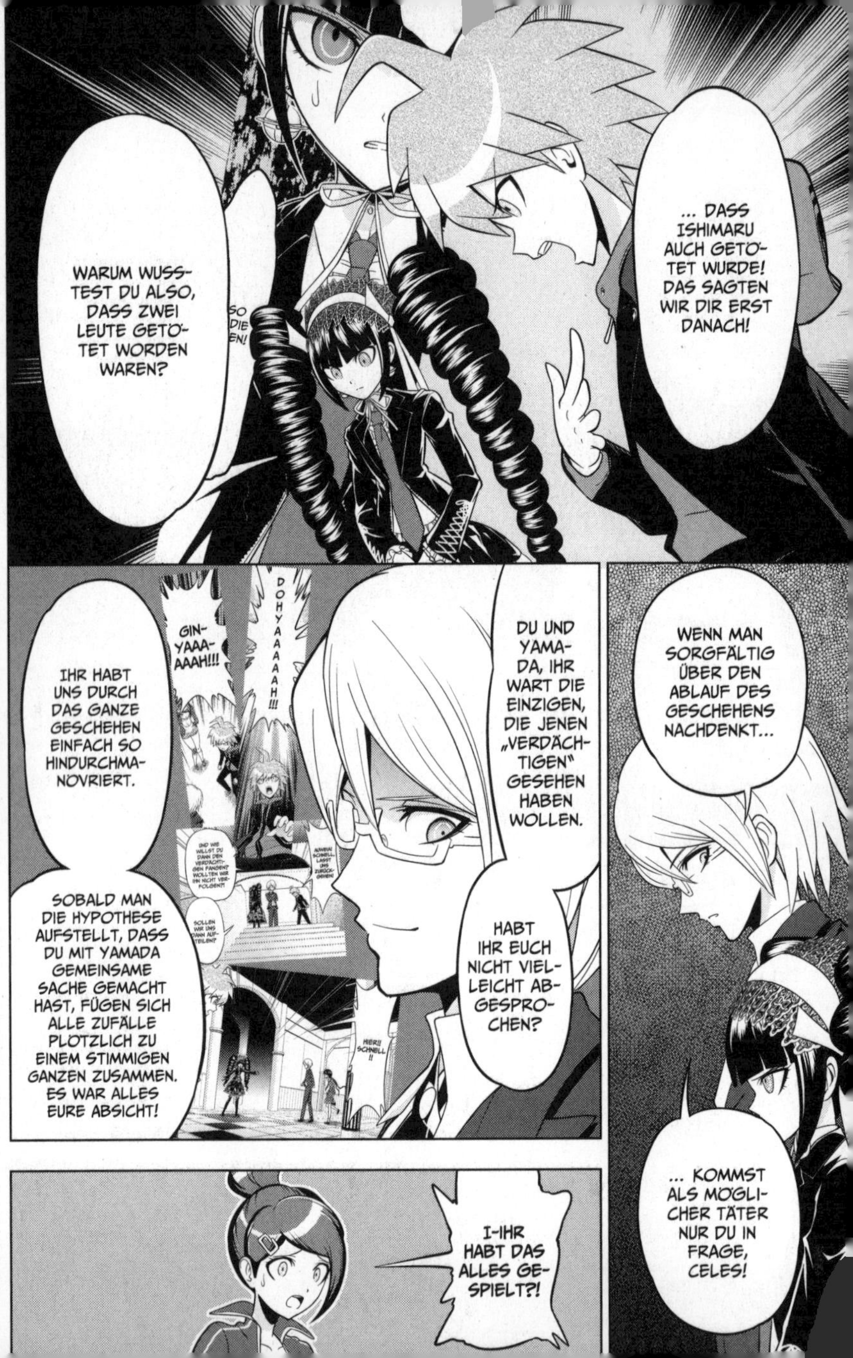
... DASS ISHIMARU AUCH GETÖ-TET WURDE! DAS SAGTEN WIR DIR ERST DANACH!
WARUM WUSS-TEST DU ALSO, DASS ZWEI LEUTE GETÖ-TET WORDEN WAREN?
WENN MAN SORGFÄLTIG ÜBER DEN ABLAUF DES GESCHEHENS NACHDENKT...
... KOMMST ALS MÖGLI-CHER TÄTER NUR DU IN FRAGE, CELES!
DU UND YAMA-DA, IHR WART DIE EINZIGEN, DIE JENEN „VERDÄCH-TIGEN" GESEHEN HABEN WOLLEN.
HABT IHR EUCH NICHT VIEL-LEICHT AB-GESPRO-CHEN?
DOHYAAAAAAH!!!
GIN-YAAA-AAAH!!!
UND WIE WILLST DU DANN DEN VERDÄCHTI-GEN FANGEN? WOLLTEN WIR IHN NICHT VER-FOLGEN?!
SOLLEN WIR UNS DANN AUF-TEILEN?
HIER!! SCHNELL!!
IHR HABT UNS DURCH DAS GANZE GESCHEHEN EINFACH SO HINDURCHMA-NÖVRIERT.
SOBALD MAN DIE HYPOTHESE AUFSTELLT, DASS DU MIT YAMADA GEMEINSAME SACHE GEMACHT HAST, FÜGEN SICH ALLE ZUFÄLLE PLÖTZLICH ZU EINEM STIMMIGEN GANZEN ZUSAMMEN. ES WAR ALLES EURE ABSICHT!
I-IHR HABT DAS ALLES GE-SPIELT?!

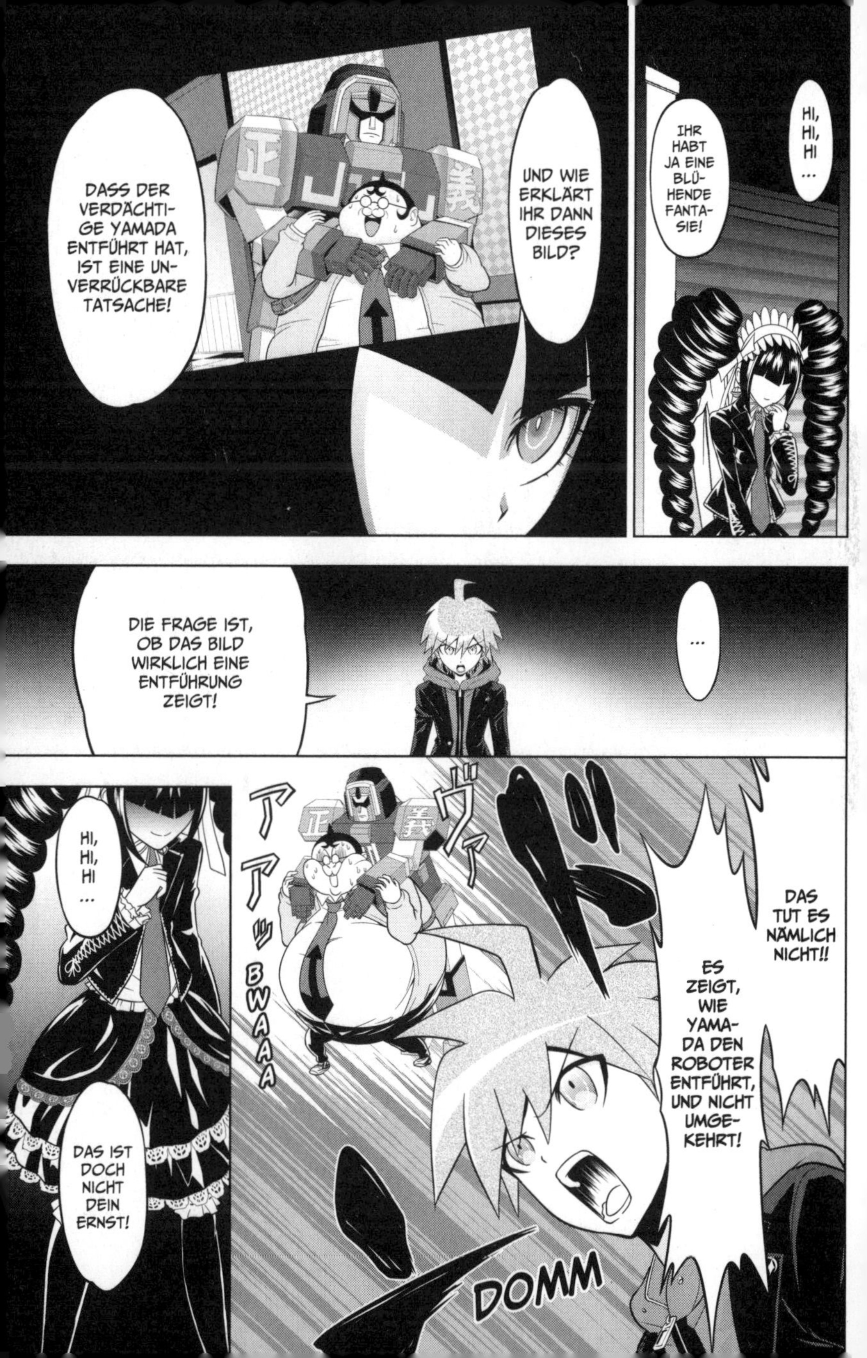
HI, HI, HI …
IHR HABT JA EINE BLÜHENDE FANTASIE!
UND WIE ERKLÄRT IHR DANN DIESES BILD?
DASS DER VERDÄCHTIGE YAMADA ENTFÜHRT HAT, IST EINE UNVERRÜCKBARE TATSACHE!
…
DIE FRAGE IST, OB DAS BILD WIRKLICH EINE ENTFÜHRUNG ZEIGT!
DAS TUT ES NÄMLICH NICHT!!
ES ZEIGT, WIE YAMADA DEN ROBOTER ENTFÜHRT, UND NICHT UMGEKEHRT!
BWAAAA
HI, HI, HI …
DAS IST DOCH NICHT DEIN ERNST!
DOMM

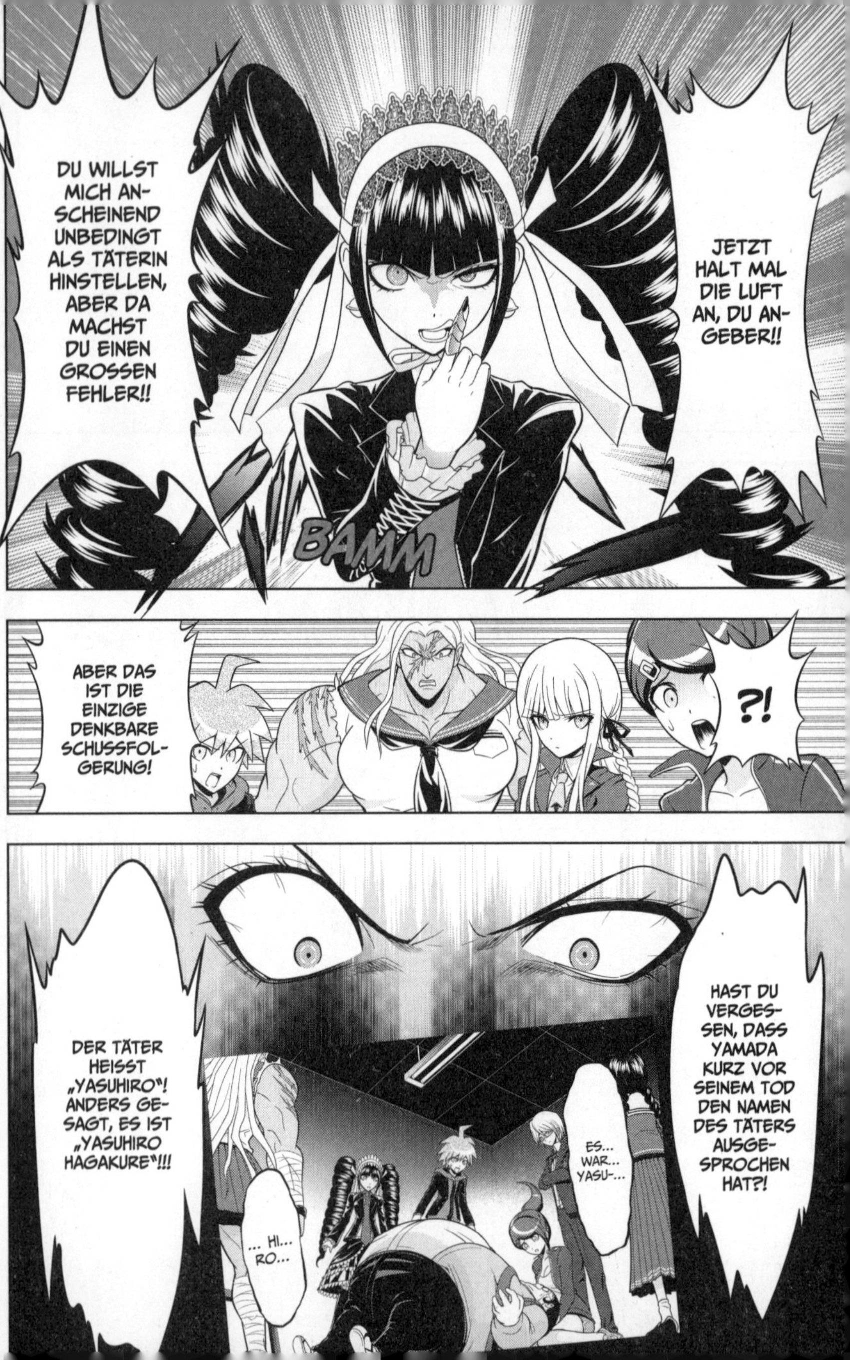
JETZT HALT MAL DIE LUFT AN, DU ANGEBER!!
DU WILLST MICH ANSCHEINEND UNBEDINGT ALS TÄTERIN HINSTELLEN, ABER DA MACHST DU EINEN GROSSEN FEHLER!!
BAMM
?!
ABER DAS IST DIE EINZIGE DENKBARE SCHUSSFOLGERUNG!
HAST DU VERGESSEN, DASS YAMADA KURZ VOR SEINEM TOD DEN NAMEN DES TÄTERS AUSGESPROCHEN HAT?!
ES... WAR... YASU-...
... HI... RO...
DER TÄTER HEISST „YASUHIRO“! ANDERS GESAGT, ES IST „YASUHIRO HAGAKURE“!!!

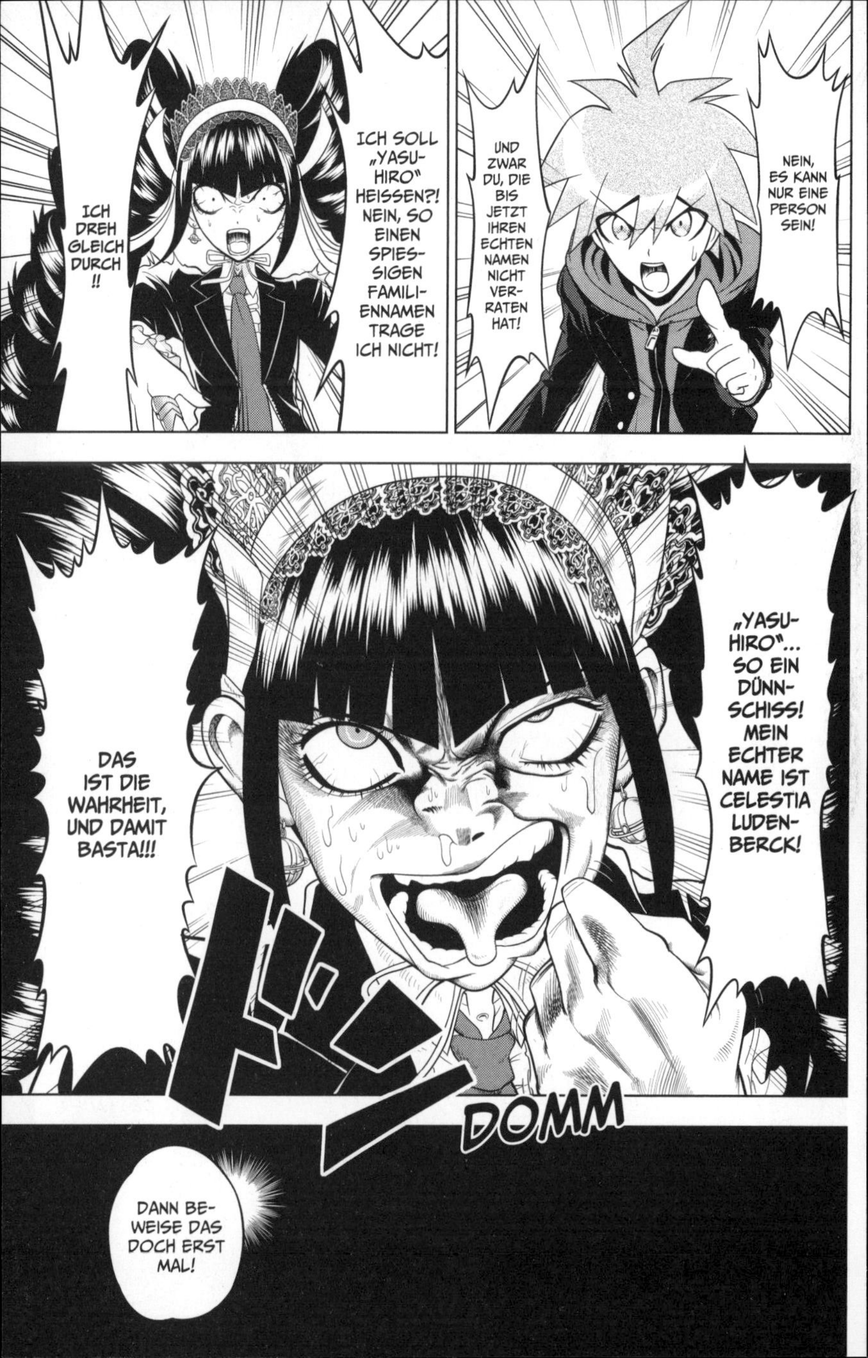
NEIN, ES KANN NUR EINE PERSON SEIN!
UND ZWAR DU, DIE BIS JETZT IHREN ECHTEN NAMEN NICHT VERRATEN HAT!
ICH SOLL „YASUHIRO" HEISSEN?! NEIN, SO EINEN SPIESSIGEN FAMILIENNAMEN TRAGE ICH NICHT!
ICH DREH GLEICH DURCH !!
„YASUHIRO"... SO EIN DÜNNSCHISS! MEIN ECHTER NAME IST CELESTIA LUDENBERCK!
DAS IST DIE WAHRHEIT, UND DAMIT BASTA!!!
DOMM
DANN BEWEISE DAS DOCH ERST MAL!

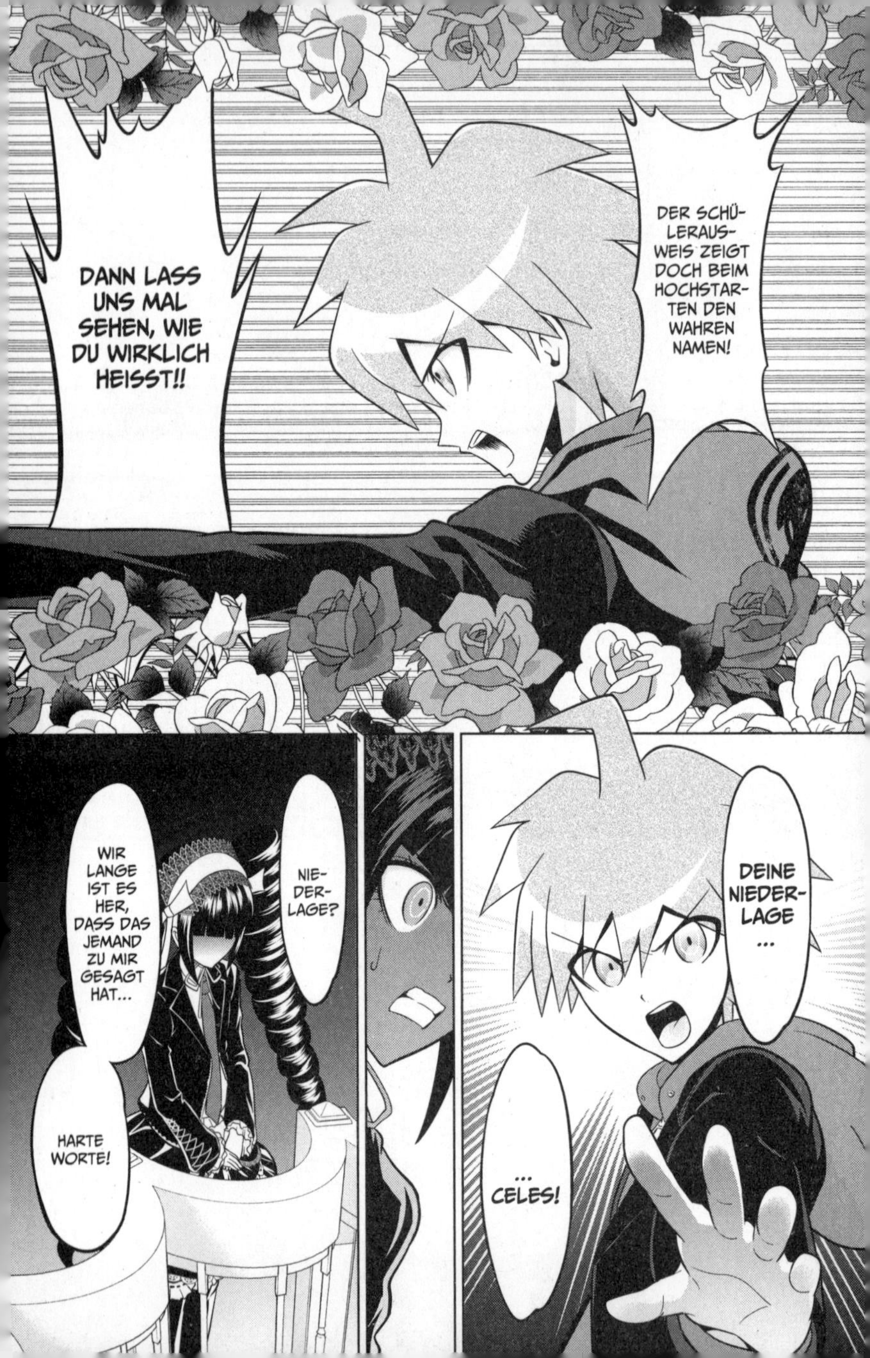

DER SCHÜLERAUSWEIS ZEIGT DOCH BEIM HOCHSTARTEN DEN WAHREN NAMEN!
DANN LASS UNS MAL SEHEN, WIE DU WIRKLICH HEISST!!
DEINE NIEDERLAGE ...
... CELES!
NIEDERLAGE?
WIR LANGE IST ES HER, DASS DAS JEMAND ZU MIR GESAGT HAT...
HARTE WORTE!

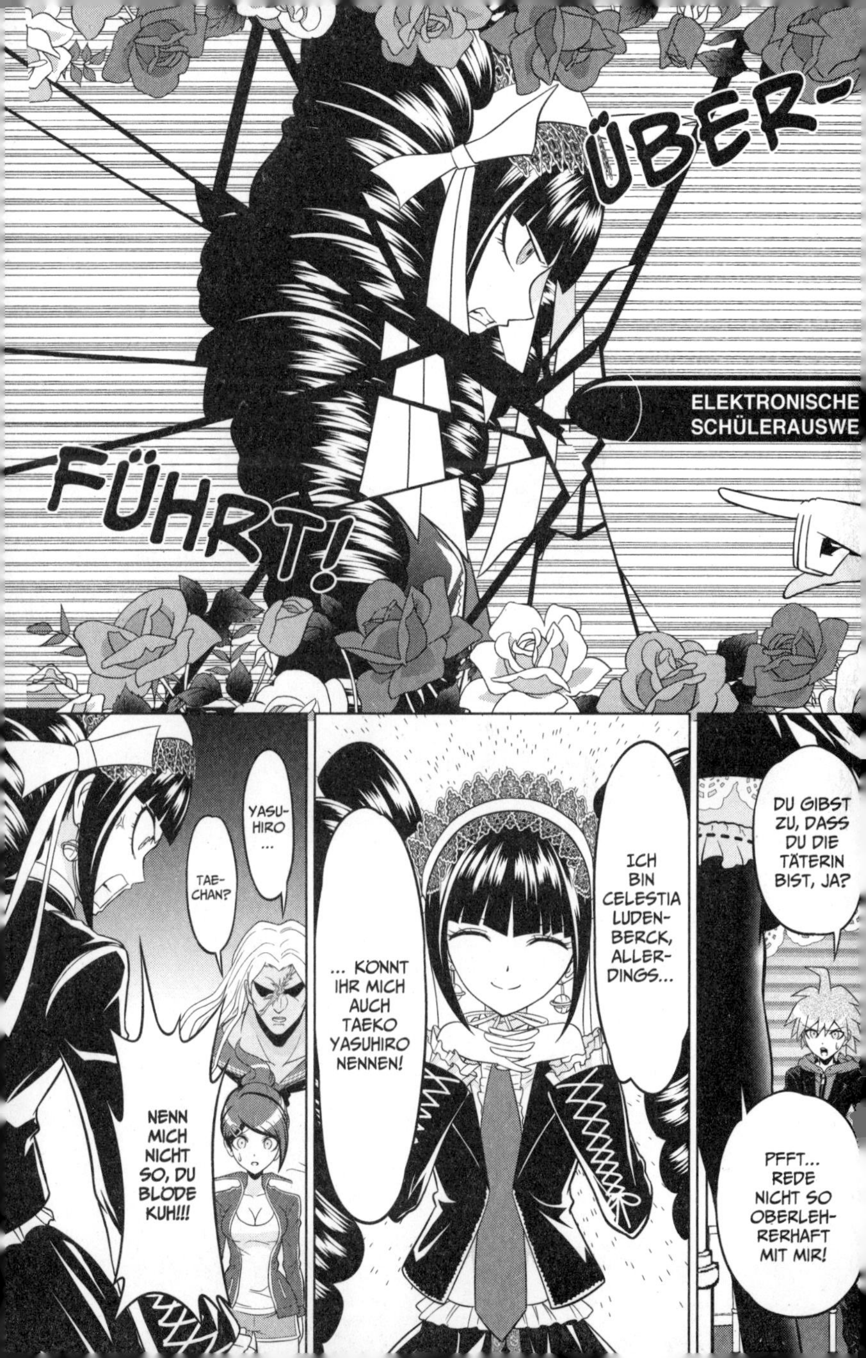
ÜBER-
FÜHRT!
ELEKTRONISCHE SCHÜLERAUSWE
DU GIBST ZU, DASS DU DIE TÄTERIN BIST, JA?
PFFT... REDE NICHT SO OBERLEHRERHAFT MIT MIR!
ICH BIN CELESTIA LUDENBERCK, ALLERDINGS...
... KÖNNT IHR MICH AUCH TAEKO YASUHIRO NENNEN!
YASUHIRO ...
TAE-CHAN?
NENN MICH NICHT SO, DU BLÖDE KUH!!!

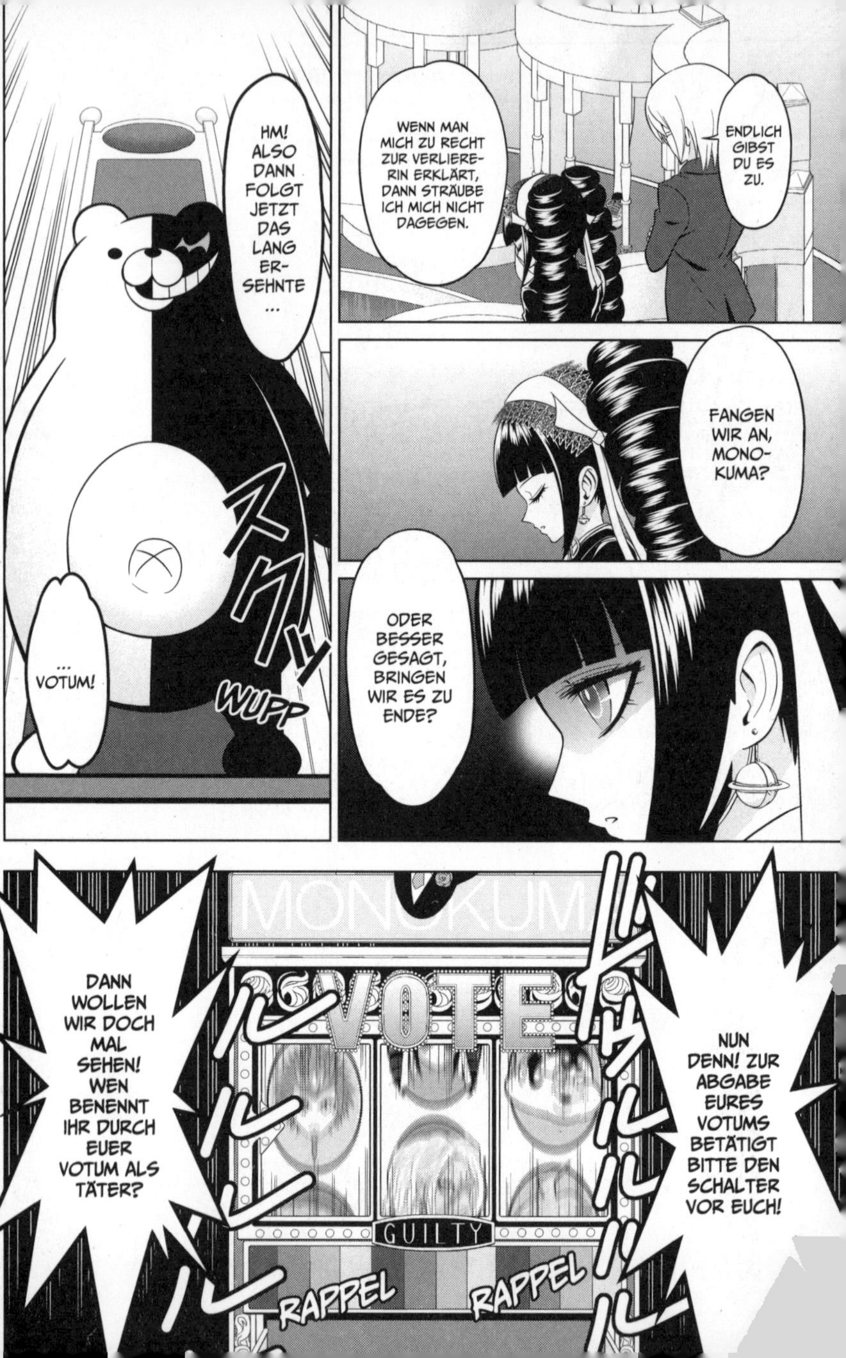
ENDLICH GIBST DU ES ZU.
WENN MAN MICH ZU RECHT ZUR VERLIERE-RIN ERKLÄRT, DANN STRÄUBE ICH MICH NICHT DAGEGEN.
FANGEN WIR AN, MONO-KUMA?
ODER BESSER GESAGT, BRINGEN WIR ES ZU ENDE?
HM! ALSO DANN FOLGT JETZT DAS LANG ER-SEHNTE ...
... VOTUM!
WUPP
MONOKUM
VOTE
GUILTY
NUN DENN! ZUR ABGABE EURES VOTUMS BETÄTIGT BITTE DEN SCHALTER VOR EUCH!
DANN WOLLEN WIR DOCH MAL SEHEN! WEN BENENNT IHR DURCH EUER VOTUM ALS TÄTER?
RAPPEL
RAPPEL

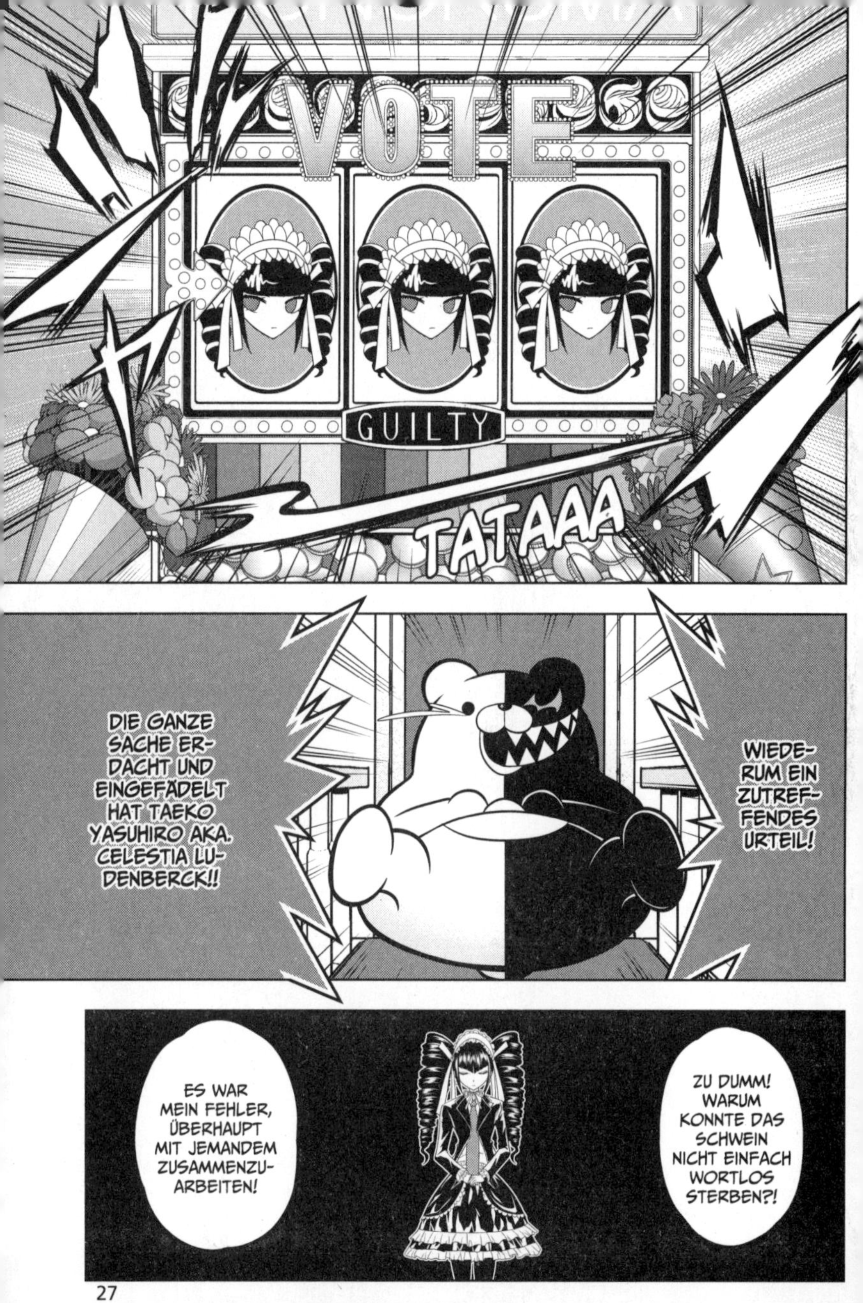
VOTE
GUILTY
TATAAA
WIEDERUM EIN ZUTREFFENDES URTEIL!
DIE GANZE SACHE ERDACHT UND EINGEFÄDELT HAT TAEKO YASUHIRO AKA. CELESTIA LUDENBERCK!!
ZU DUMM! WARUM KONNTE DAS SCHWEIN NICHT EINFACH WORTLOS STERBEN?!
ES WAR MEIN FEHLER, ÜBERHAUPT MIT JEMANDEM ZUSAMMENZUARBEITEN!

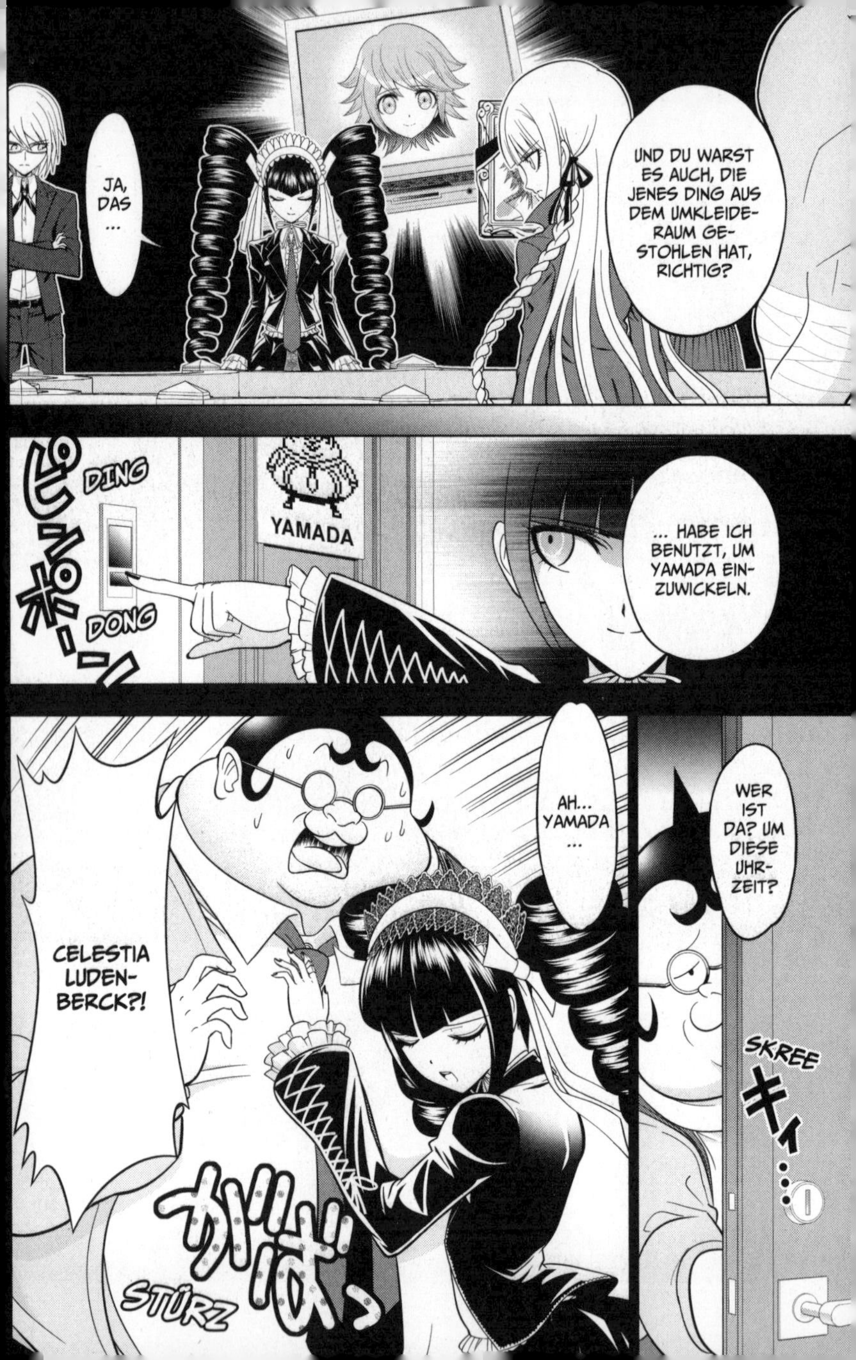
UND DU WARST ES AUCH, DIE JENES DING AUS DEM UMKLEIDE-RAUM GE-STOHLEN HAT, RICHTIG?
JA, DAS ...
YAMADA
ピンポーン
DING
DONG
... HABE ICH BENUTZT, UM YAMADA EIN-ZUWICKELN.
キィ…
SKREE
WER IST DA? UM DIESE UHR-ZEIT?
AH... YAMADA ...
CELESTIA LUDEN-BERCK?!
がばっ
STÜRZ

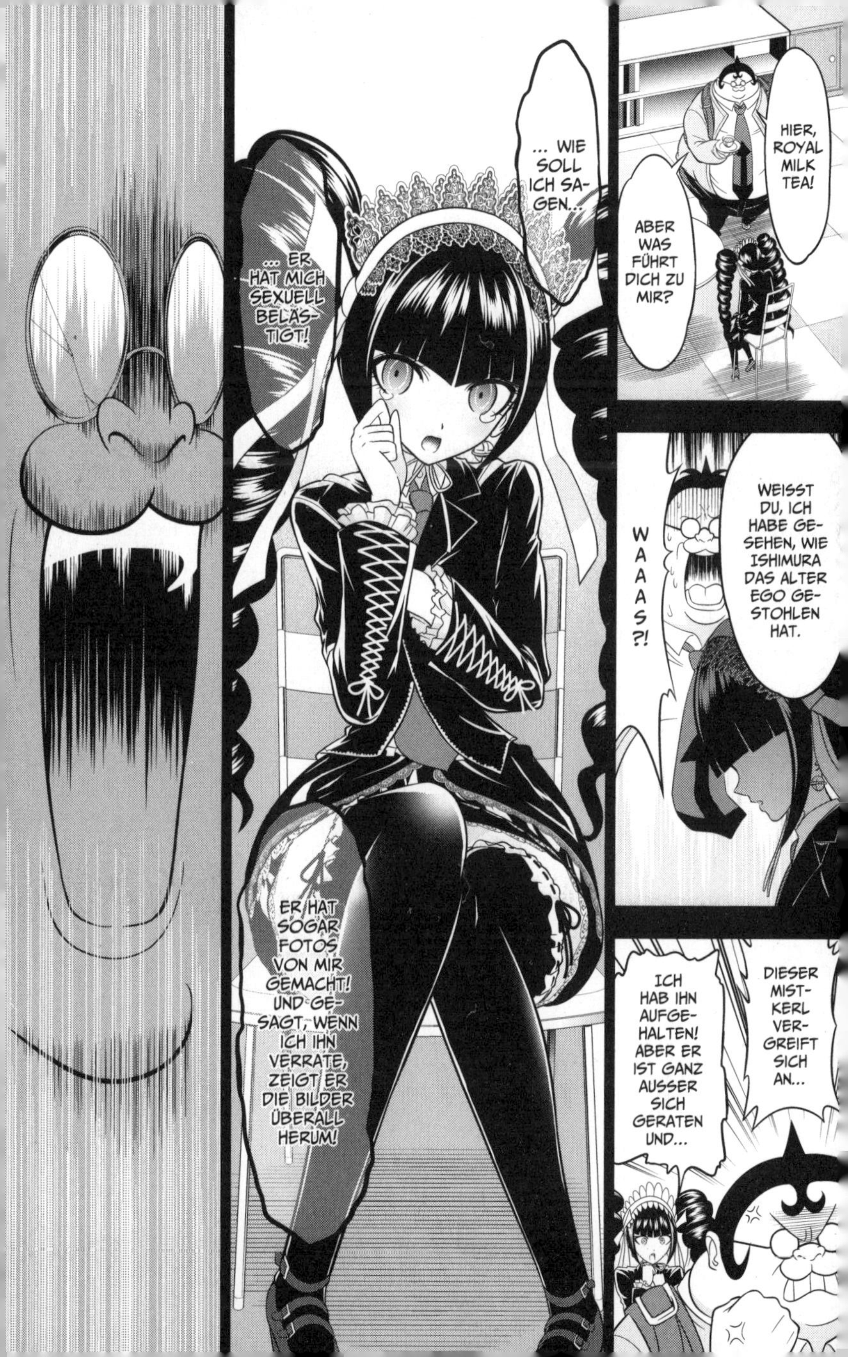
HIER, ROYAL MILK TEA!
ABER WAS FÜHRT DICH ZU MIR?
WEISST DU, ICH HABE GE-SEHEN, WIE ISHIMURA DAS ALTER EGO GE-STOHLEN HAT.
WAAAAS?!
DIESER MIST-KERL VER-GREIFT SICH AN...
ICH HAB IHN AUFGE-HALTEN! ABER ER IST GANZ AUSSER SICH GERATEN UND...
... WIE SOLL ICH SA-GEN...
... ER HAT MICH SEXUELL BELÄS-TIGT!
ER HAT SOGAR FOTOS VON MIR GEMACHT! UND GE-SAGT, WENN ICH IHN VERRATE, ZEIGT ER DIE BILDER ÜBERALL HERUM!

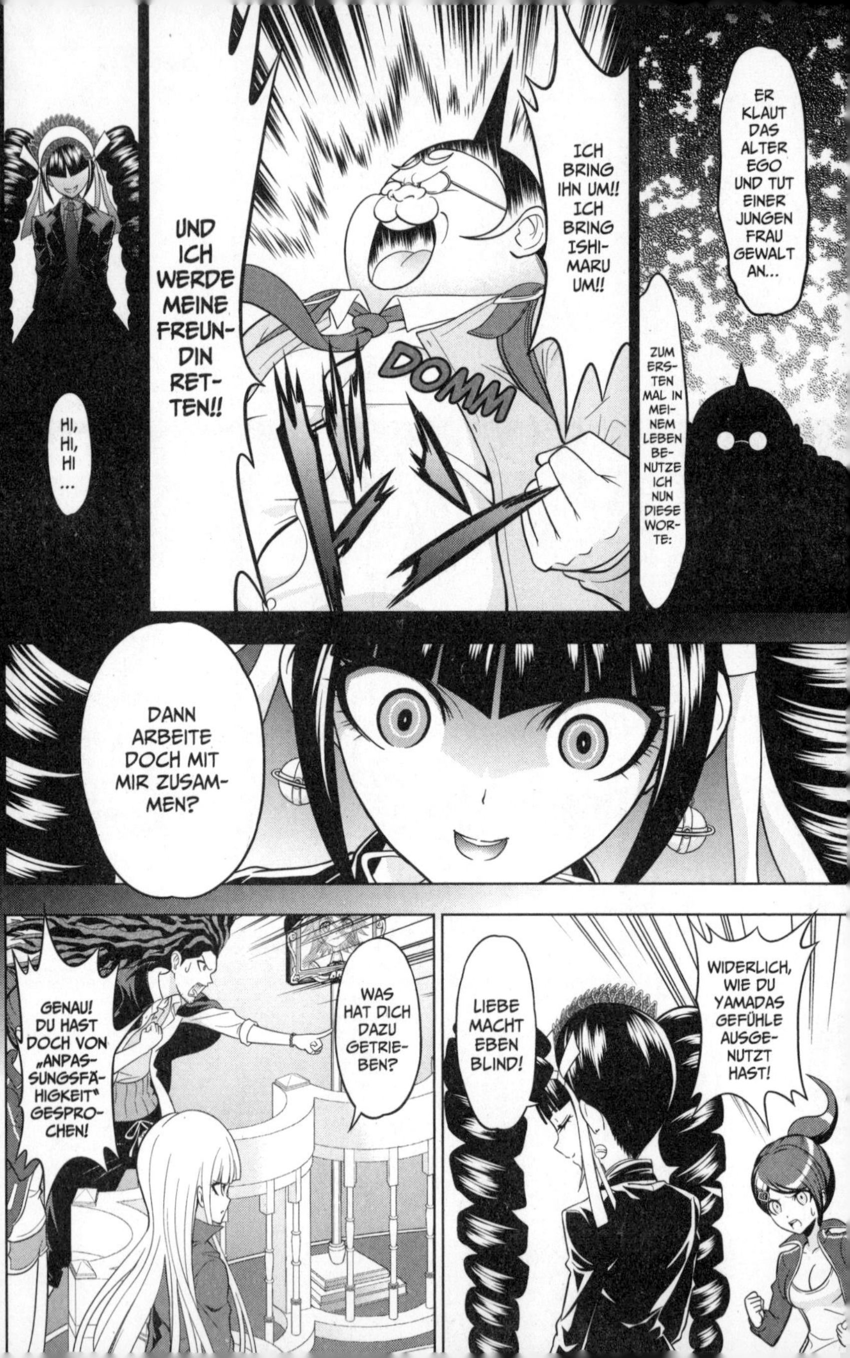
ER KLAUT DAS ALTER EGO UND TUT EINER JUNGEN FRAU GEWALT AN...
ZUM ERSTEN MAL IN MEINEM LEBEN BENUTZE ICH NUN DIESE WORTE:
ICH BRING IHN UM!! ICH BRING ISHIMARU UM!!
UND ICH WERDE MEINE FREUNDIN RETTEN!!
DOMM
HI, HI, HI ...
DANN ARBEITE DOCH MIT MIR ZUSAMMEN?
WIDERLICH, WIE DU YAMADAS GEFÜHLE AUSGENUTZT HAST!
LIEBE MACHT EBEN BLIND!
WAS HAT DICH DAZU GETRIEBEN?
GENAU! DU HAST DOCH VON „ANPASSUNGSFÄHIGKEIT" GESPROCHEN!

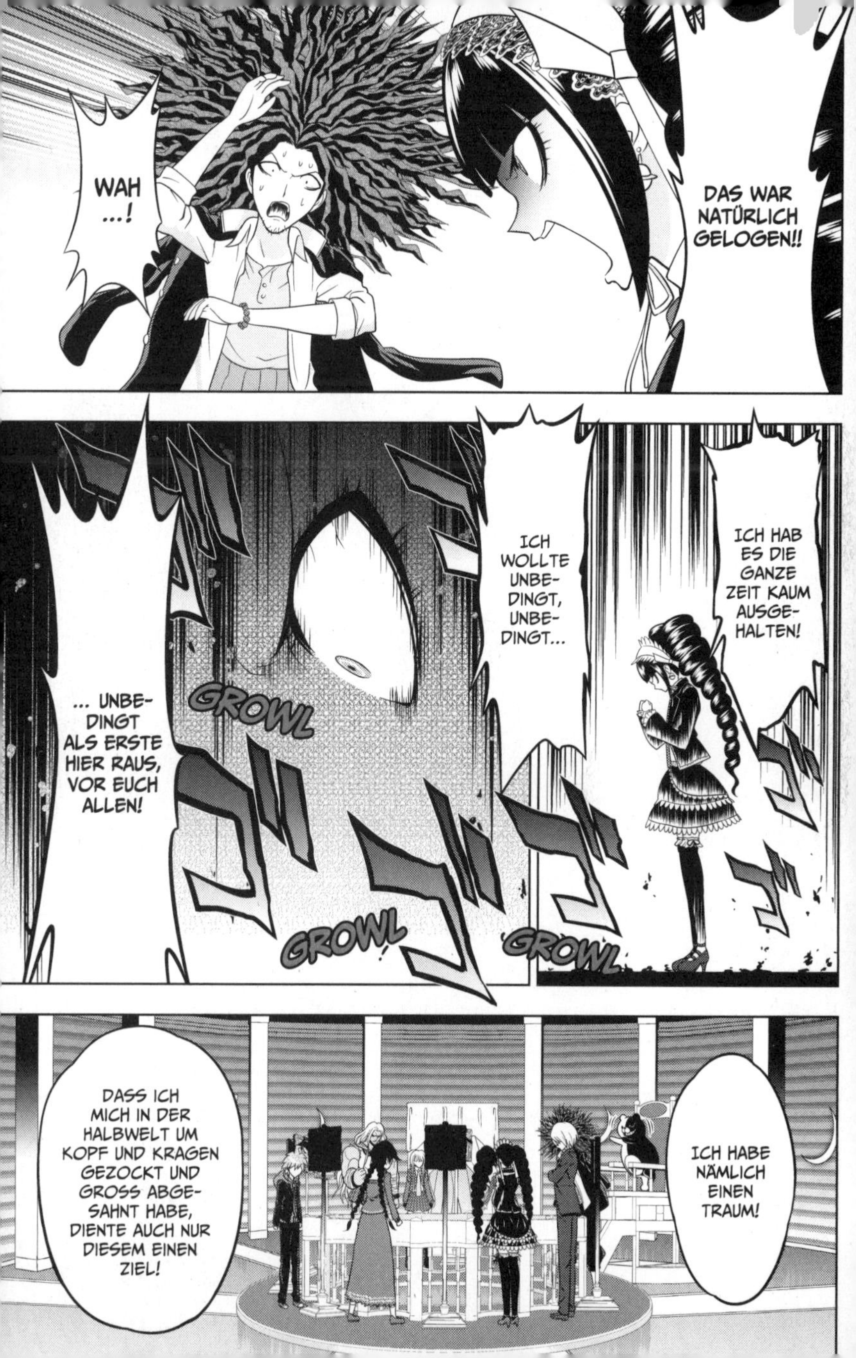
DAS WAR NATÜRLICH GELOGEN!!
WAH ...!
ICH HAB ES DIE GANZE ZEIT KAUM AUSGEHALTEN!
ICH WOLLTE UNBEDINGT, UNBEDINGT...
... UNBEDINGT ALS ERSTE HIER RAUS, VOR EUCH ALLEN!
GROWL
GROWL
GROWL
ICH HABE NÄMLICH EINEN TRAUM!
DASS ICH MICH IN DER HALBWELT UM KOPF UND KRAGEN GEZOCKT UND GROSS ABGESAHNT HABE, DIENTE AUCH NUR DIESEM EINEN ZIEL!

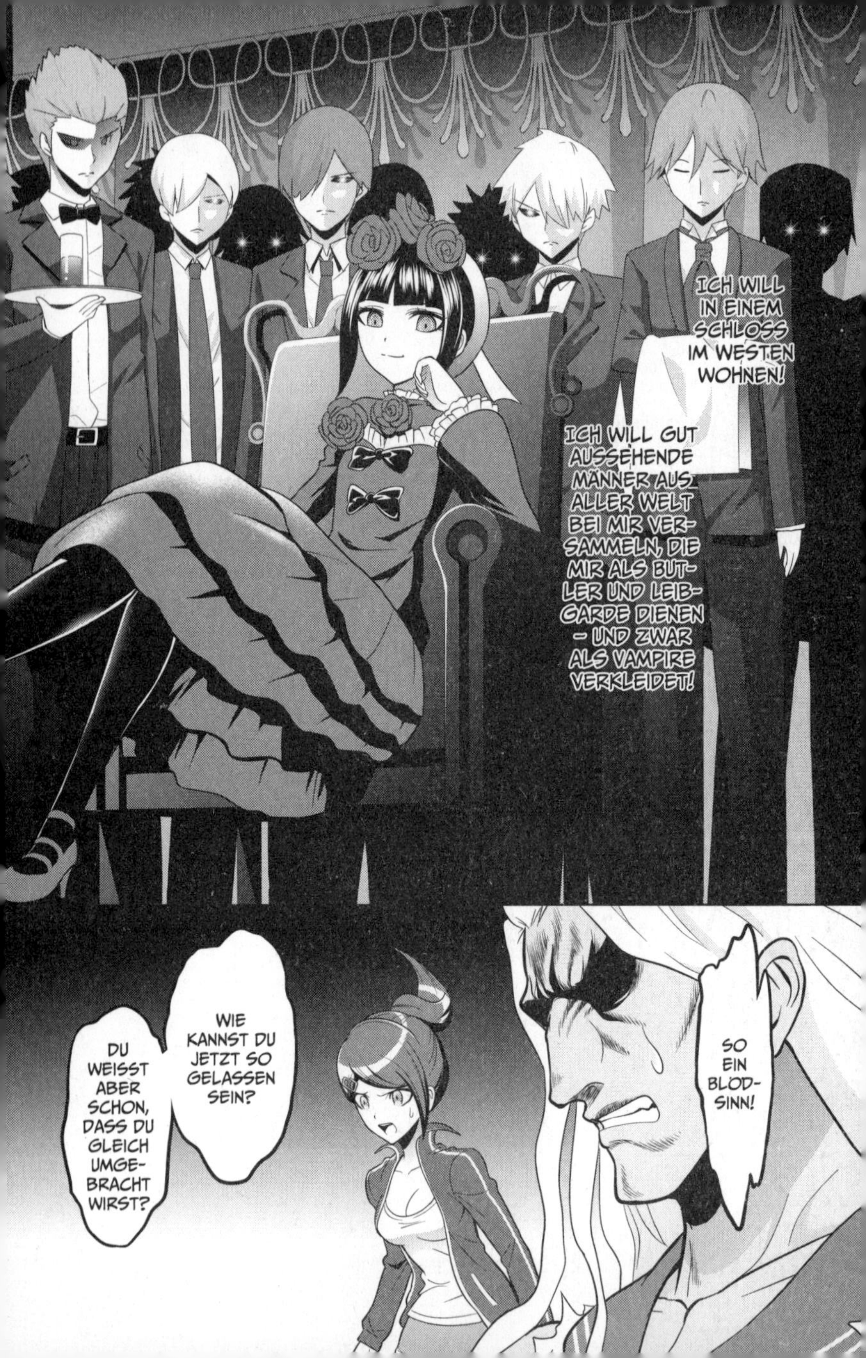
ICH WILL IN EINEM SCHLOSS IM WESTEN WOHNEN!
ICH WILL GUT AUSSEHENDE MÄNNER AUS ALLER WELT BEI MIR VERSAMMELN, DIE MIR ALS BUTLER UND LEIBGARDE DIENEN – UND ZWAR ALS VAMPIRE VERKLEIDET!
SO EIN BLÖDSINN!
WIE KANNST DU JETZT SO GELASSEN SEIN?
DU WEISST ABER SCHON, DASS DU GLEICH UMGEBRACHT WIRST?

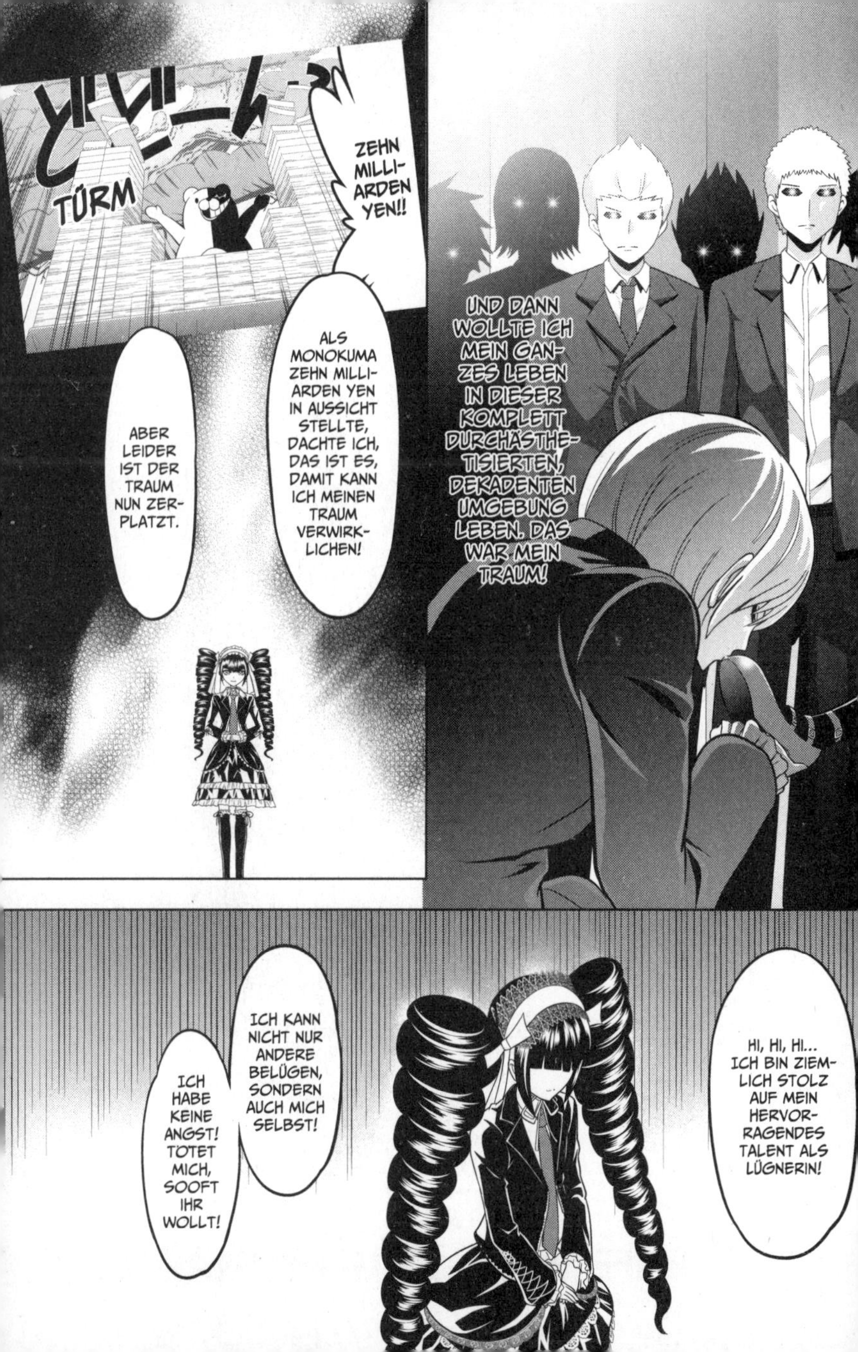
UND DANN WOLLTE ICH MEIN GANZES LEBEN IN DIESER KOMPLETT DURCHÄSTHETISIERTEN, DEKADENTEN UMGEBUNG LEBEN. DAS WAR MEIN TRAUM!
ZEHN MILLIARDEN YEN!!
TÜRM
ALS MONOKUMA ZEHN MILLIARDEN YEN IN AUSSICHT STELLTE, DACHTE ICH, DAS IST ES, DAMIT KANN ICH MEINEN TRAUM VERWIRKLICHEN!
ABER LEIDER IST DER TRAUM NUN ZERPLATZT.
HI, HI, HI... ICH BIN ZIEMLICH STOLZ AUF MEIN HERVORRAGENDES TALENT ALS LÜGNERIN!
ICH KANN NICHT NUR ANDERE BELÜGEN, SONDERN AUCH MICH SELBST!
ICH HABE KEINE ANGST! TÖTET MICH, SOOFT IHR WOLLT!

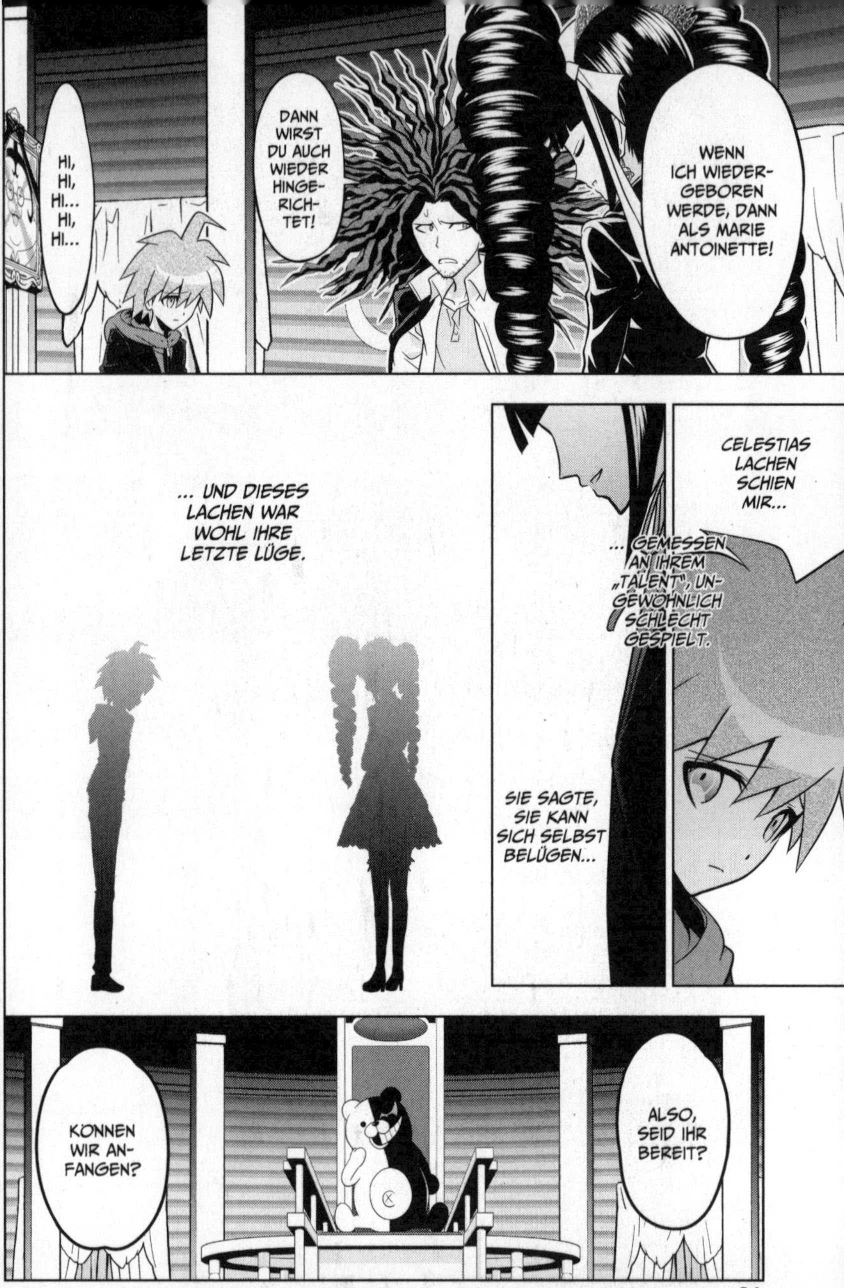
WENN ICH WIEDERGEBOREN WERDE, DANN ALS MARIE ANTOINETTE!
DANN WIRST DU AUCH WIEDER HINGERICHTET!
HI, HI, HI... HI, HI...
CELESTIAS LACHEN SCHIEN MIR...
... GEMESSEN AN IHREM „TALENT", UNGEWÖHNLICH SCHLECHT GESPIELT.
SIE SAGTE, SIE KANN SICH SELBST BELÜGEN...
... UND DIESES LACHEN WAR WOHL IHRE LETZTE LÜGE.
ALSO, SEID IHR BEREIT?
KÖNNEN WIR ANFANGEN?

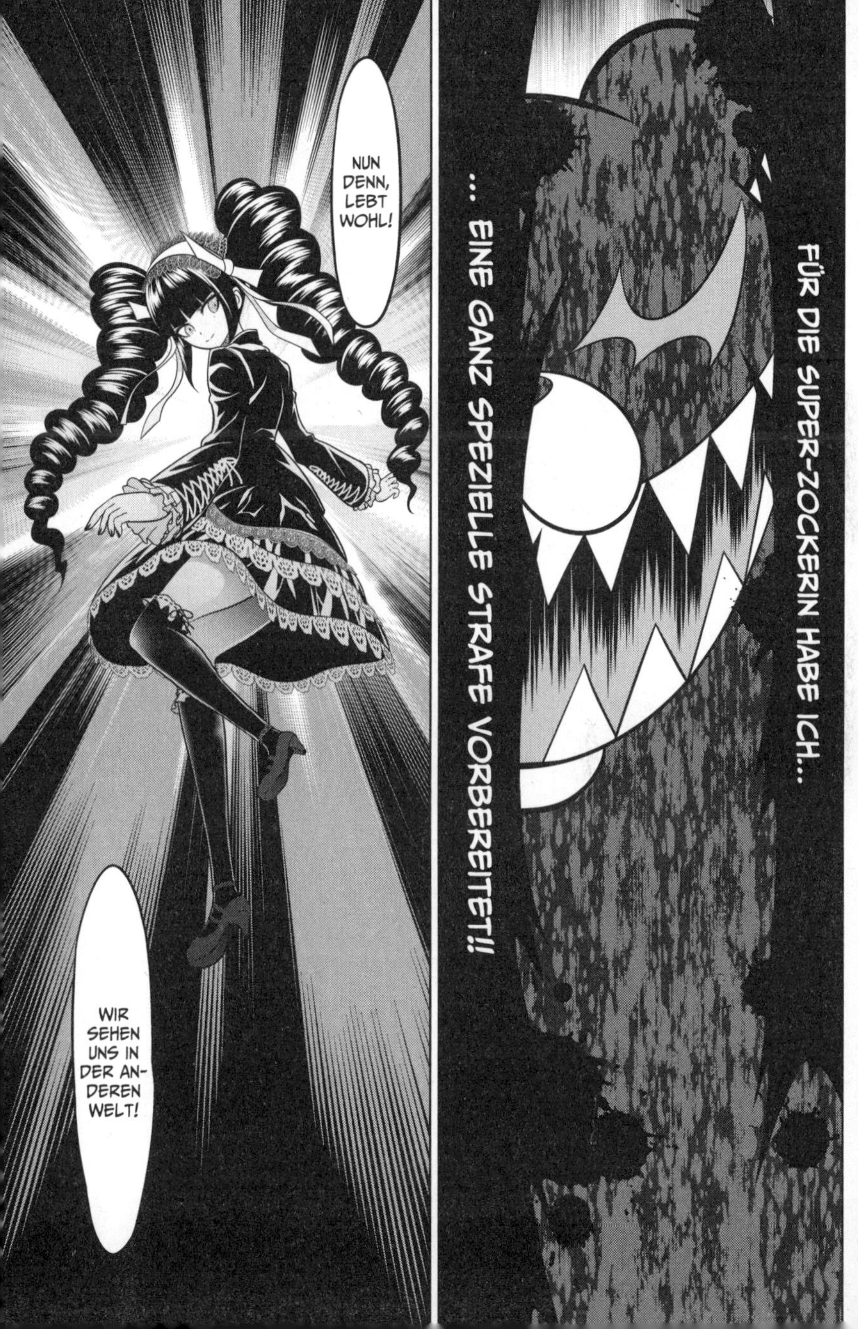
FÜR DIE SUPER-ZOCKERIN HABE ICH...
... EINE GANZ SPEZIELLE STRAFE VORBEREITET!!
NUN DENN, LEBT WOHL!
WIR SEHEN UNS IN DER ANDEREN WELT!

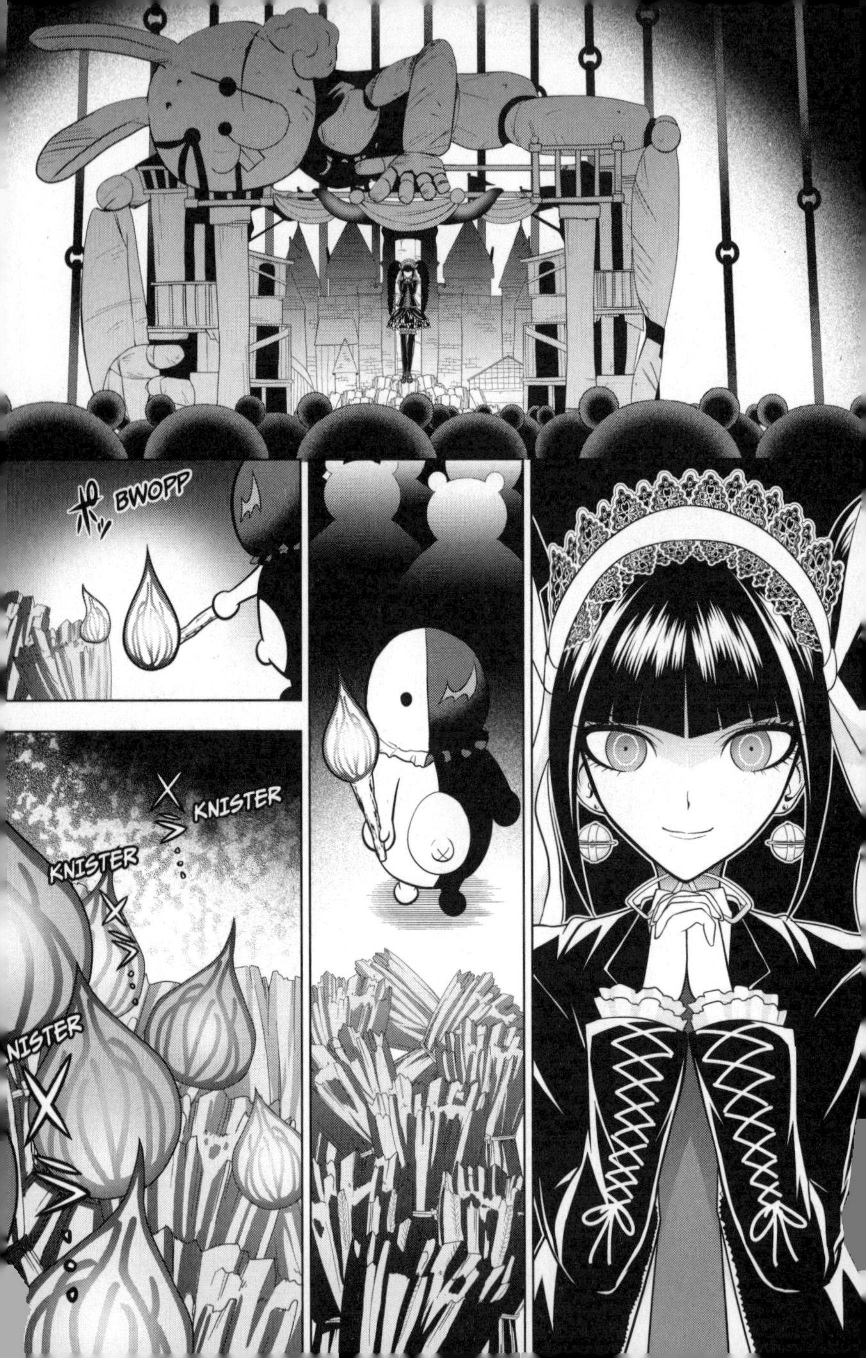
BWOPP
KNISTER
KNISTER
NISTER

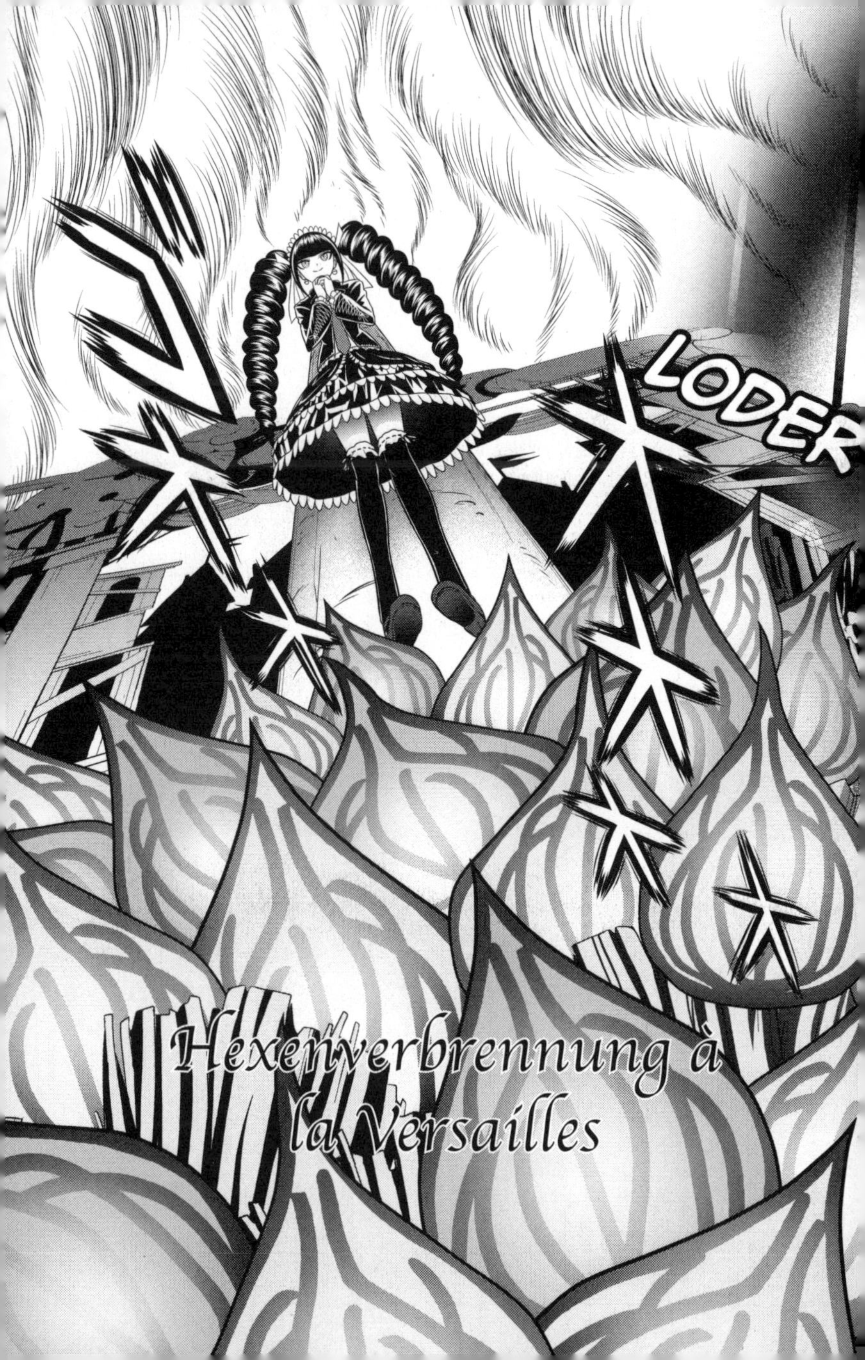
LODER
Hexenverbrennung à la Versailles

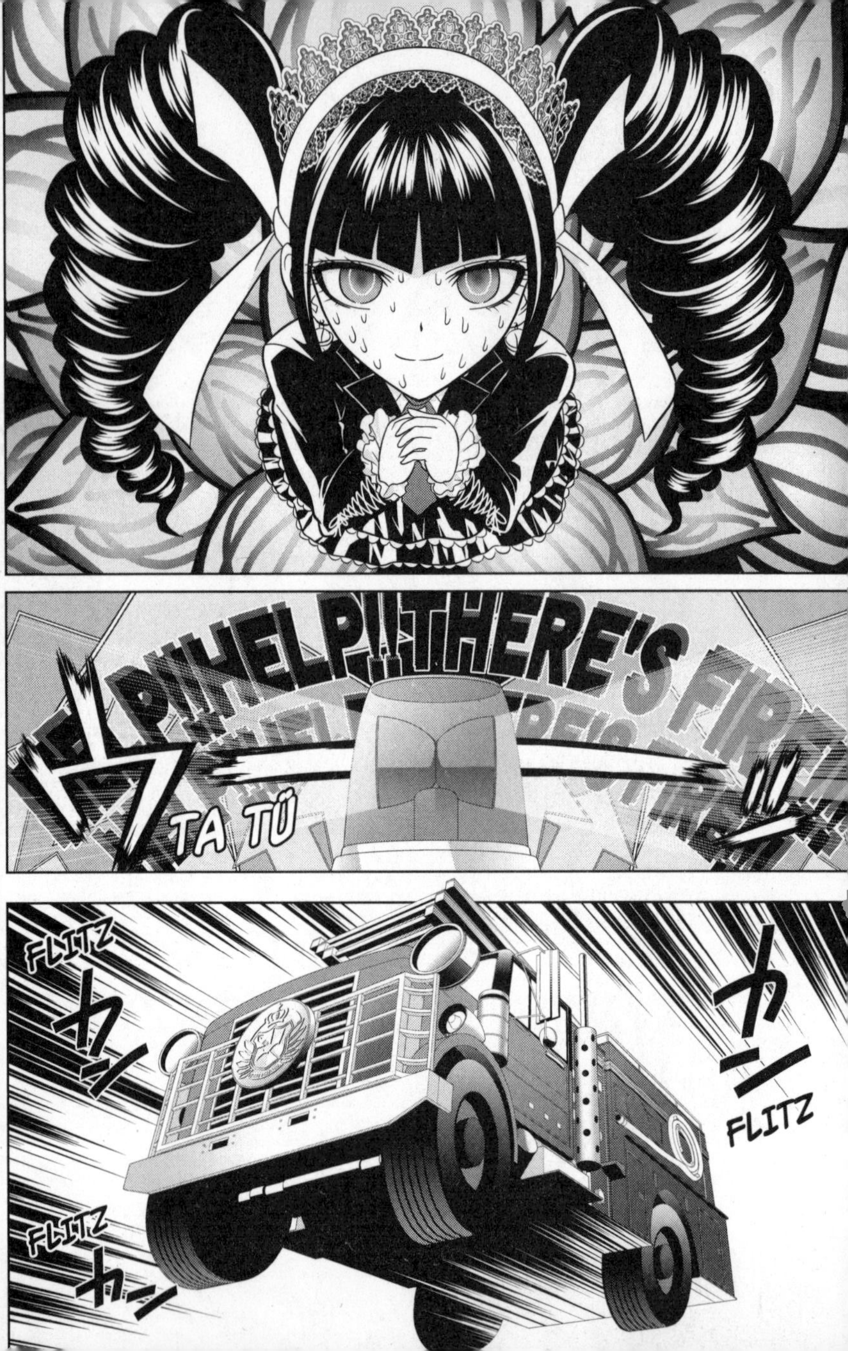

HELP!! THERE'S
TA TÜ
FLITZ
FLITZ
FLITZ

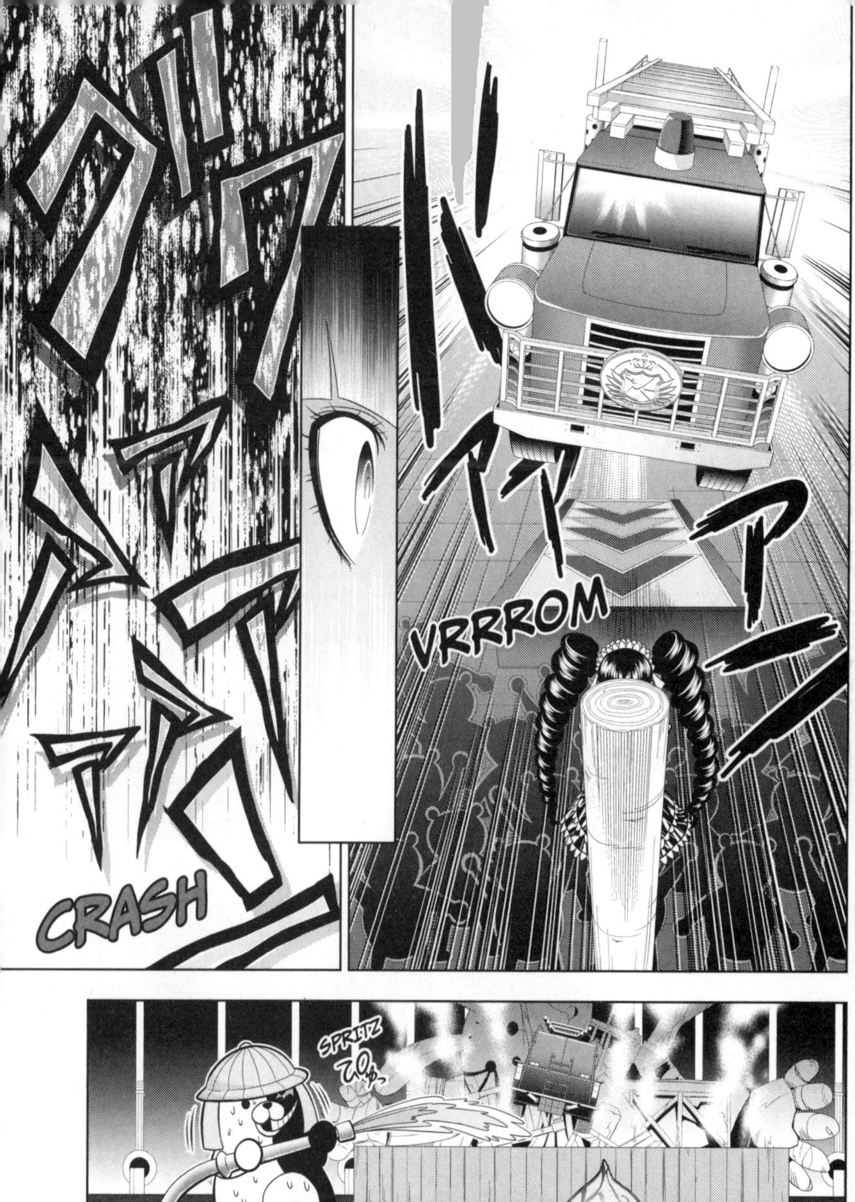
CRASH
VRRROM
SPRITZ

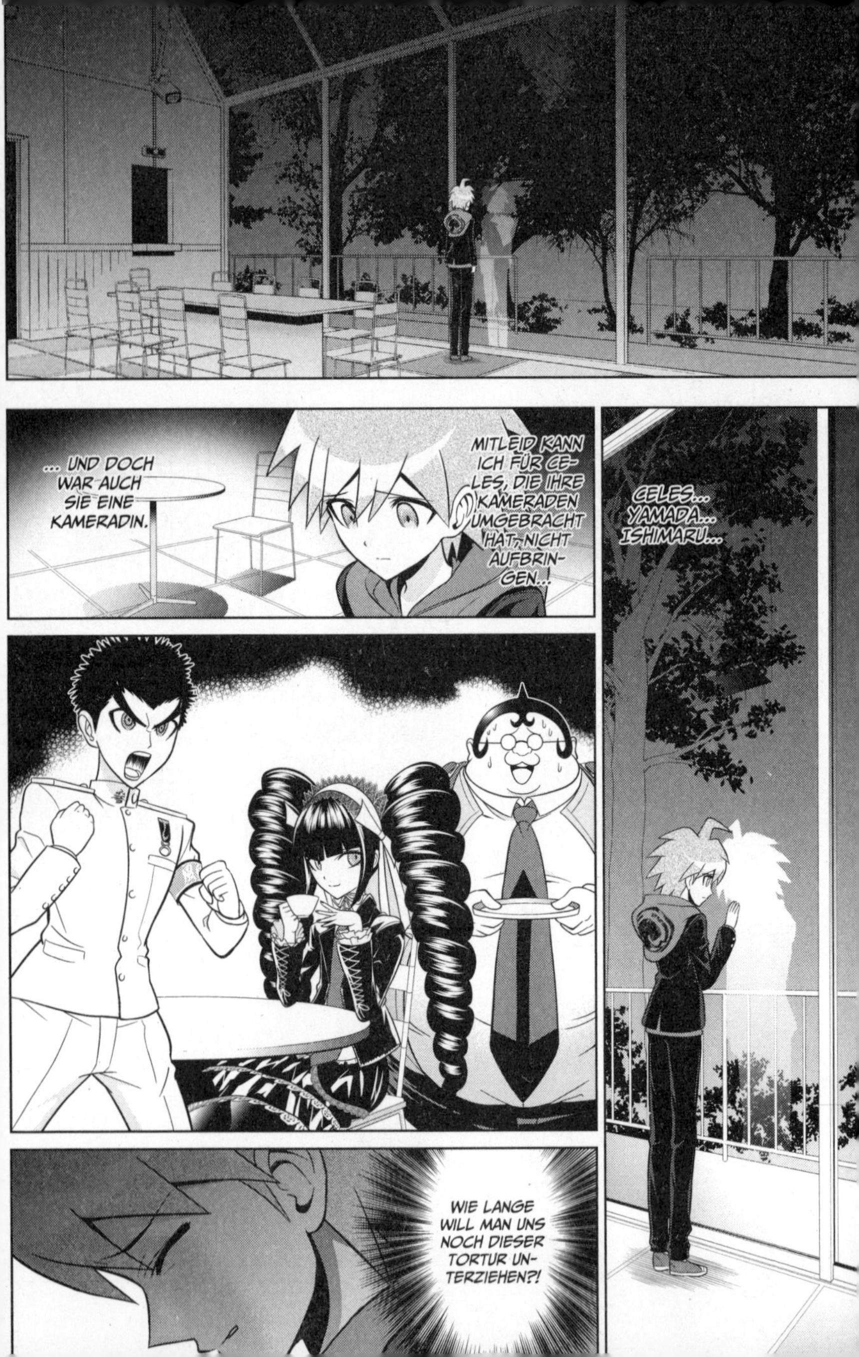
CELES… YAMADA… ISHIMARU…
MITLEID KANN ICH FÜR CE-LES, DIE IHRE KAMERADEN UMGEBRACHT HAT, NICHT AUFBRIN-GEN…!
… UND DOCH WAR AUCH SIE EINE KAMERADIN.
WIE LANGE WILL MAN UNS NOCH DIESER TORTUR UN-TERZIEHEN?!

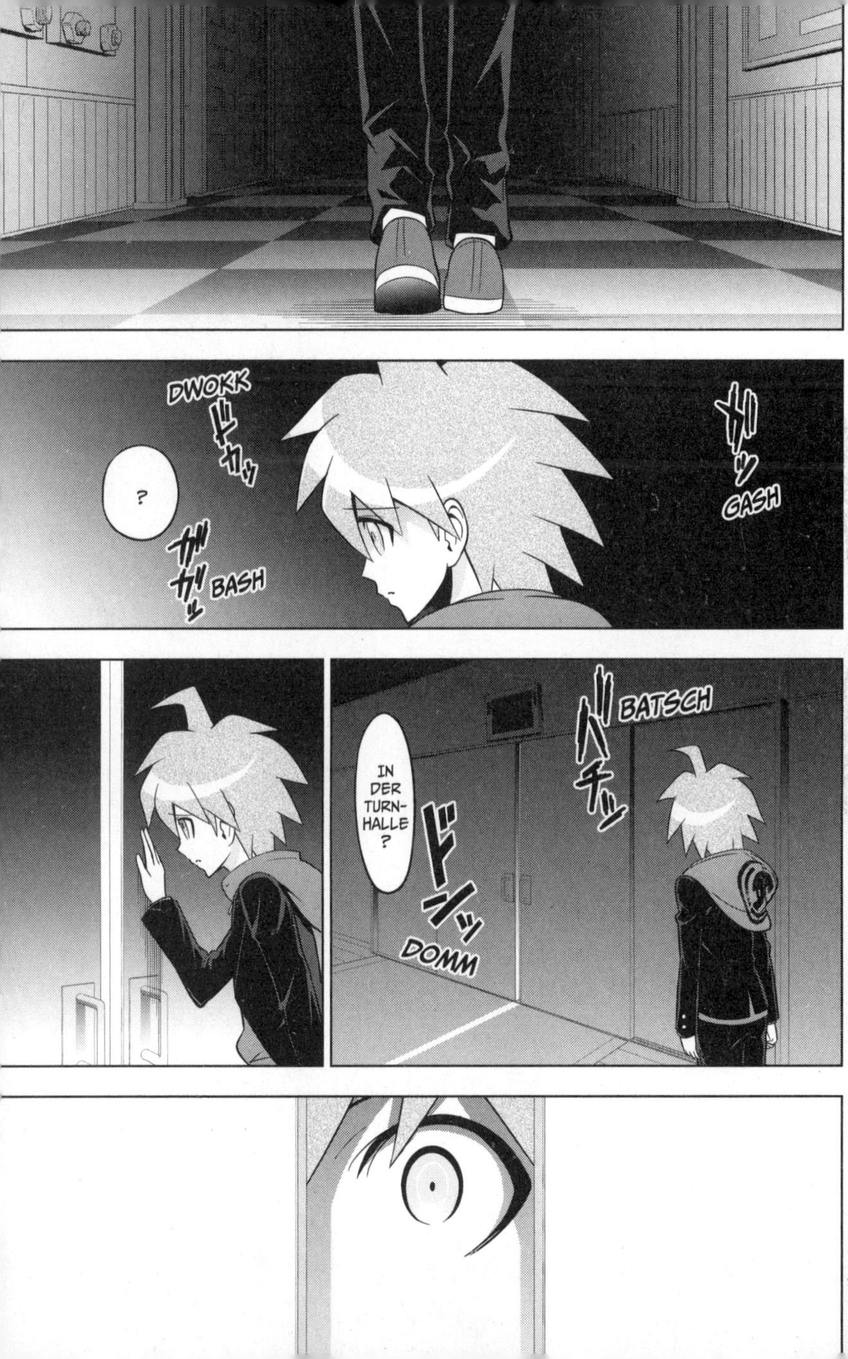

GASH
DWOKK
?
BASH
BATSCH
DOMM
IN DER TURNHALLE?

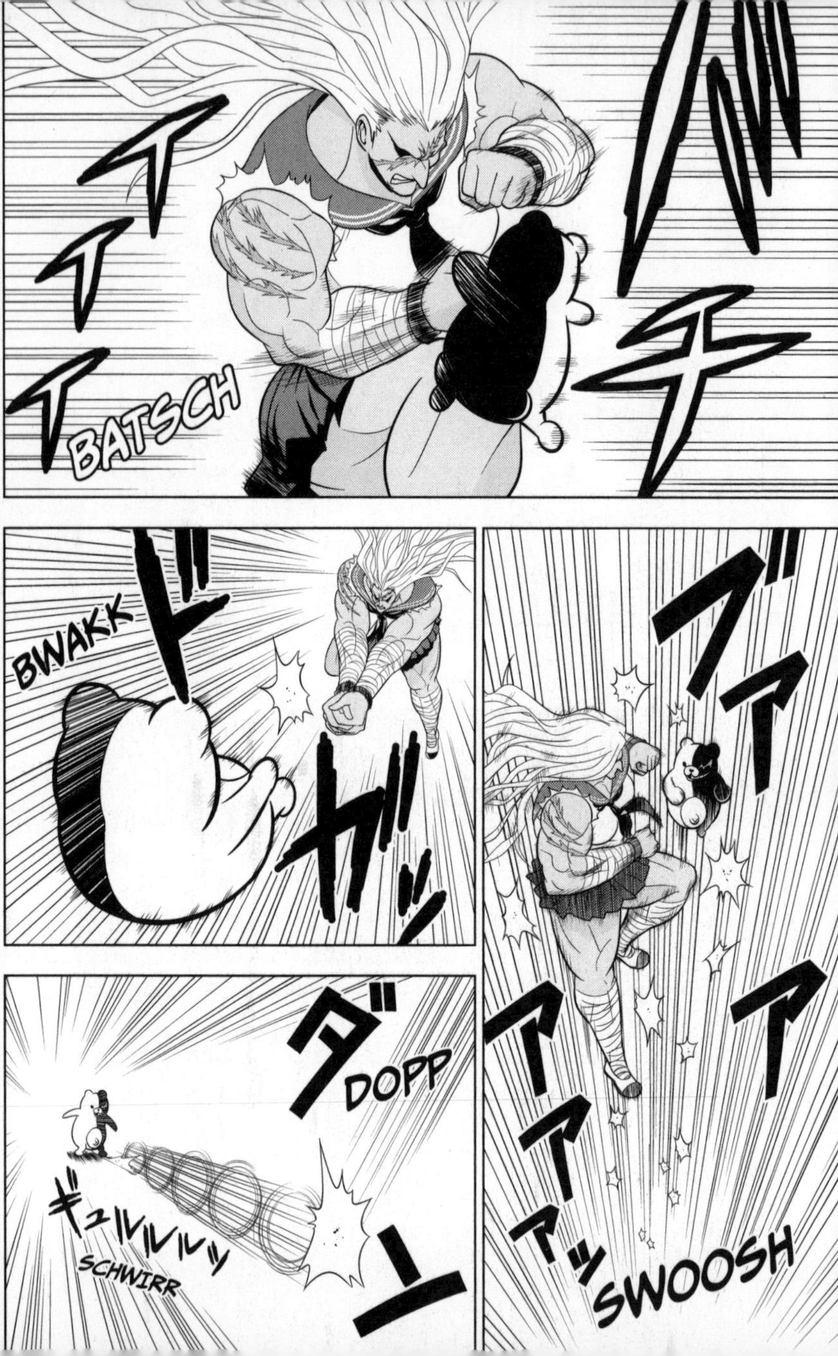

バチイイイ
BATSCH
ブアアアアアッ
SWOOSH
ドガッ
BWAKK
ダーッ
DOPP
ギュルルルルッ
SCHWIRR

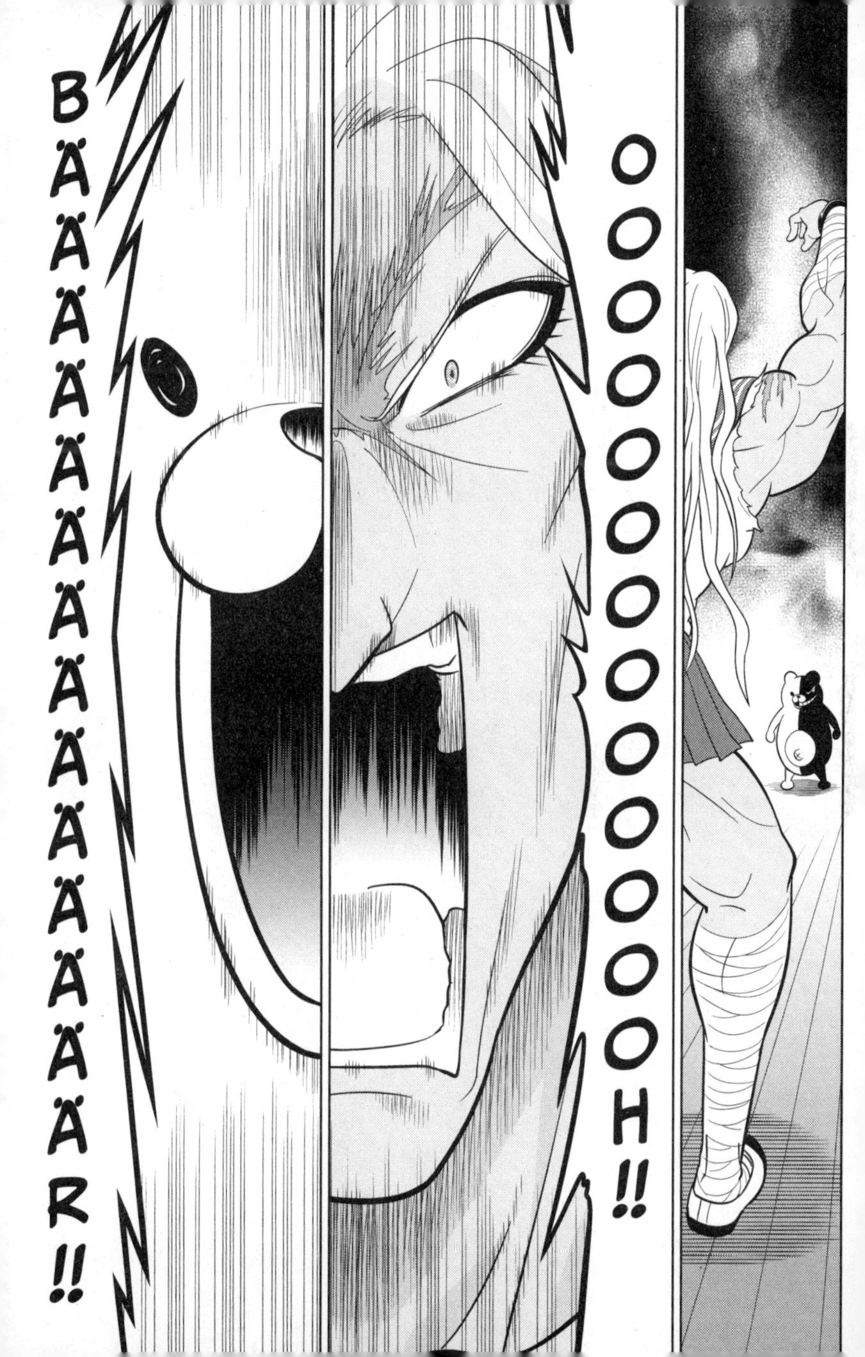
OOOOOOOOOOOOOOOH!!
BÄÄÄÄÄÄÄÄÄÄÄÄÄÄÄÄR!!

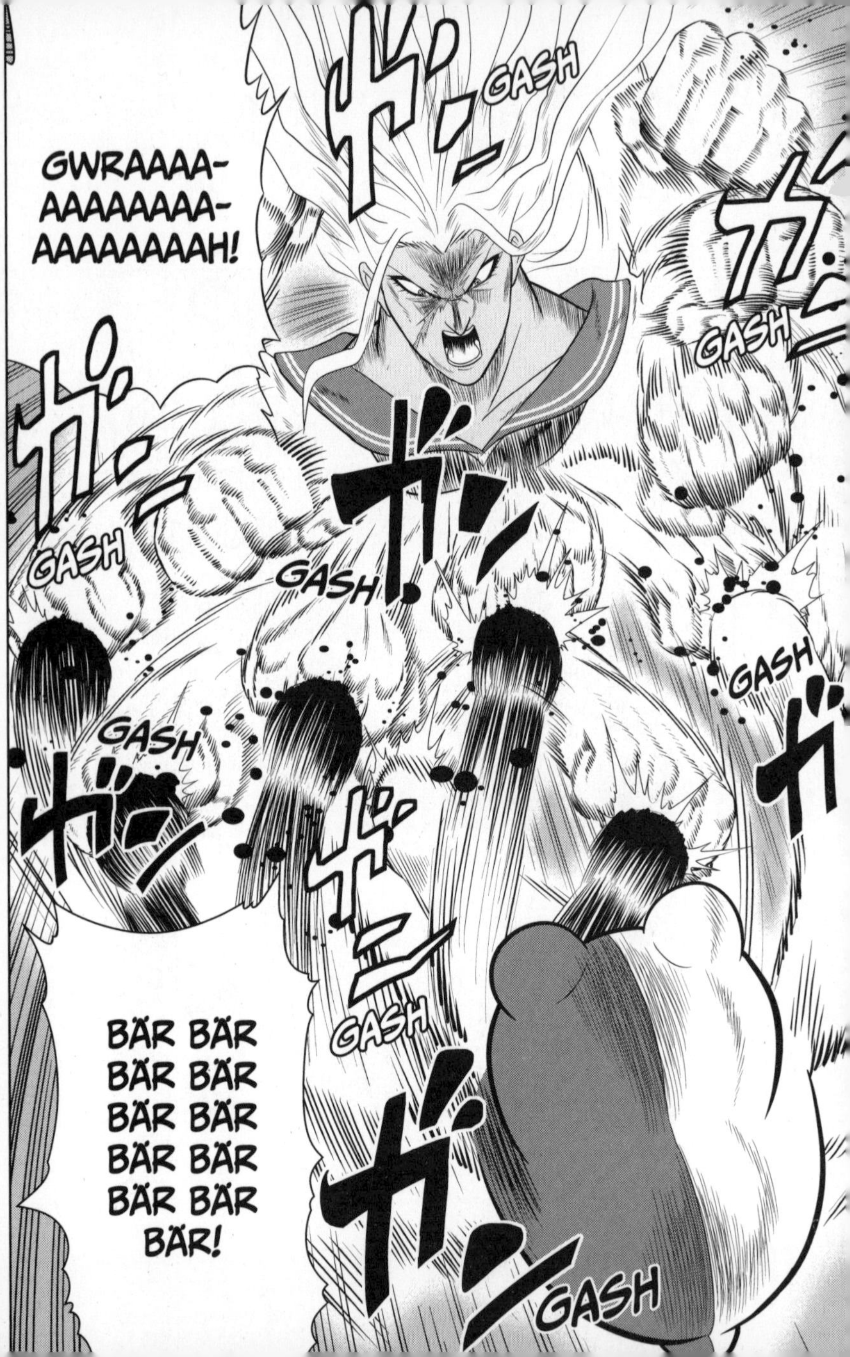
GASH
GASH
GWRAAAA-AAAAAAAAA-AAAAAAAAAH!
GASH
GASH
GASH
GASH
GASH
BÄR BÄR BÄR BÄR BÄR BÄR BÄR BÄR BÄR BÄR BÄR!
GASH

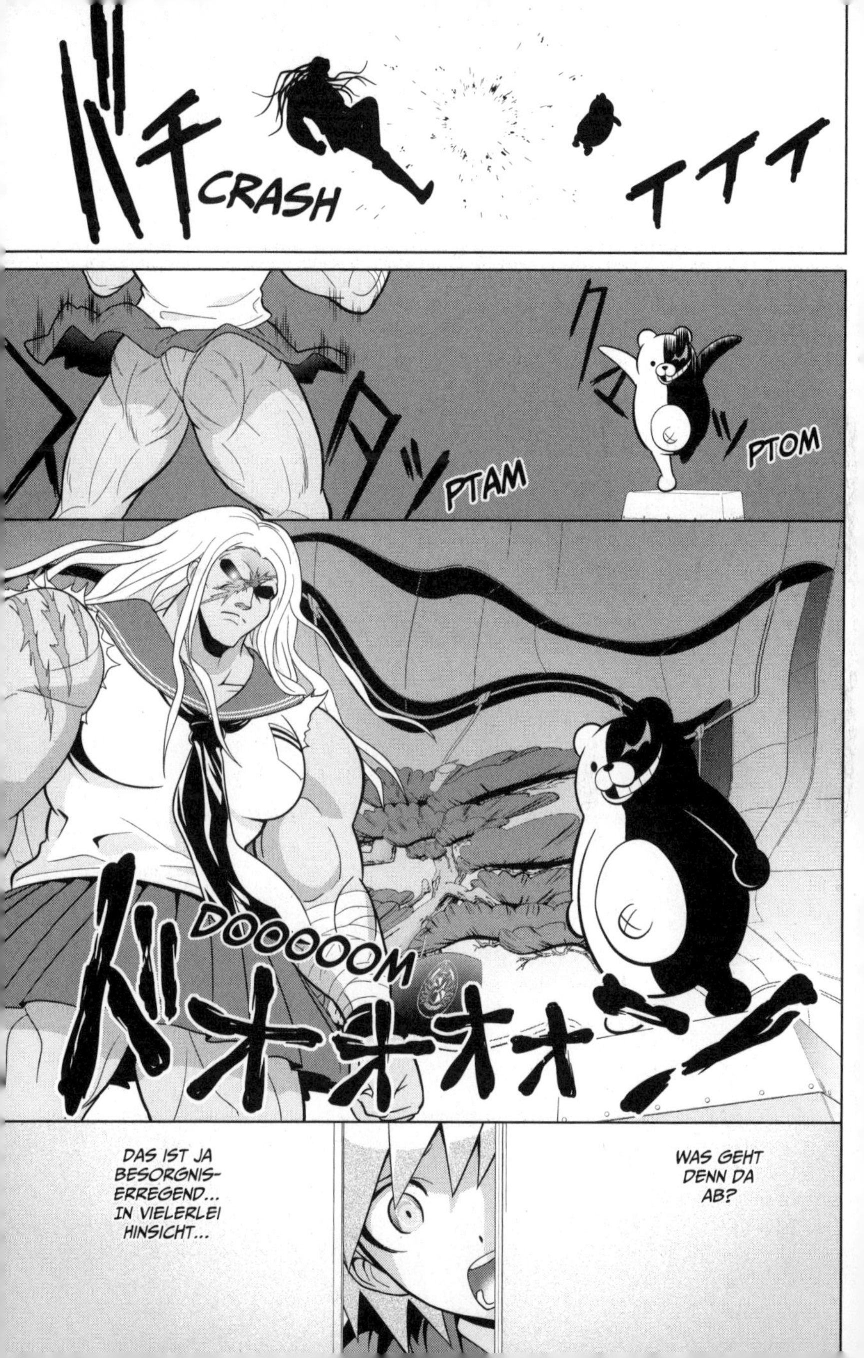

バチ
CRASH
イイイ
PTOM
PTAM
DOOOOOM
WAS GEHT DENN DA AB?
DAS IST JA BESORGNIS-ERREGEND... IN VIELERLEI HINSICHT...

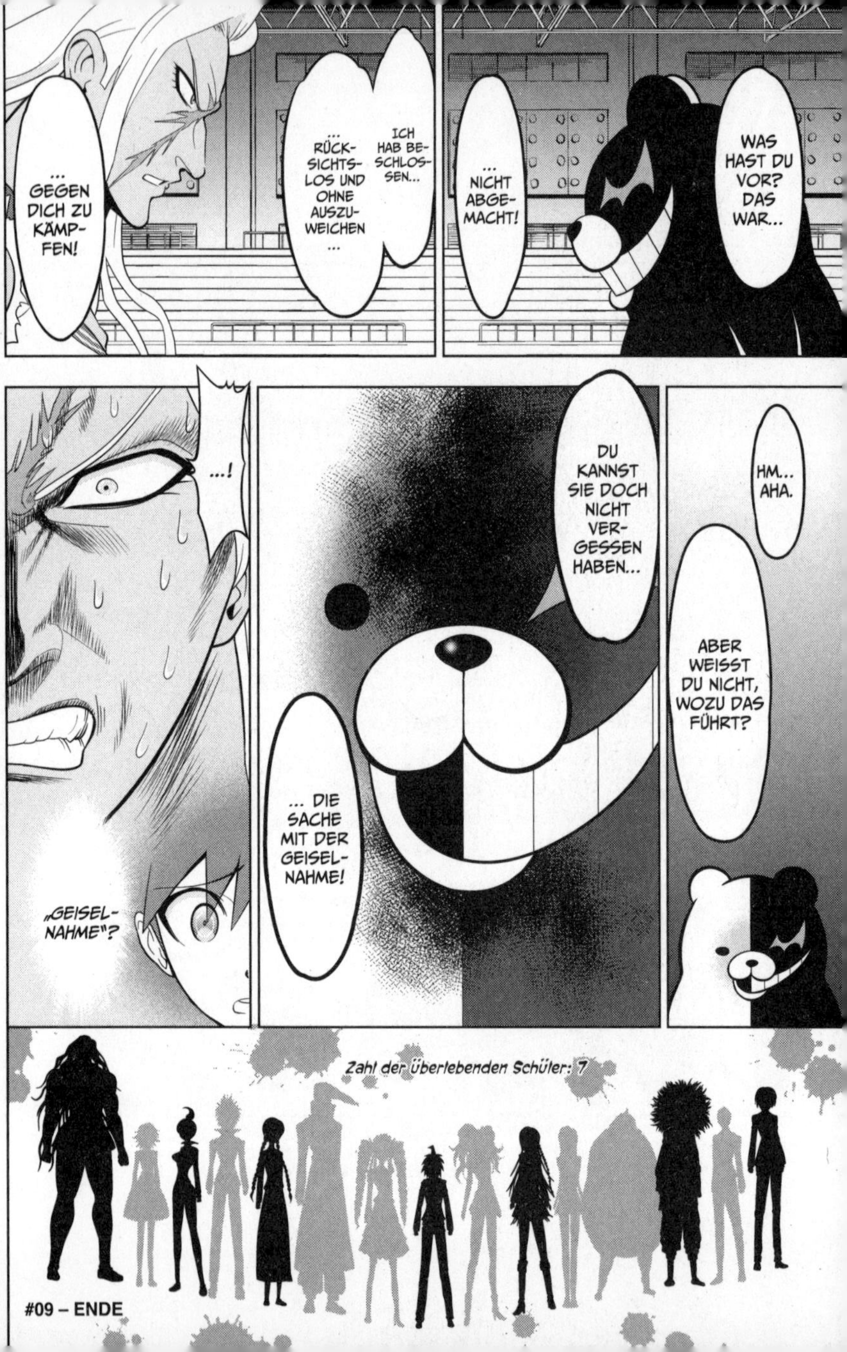
WAS HAST DU VOR? DAS WAR...
... NICHT ABGEMACHT!
ICH HAB BESCHLOSSEN...
... RÜCKSICHTSLOS UND OHNE AUSZUWEICHEN ...
... GEGEN DICH ZU KÄMPFEN!
HM... AHA.
ABER WEISST DU NICHT, WOZU DAS FÜHRT?
DU KANNST SIE DOCH NICHT VERGESSEN HABEN...
... DIE SACHE MIT DER GEISELNAHME!
...!
„GEISELNAHME"?
Zahl der überlebenden Schüler: 7
#09 – ENDE

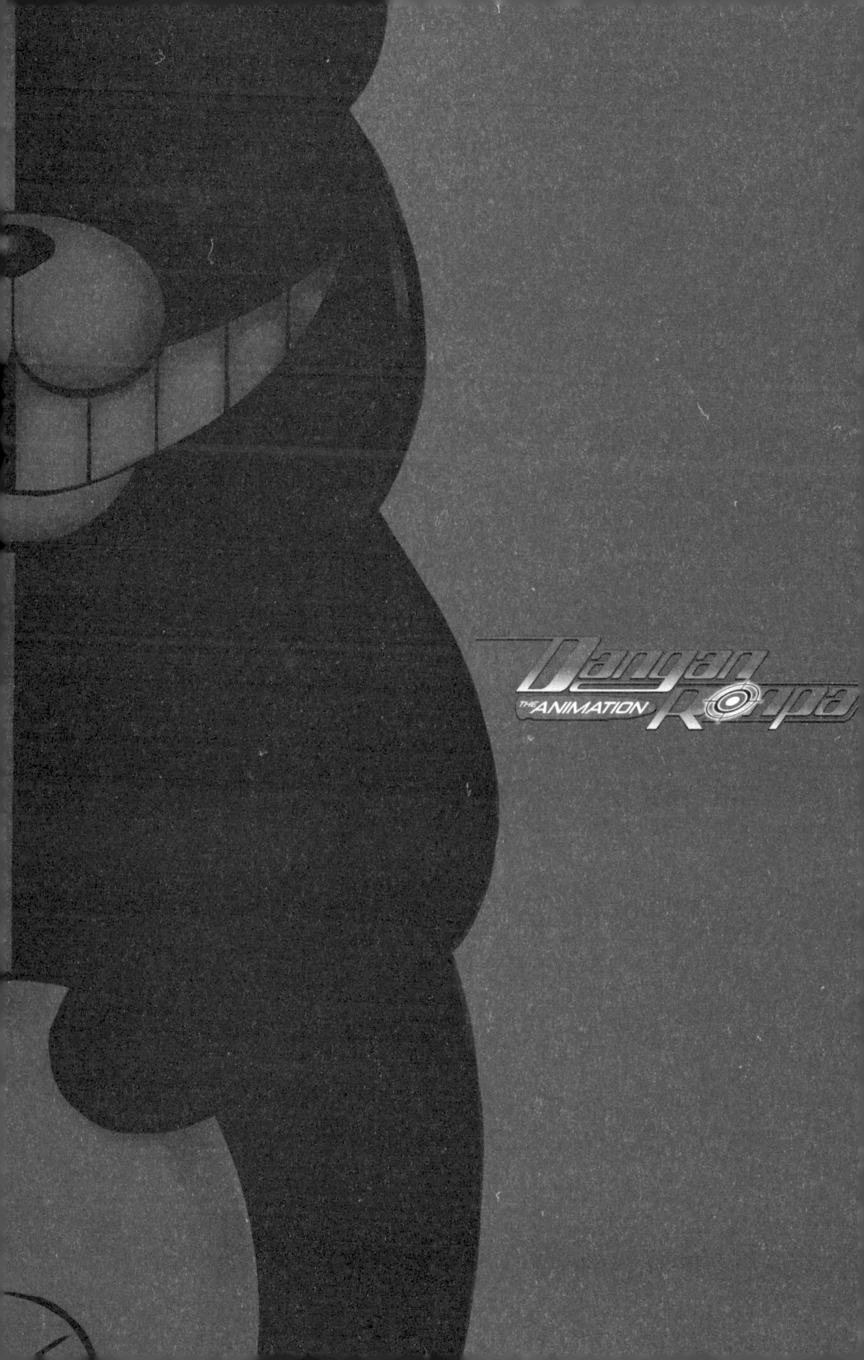
Dangan Ronpa
THE ANIMATION

Dangan Ronpa THE ANIMATION

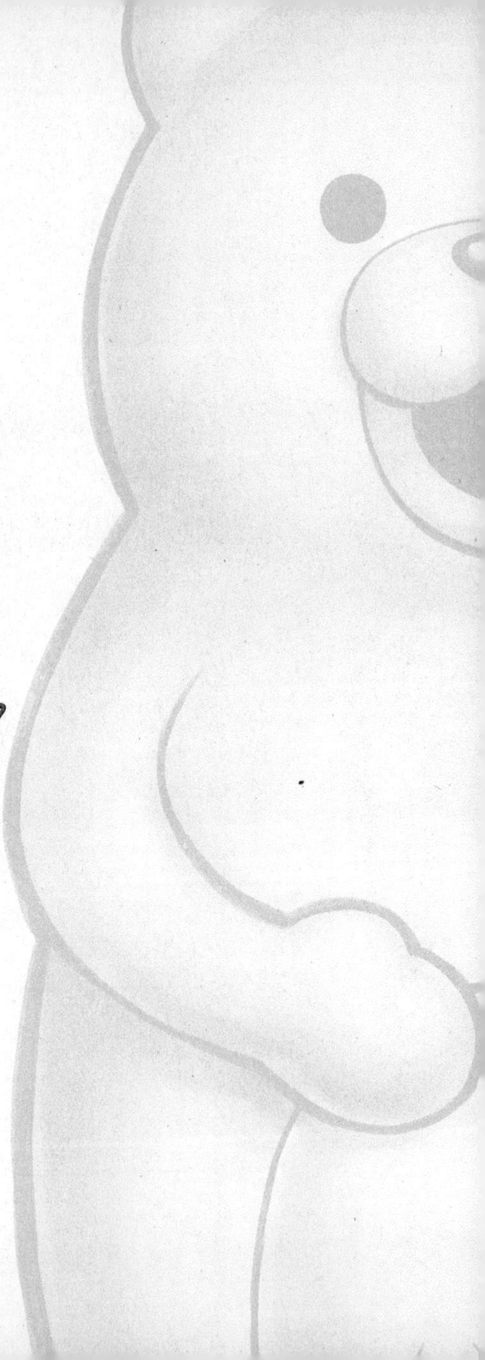

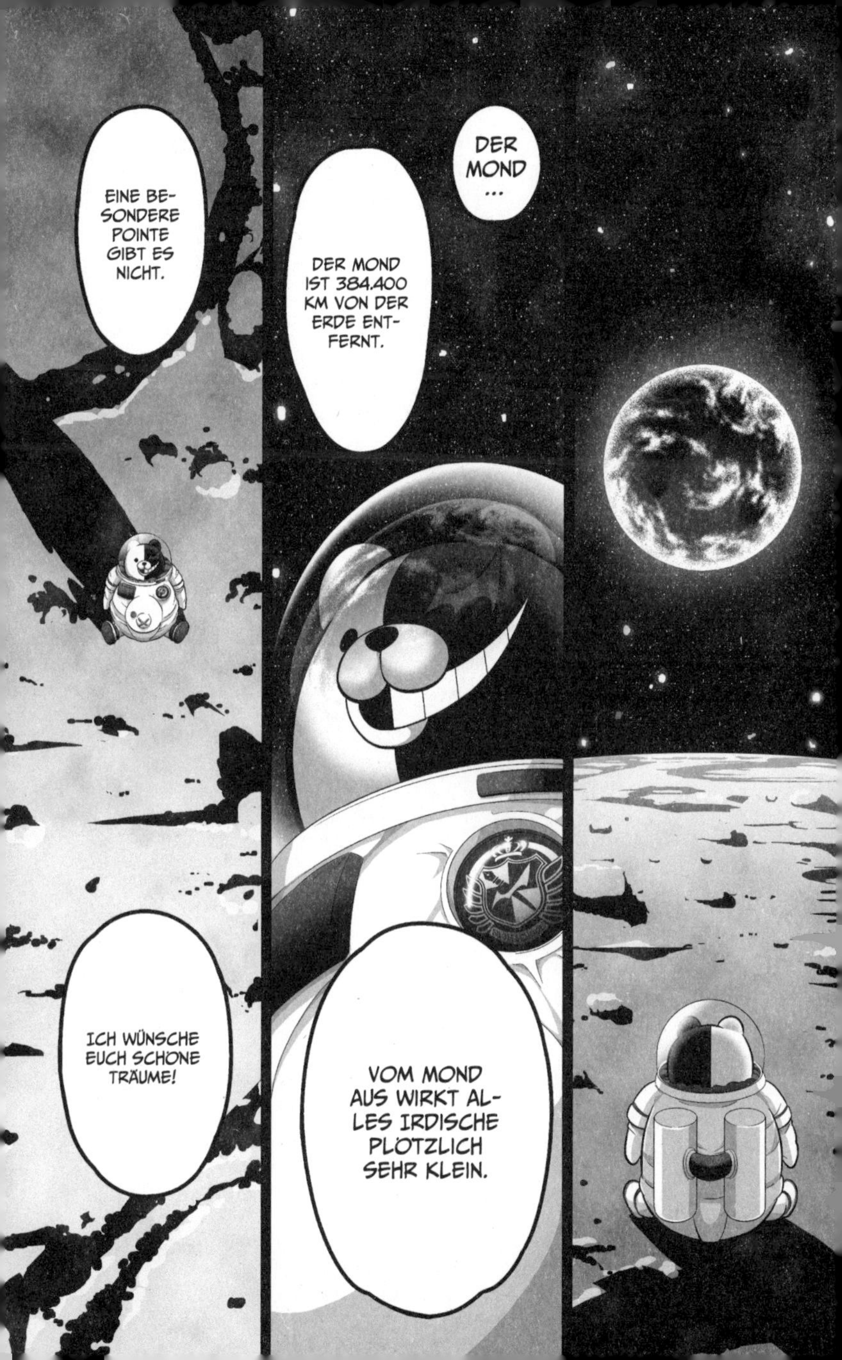
DER MOND ...
DER MOND IST 384.400 KM VON DER ERDE ENT-FERNT.
VOM MOND AUS WIRKT AL-LES IRDISCHE PLÖTZLICH SEHR KLEIN.
EINE BE-SONDERE POINTE GIBT ES NICHT.
ICH WÜNSCHE EUCH SCHÖNE TRÄUME!

#50: All all apologies (1)

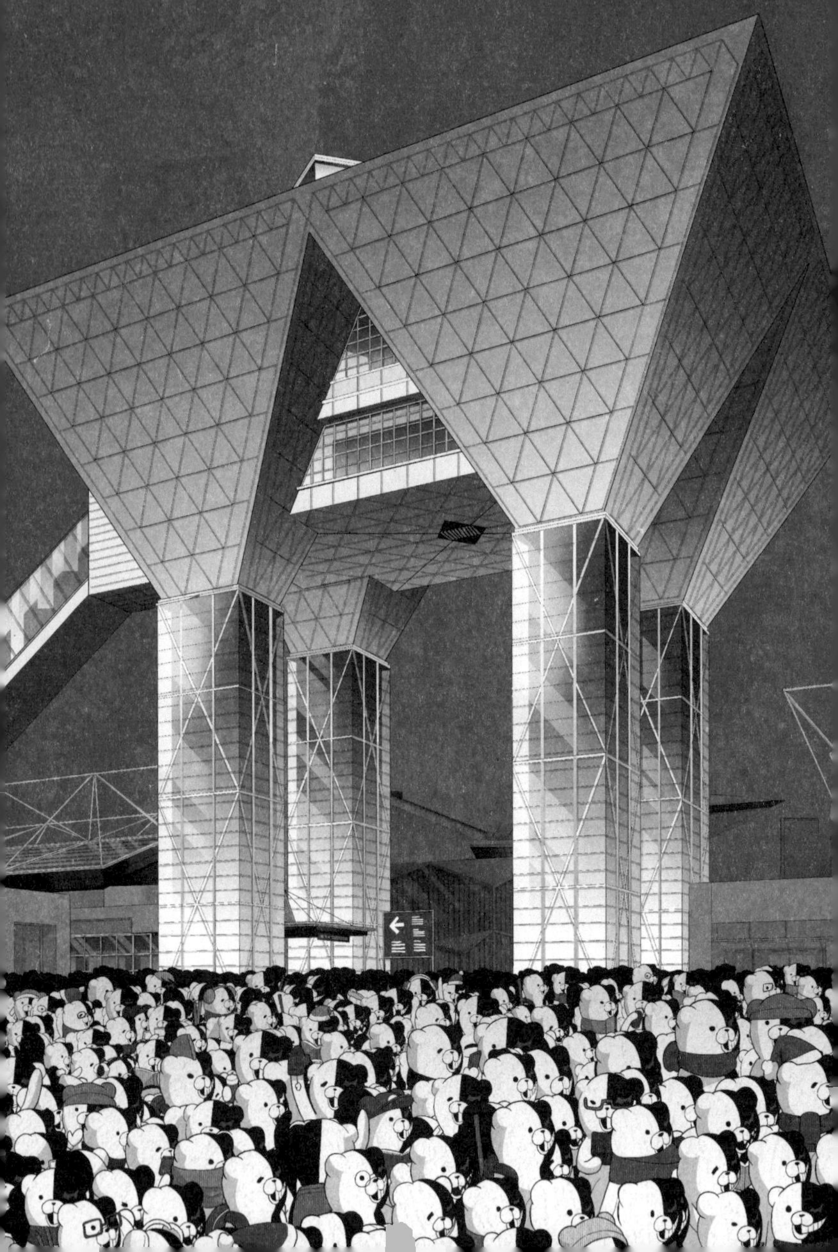

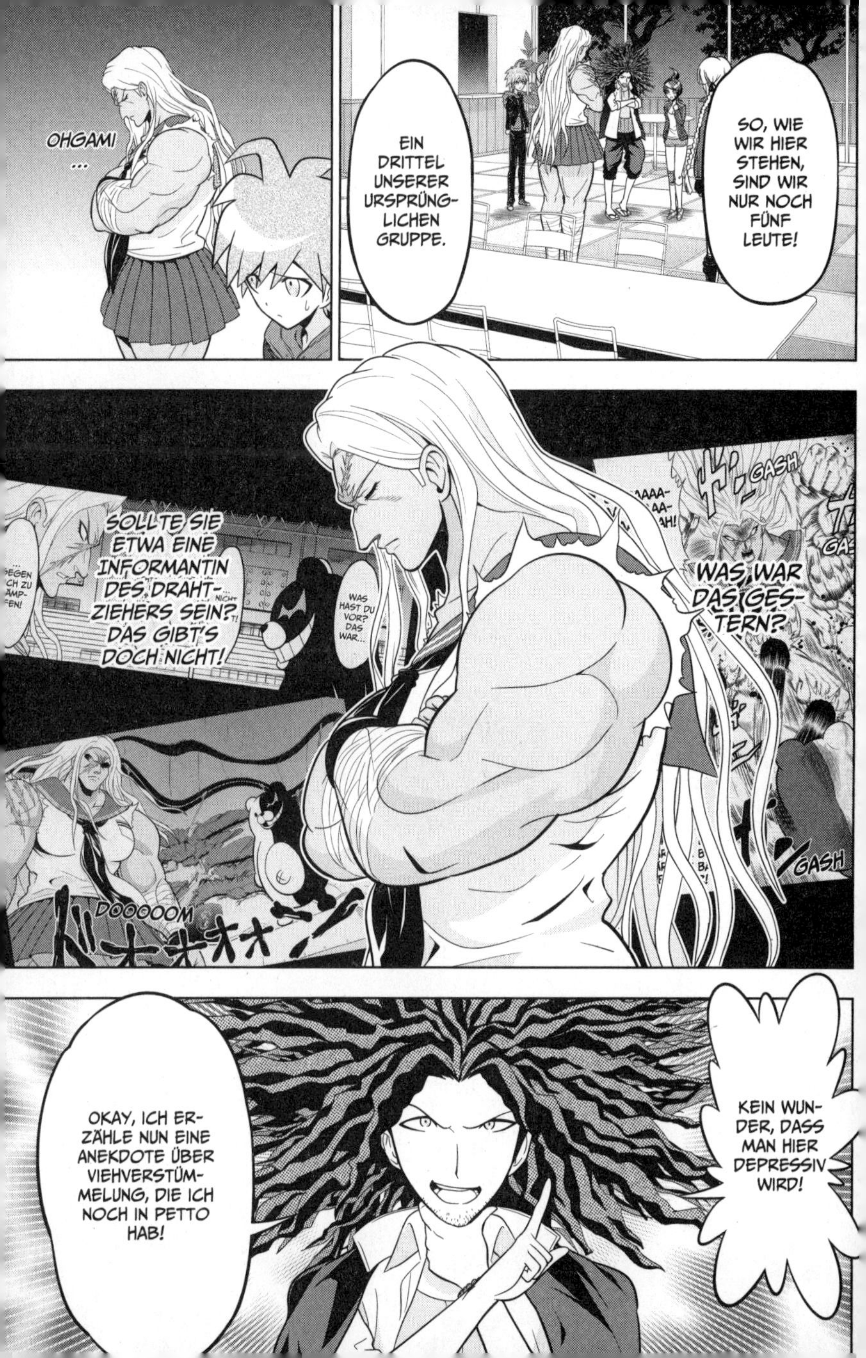
SO, WIE WIR HIER STEHEN, SIND WIR NUR NOCH FÜNF LEUTE!
EIN DRITTEL UNSERER URSPRÜNG-LICHEN GRUPPE.
OHGAMI ...
GASH
WAS WAR DAS GES-TERN?
GASH
WAS HAST DU VOR? DAS WAR...
SOLLTE SIE ETWA EINE INFORMANTIN DES DRAHT-ZIEHERS SEIN? DAS GIBT'S DOCH NICHT!
DOOOOOM
KEIN WUN-DER, DASS MAN HIER DEPRESSIV WIRD!
OKAY, ICH ER-ZÄHLE NUN EINE ANEKDOTE ÜBER VIEHVERSTÜM-MELUNG, DIE ICH NOCH IN PETTO HAB!

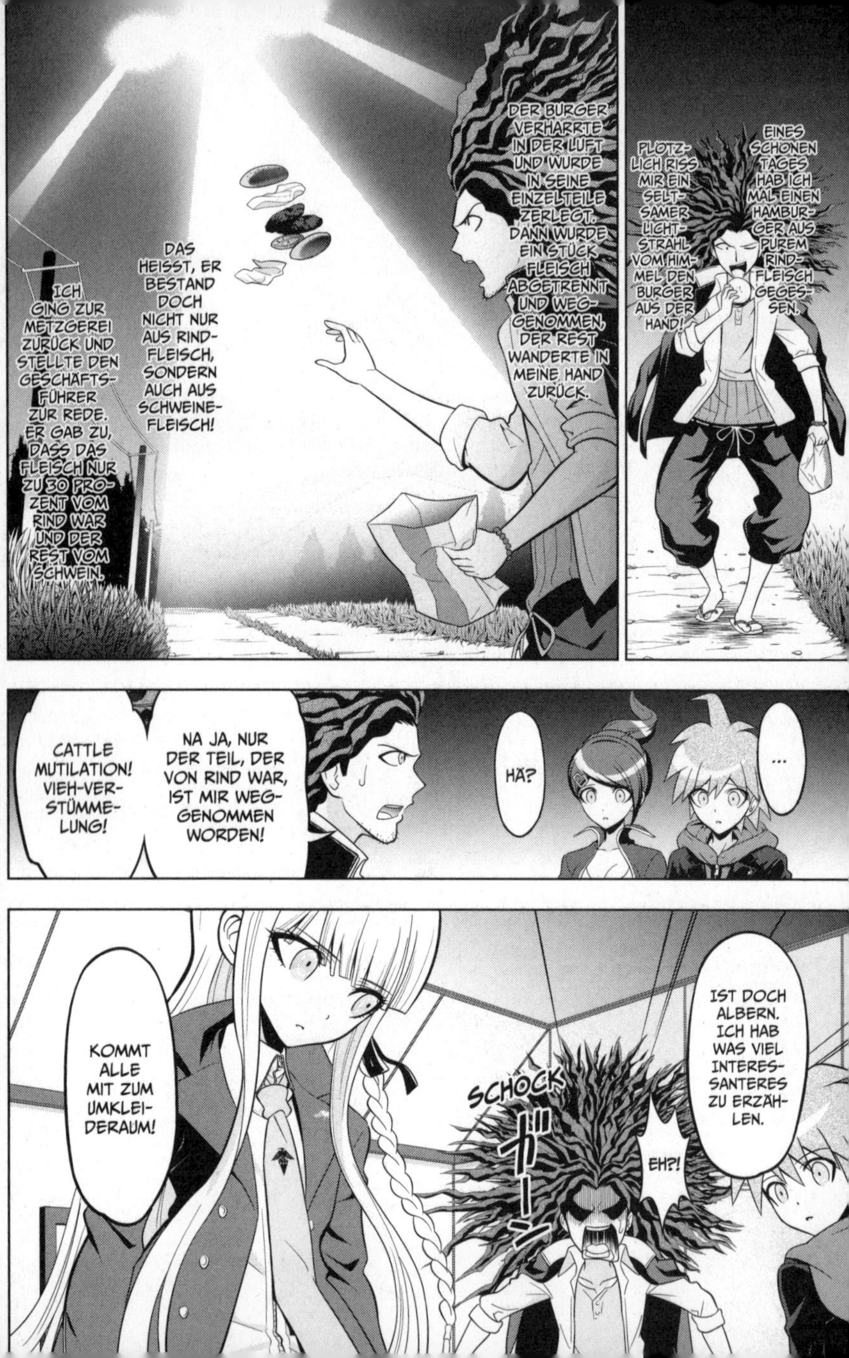
EINES SCHÖNEN TAGES HAB ICH MAL EINEN HAMBUR-GER AUS PUREM RIND-FLEISCH GEGES-SEN.
PLÖTZ-LICH RISS MIR EIN SELT-SAMER LICHT-STRAHL VOM HIM-MEL DEN BURGER AUS DER HAND!
DER BURGER VERHARRTE IN DER LUFT UND WURDE IN SEINE EINZELTEILE ZERLEGT. DANN WURDE EIN STÜCK FLEISCH ABGETRENNT UND WEG-GENOMMEN, DER REST WANDERTE IN MEINE HAND ZURÜCK.
DAS HEISST, ER BESTAND DOCH NICHT NUR AUS RIND-FLEISCH, SONDERN AUCH AUS SCHWEINE-FLEISCH!
ICH GING ZUR METZGEREI ZURÜCK UND STELLTE DEN GESCHÄFTS-FÜHRER ZUR REDE. ER GAB ZU, DASS DAS FLEISCH NUR ZU 30 PRO-ZENT VOM RIND WAR UND DER REST VOM SCHWEIN.
...
HÄ?
NA JA, NUR DER TEIL, DER VON RIND WAR, IST MIR WEG-GENOMMEN WORDEN!
CATTLE MUTILATION! VIEH-VER-STÜMME-LUNG!
IST DOCH ALBERN. ICH HAB WAS VIEL INTERES-SANTERES ZU ERZÄH-LEN.
EH?!
SCHOCK
KOMMT ALLE MIT ZUM UMKLEI-DERAUM!

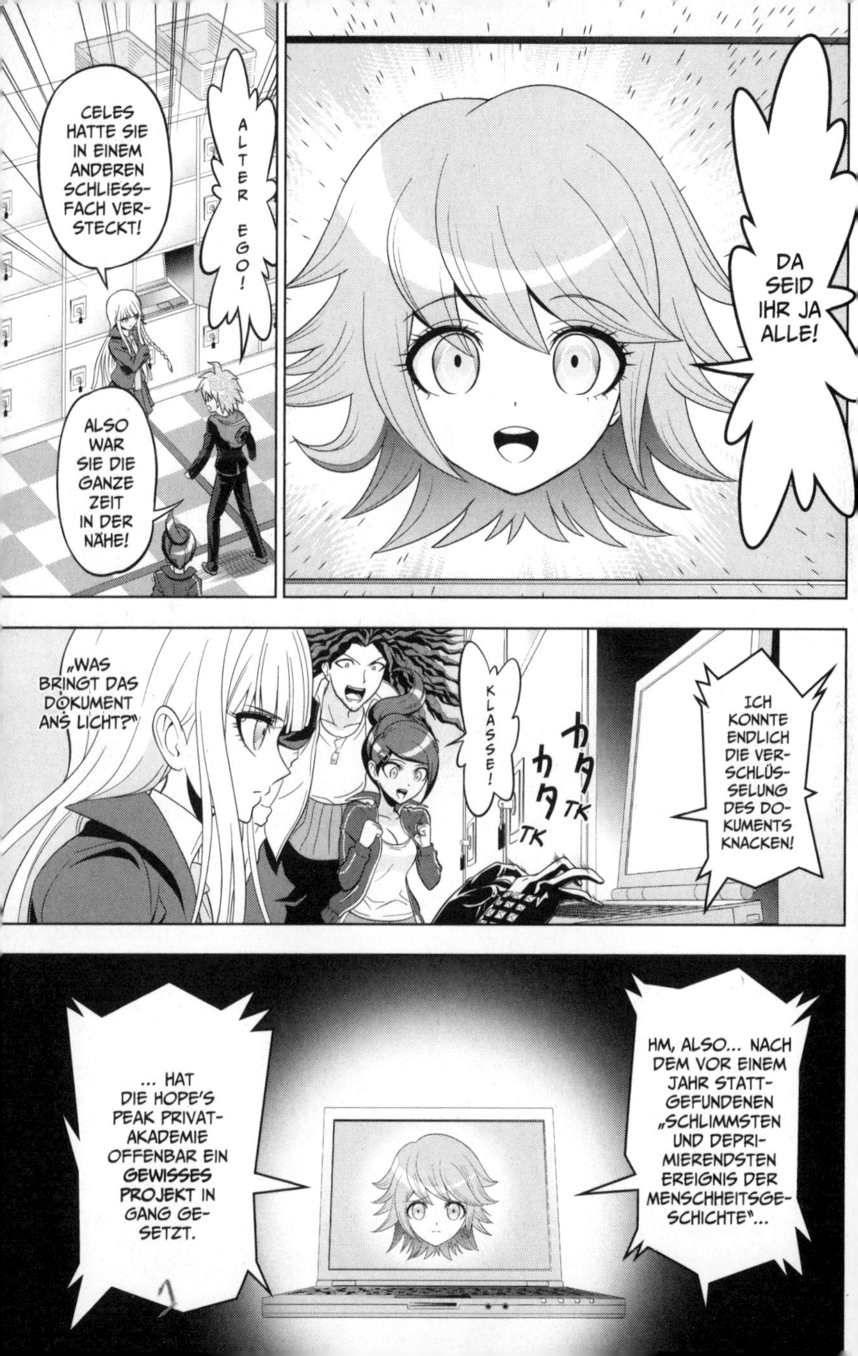
DA SEID IHR JA ALLE!
ALTER EGO!
CELES HATTE SIE IN EINEM ANDEREN SCHLIESS-FACH VER-STECKT!
ALSO WAR SIE DIE GANZE ZEIT IN DER NÄHE!
ICH KONNTE ENDLICH DIE VER-SCHLÜS-SELUNG DES DO-KUMENTS KNACKEN!
カタ TK
カタ TK
KLASSE!
„WAS BRINGT DAS DOKUMENT ANS LICHT?"
HM, ALSO... NACH DEM VOR EINEM JAHR STATT-GEFUNDENEN „SCHLIMMSTEN UND DEPRI-MIERENDSTEN EREIGNIS DER MENSCHHEITSGE-SCHICHTE"...
... HAT DIE HOPE'S PEAK PRIVAT-AKADEMIE OFFENBAR EIN GEWISSES PROJEKT IN GANG GE-SETZT.

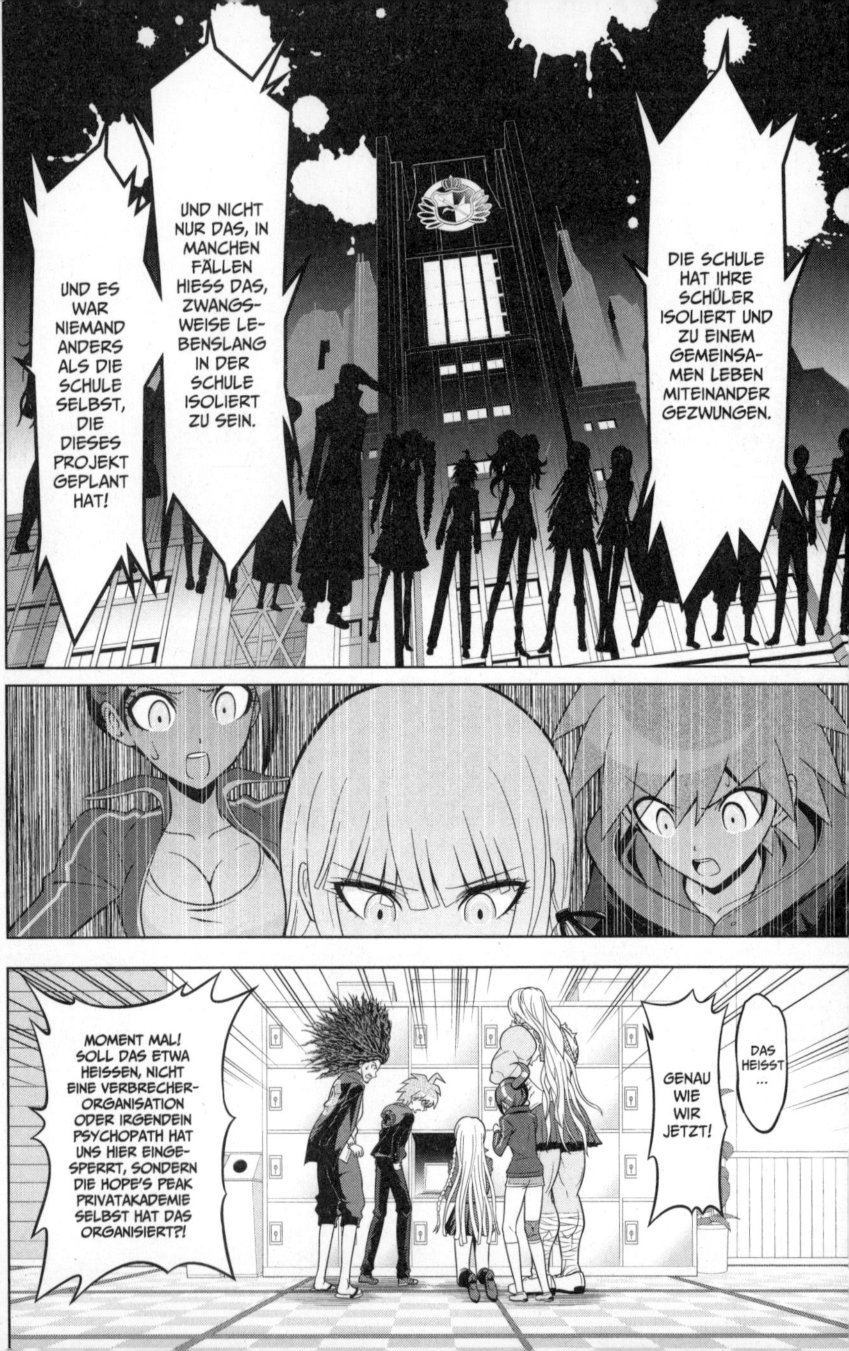
DIE SCHULE HAT IHRE SCHÜLER ISOLIERT UND ZU EINEM GEMEINSAMEN LEBEN MITEINANDER GEZWUNGEN.
UND NICHT NUR DAS, IN MANCHEN FÄLLEN HIESS DAS, ZWANGSWEISE LEBENSLANG IN DER SCHULE ISOLIERT ZU SEIN.
UND ES WAR NIEMAND ANDERS ALS DIE SCHULE SELBST, DIE DIESES PROJEKT GEPLANT HAT!
DAS HEISST ...
GENAU WIE WIR JETZT!
MOMENT MAL! SOLL DAS ETWA HEISSEN, NICHT EINE VERBRECHERORGANISATION ODER IRGENDEIN PSYCHOPATH HAT UNS HIER EINGESPERRT, SONDERN DIE HOPE'S PEAK PRIVATAKADEMIE SELBST HAT DAS ORGANISIERT?!

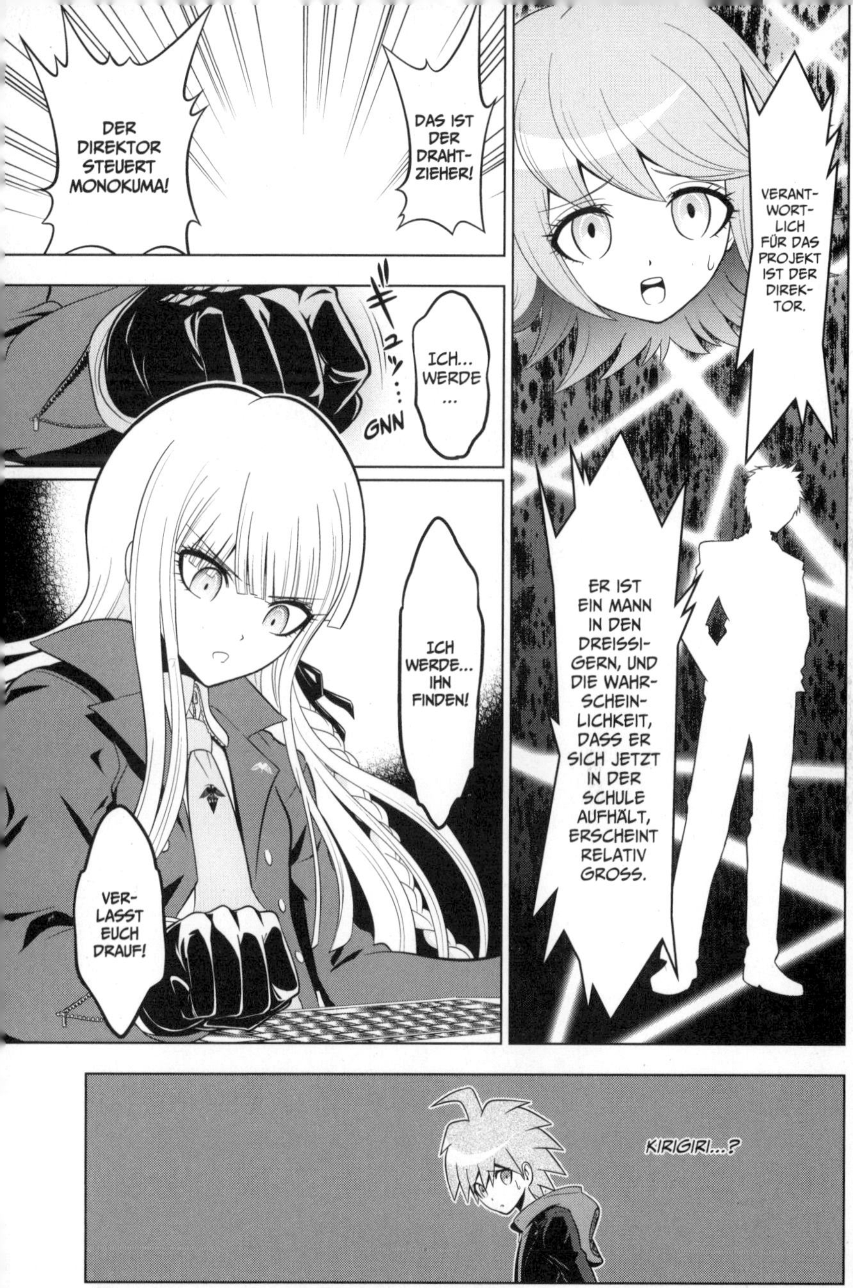
VERANT-WORT-LICH FÜR DAS PROJEKT IST DER DIREK-TOR.
ER IST EIN MANN IN DEN DREISSI-GERN, UND DIE WAHR-SCHEIN-LICHKEIT, DASS ER SICH JETZT IN DER SCHULE AUFHÄLT, ERSCHEINT RELATIV GROSS.
DAS IST DER DRAHT-ZIEHER!
DER DIREKTOR STEUERT MONOKUMA!
ギュッ…
GNN
ICH... WERDE ...
ICH WERDE... IHN FINDEN!
VER-LASST EUCH DRAUF!
KIRIGIRI...?

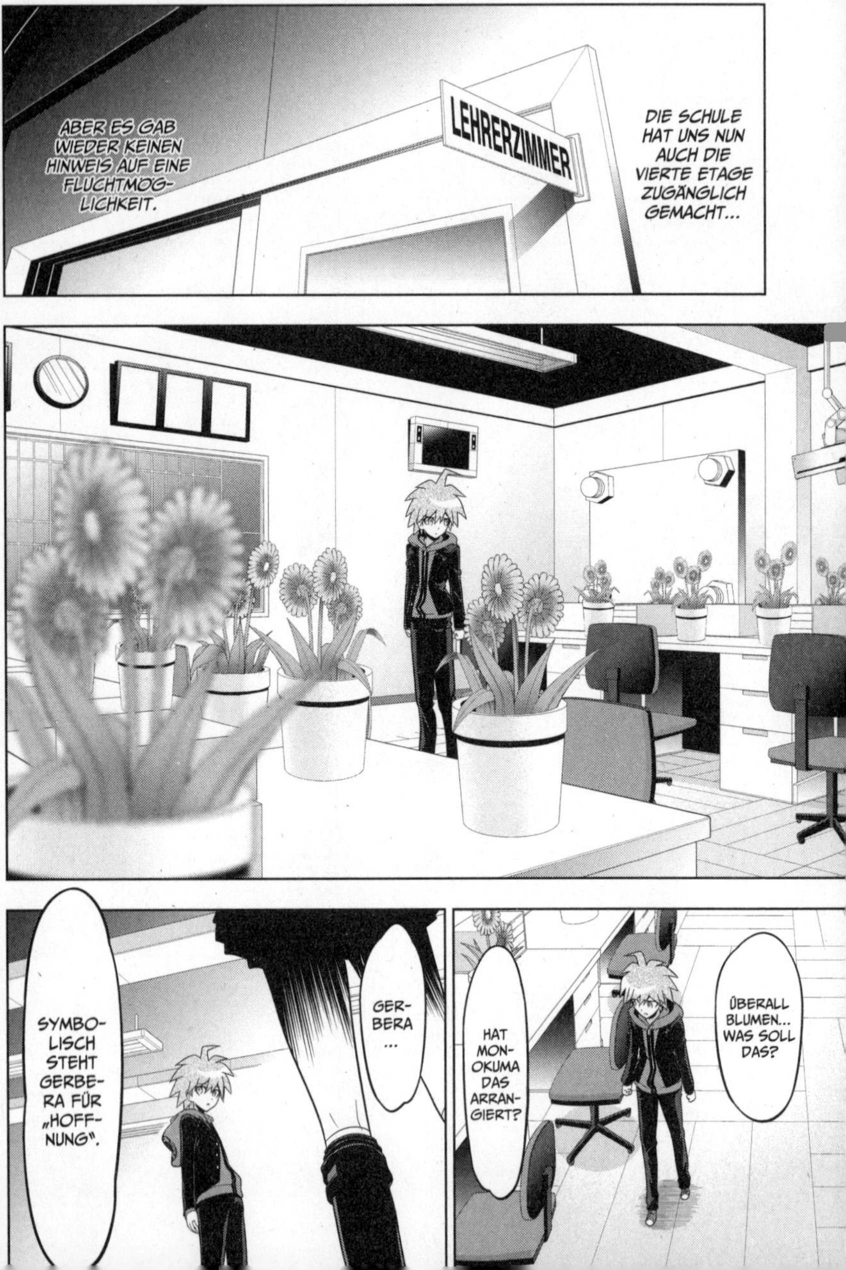
DIE SCHULE HAT UNS NUN AUCH DIE VIERTE ETAGE ZUGÄNGLICH GEMACHT...
LEHRERZIMMER
ABER ES GAB WIEDER KEINEN HINWEIS AUF EINE FLUCHTMÖG-LICHKEIT.
ÜBERALL BLUMEN... WAS SOLL DAS?
HAT MON-OKUMA DAS ARRAN-GIERT?
GER-BERA ...
SYMBO-LISCH STEHT GERBE-RA FÜR „HOFF-NUNG".

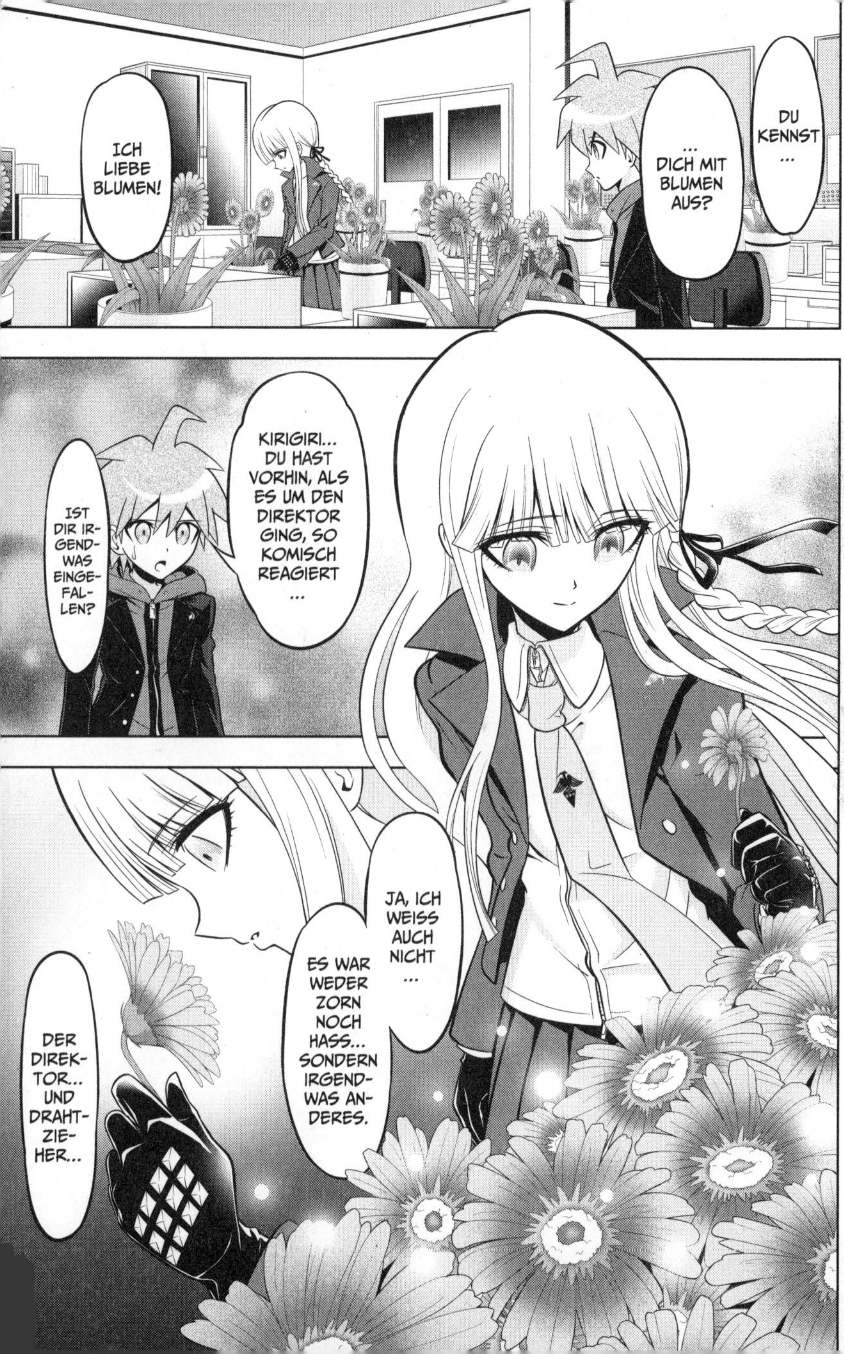
DU KENNST ...
... DICH MIT BLUMEN AUS?
ICH LIEBE BLUMEN!
KIRIGIRI... DU HAST VORHIN, ALS ES UM DEN DIREKTOR GING, SO KOMISCH REAGIERT ...
IST DIR IR-GEND-WAS EINGE-FAL-LEN?
JA, ICH WEISS AUCH NICHT ...
ES WAR WEDER ZORN NOCH HASS... SONDERN IRGEND-WAS AN-DERES.
DER DIREK-TOR... UND DRAHT-ZIE-HER...

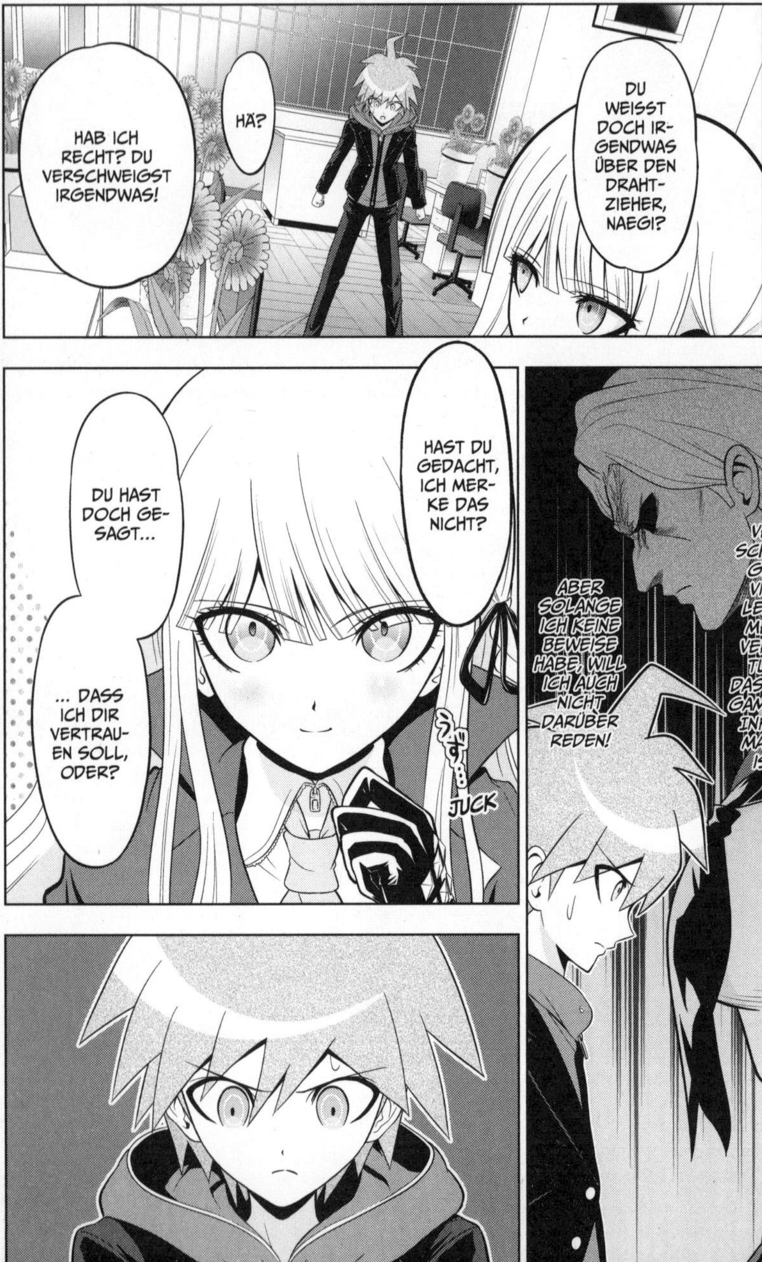
DU WEISST DOCH IRGENDWAS ÜBER DEN DRAHTZIEHER, NAEGI?
HÄ?
HAB ICH RECHT? DU VERSCHWEIGST IRGENDWAS!
HAST DU GEDACHT, ICH MERKE DAS NICHT?
DU HAST DOCH GESAGT…
… DASS ICH DIR VERTRAUEN SOLL, ODER?
うず…
JUCK
VERSCHWEIGEN? VIELLEICHT MEINE VERMUTUNG, DASS OHGAMI EINE INFORMANTIN IST?
ABER SOLANGE ICH KEINE BEWEISE HABE, WILL ICH AUCH NICHT DARÜBER REDEN!

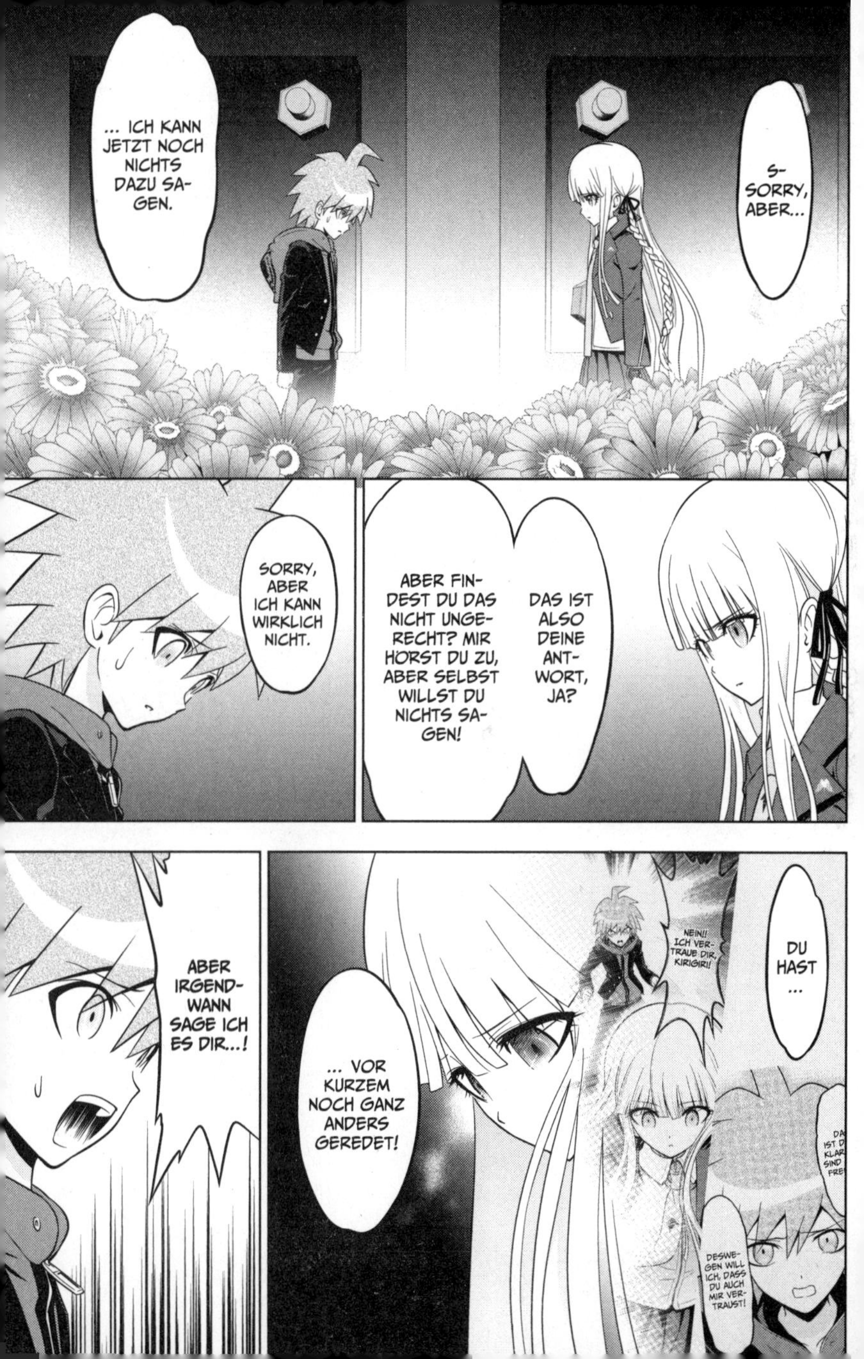
S-SORRY, ABER...
... ICH KANN JETZT NOCH NICHTS DAZU SAGEN.
DAS IST ALSO DEINE ANTWORT, JA?
ABER FINDEST DU DAS NICHT UNGERECHT? MIR HÖRST DU ZU, ABER SELBST WILLST DU NICHTS SAGEN!
SORRY, ABER ICH KANN WIRKLICH NICHT.
DU HAST ...
... VOR KURZEM NOCH GANZ ANDERS GEREDET!
NEIN!! ICH VERTRAUE DIR, KIRIGIRI!
DESWEGEN WILL ICH, DASS DU AUCH MIR VERTRAUST!
ABER IRGENDWANN SAGE ICH ES DIR...!

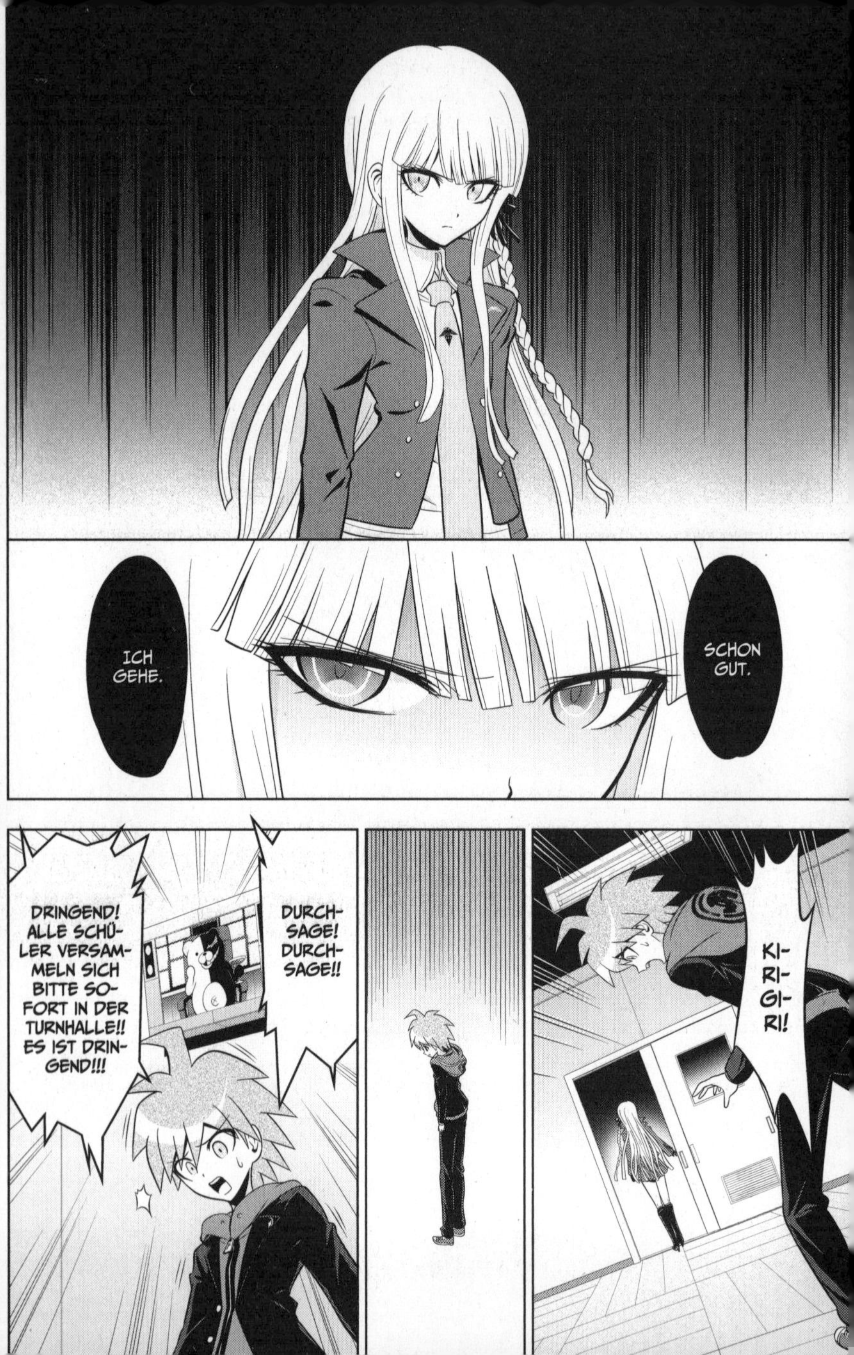
SCHON GUT.
ICH GEHE.
KI-RI-GI-RI!
DURCH-SAGE! DURCH-SAGE!!
DRINGEND! ALLE SCHÜ-LER VERSAM-MELN SICH BITTE SO-FORT IN DER TURNHALLE!! ES IST DRIN-GEND!!!

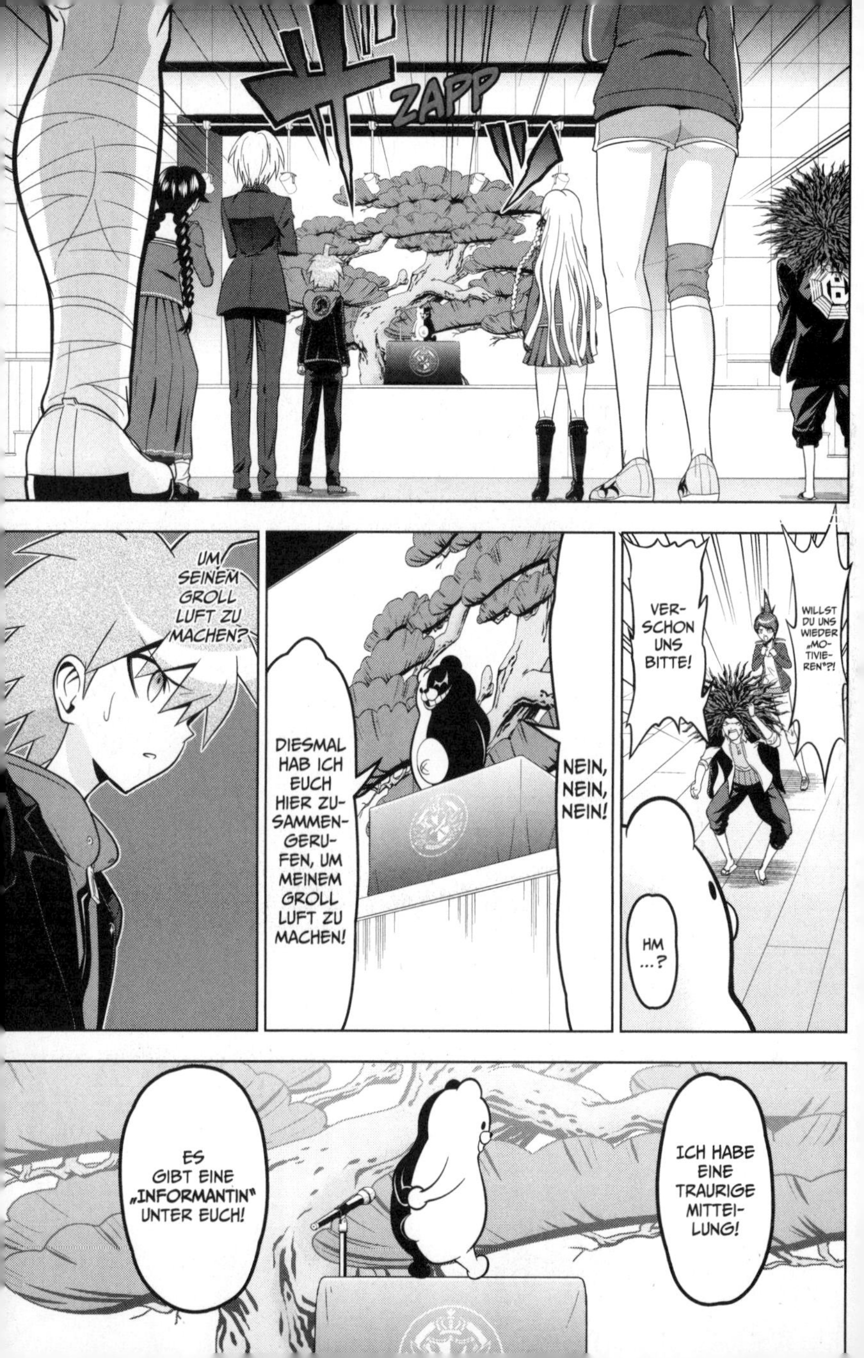
ZAPP
WILLST DU UNS WIEDER „MOTIVIEREN"?!
VERSCHON UNS BITTE!
HM …?
NEIN, NEIN, NEIN!
DIESMAL HAB ICH EUCH HIER ZUSAMMENGERUFEN, UM MEINEM GROLL LUFT ZU MACHEN!
UM SEINEM GROLL LUFT ZU MACHEN?
ICH HABE EINE TRAURIGE MITTEILUNG!
ES GIBT EINE „INFORMANTIN" UNTER EUCH!

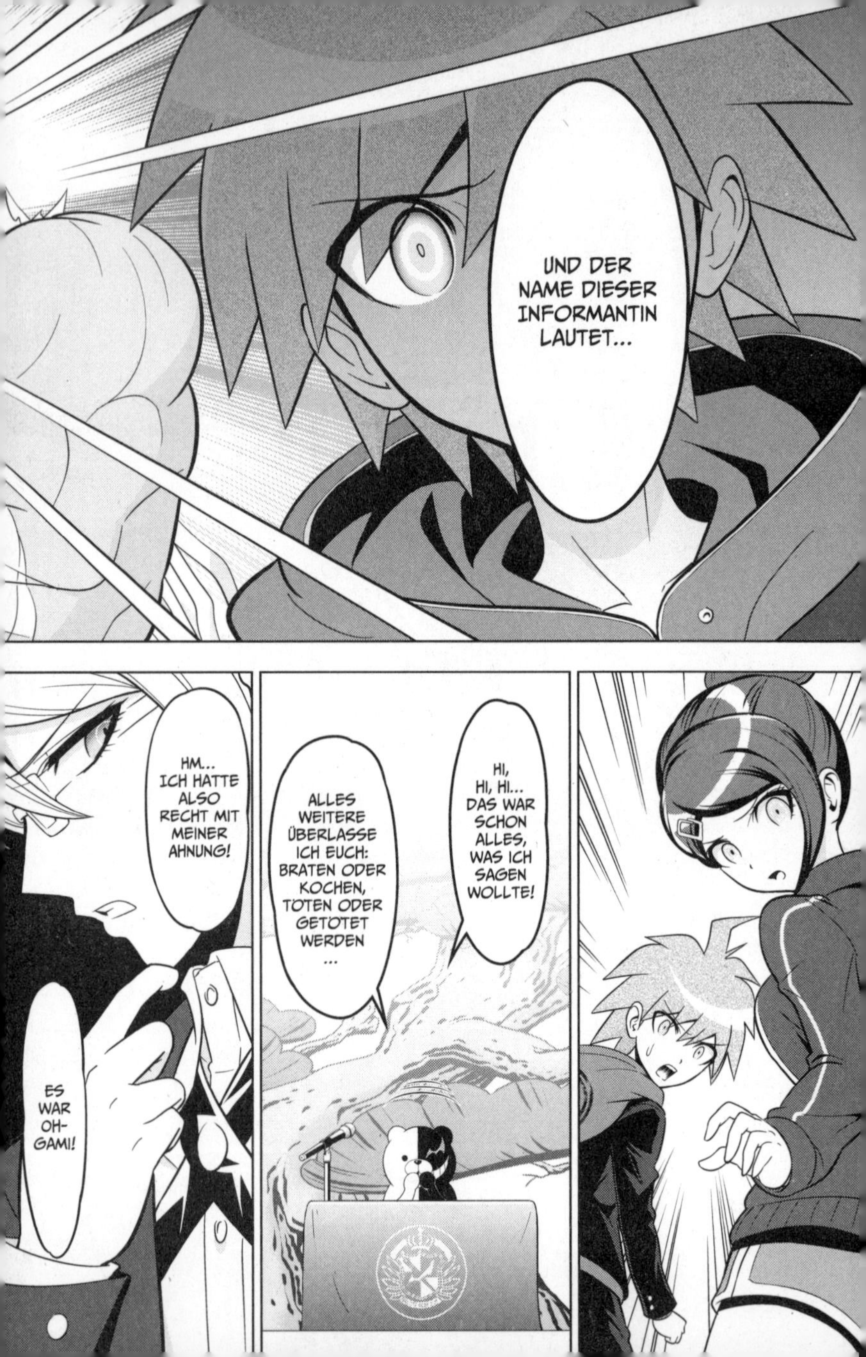
UND DER NAME DIESER INFORMANTIN LAUTET...
HI, HI, HI... DAS WAR SCHON ALLES, WAS ICH SAGEN WOLLTE!
ALLES WEITERE ÜBERLASSE ICH EUCH: BRATEN ODER KOCHEN, TÖTEN ODER GETÖTET WERDEN ...
HM... ICH HATTE ALSO RECHT MIT MEINER AHNUNG!
ES WAR OH-GAMI!

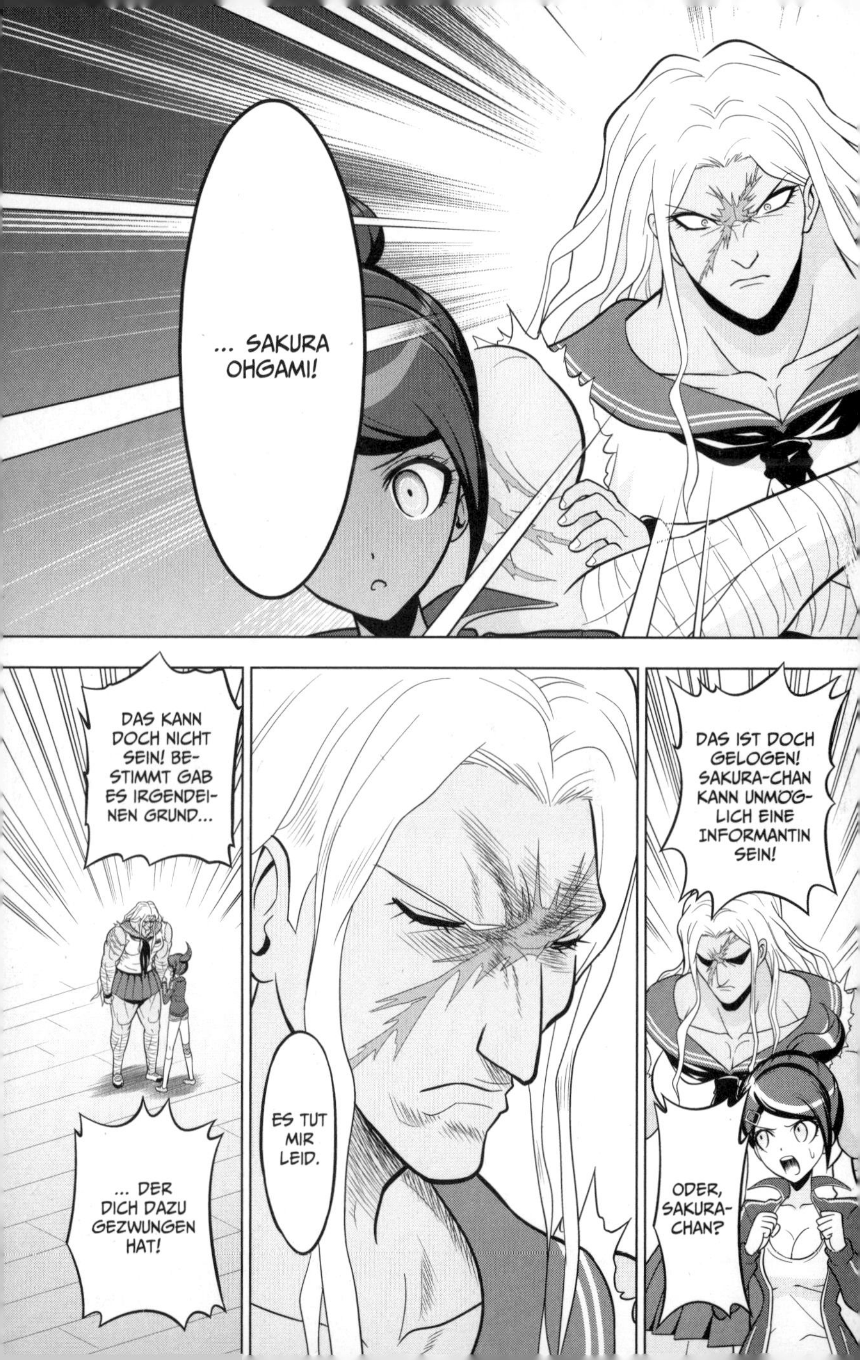
... SAKURA OHGAMI!
DAS IST DOCH GELOGEN! SAKURA-CHAN KANN UNMÖG-LICH EINE INFORMANTIN SEIN!
ODER, SAKURA-CHAN?
ES TUT MIR LEID.
DAS KANN DOCH NICHT SEIN! BE-STIMMT GAB ES IRGENDEI-NEN GRUND...
... DER DICH DAZU GEZWUNGEN HAT!

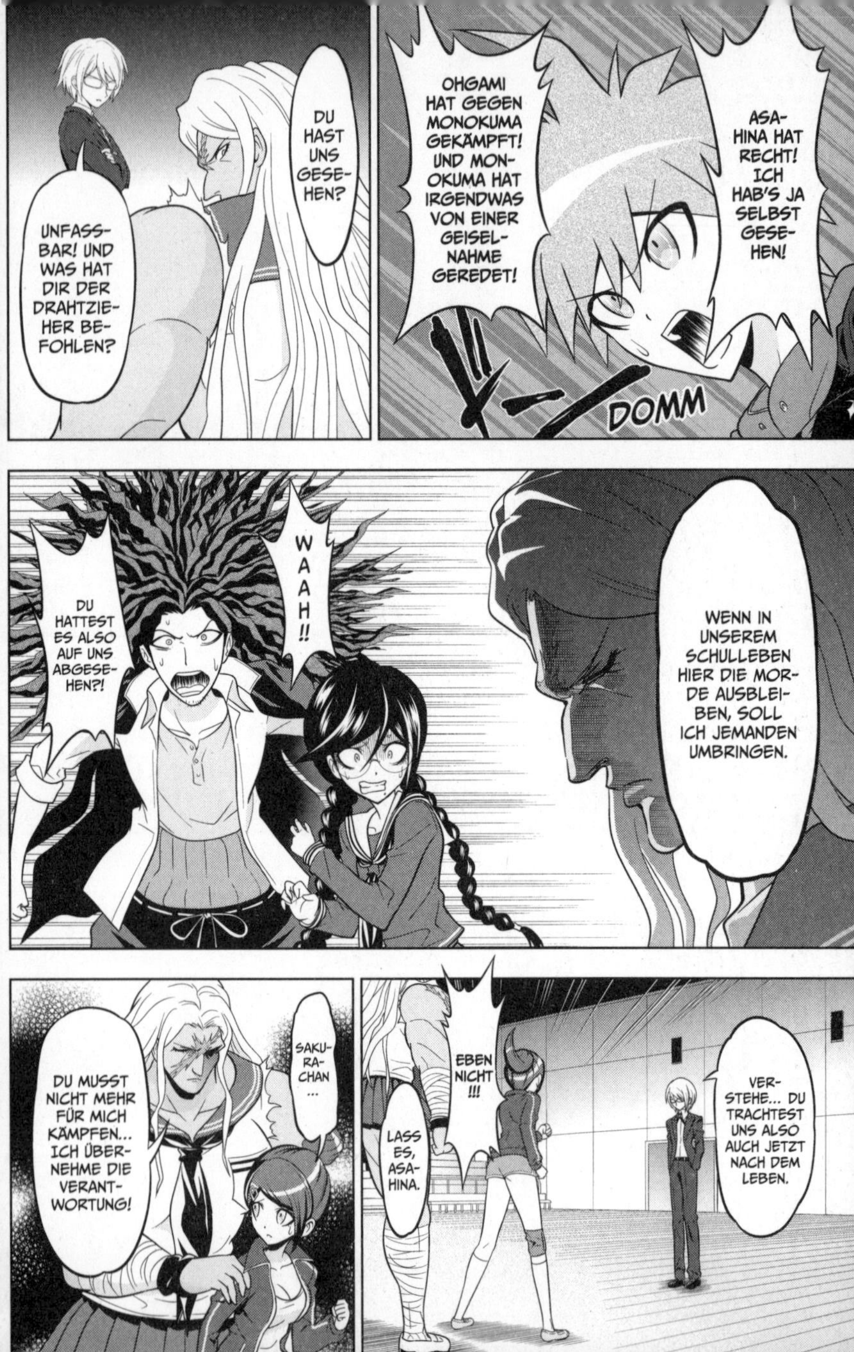
ASAHINA HAT RECHT! ICH HAB'S JA SELBST GESEHEN!
OHGAMI HAT GEGEN MONOKUMA GEKÄMPFT! UND MONOKUMA HAT IRGENDWAS VON EINER GEISELNAHME GEREDET!
DOMM
DU HAST UNS GESEHEN?
UNFASSBAR! UND WAS HAT DIR DER DRAHTZIEHER BEFOHLEN?
WENN IN UNSEREM SCHULLEBEN HIER DIE MORDE AUSBLEIBEN, SOLL ICH JEMANDEN UMBRINGEN.
WAAAH!!
DU HATTEST ES ALSO AUF UNS ABGESEHEN?!
VERSTEHE... DU TRACHTEST UNS ALSO AUCH JETZT NACH DEM LEBEN.
EBEN NICHT!!!
LASS ES, ASAHINA.
SAKURA-CHAN ...
DU MUSST NICHT MEHR FÜR MICH KÄMPFEN... ICH ÜBERNEHME DIE VERANTWORTUNG!

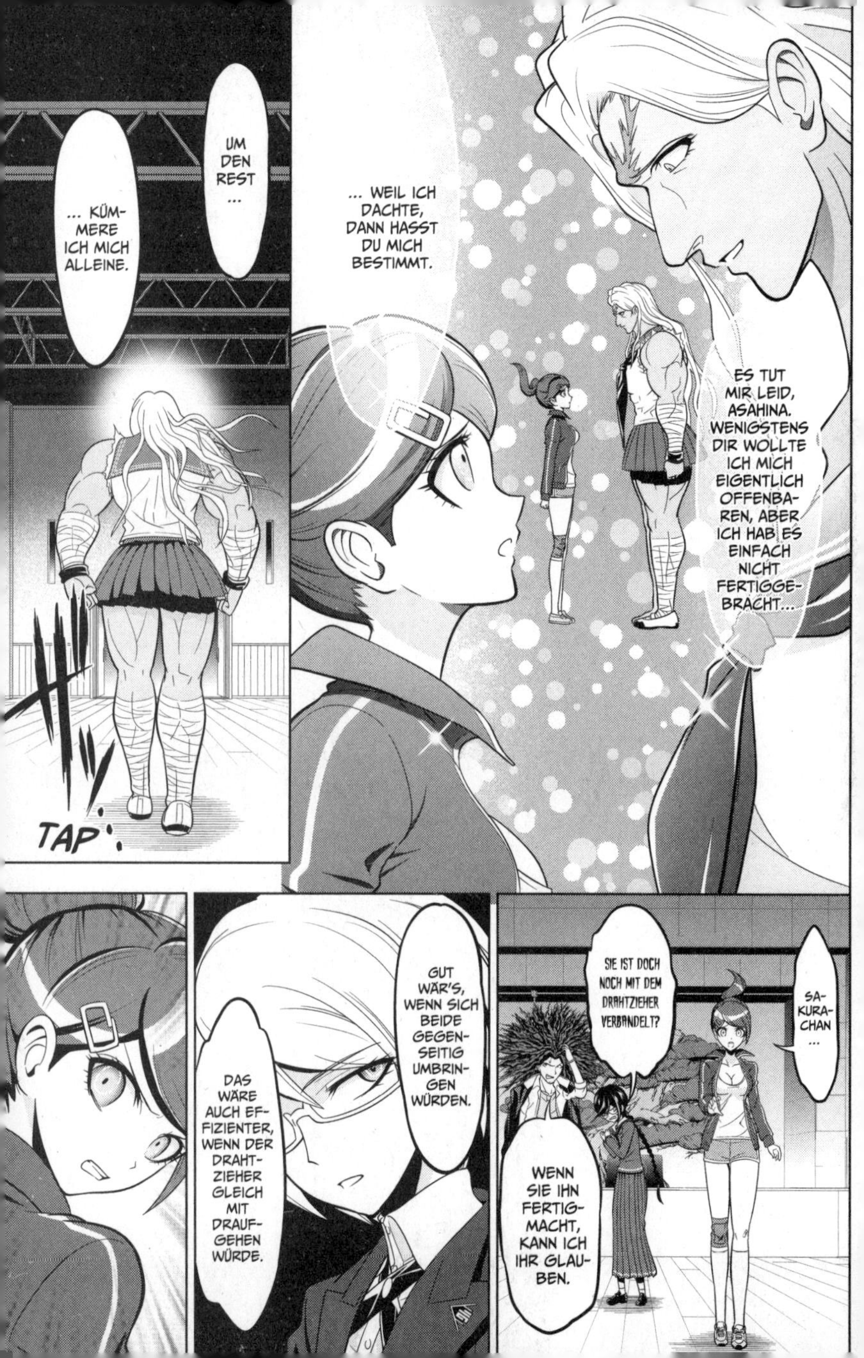
ES TUT MIR LEID, ASAHINA. WENIGSTENS DIR WOLLTE ICH MICH EIGENTLICH OFFENBAREN, ABER ICH HAB ES EINFACH NICHT FERTIGGEBRACHT ...
... WEIL ICH DACHTE, DANN HASST DU MICH BESTIMMT.
UM DEN REST ...
... KÜMMERE ICH MICH ALLEINE.
TAP
SAKURA-CHAN ...
SIE IST DOCH NOCH MIT DEM DRAHTZIEHER VERBANDELT?
WENN SIE IHN FERTIGMACHT, KANN ICH IHR GLAUBEN.
GUT WÄR'S, WENN SICH BEIDE GEGENSEITIG UMBRINGEN WÜRDEN.
DAS WÄRE AUCH EFFIZIENTER, WENN DER DRAHTZIEHER GLEICH MIT DRAUFGEHEN WÜRDE.

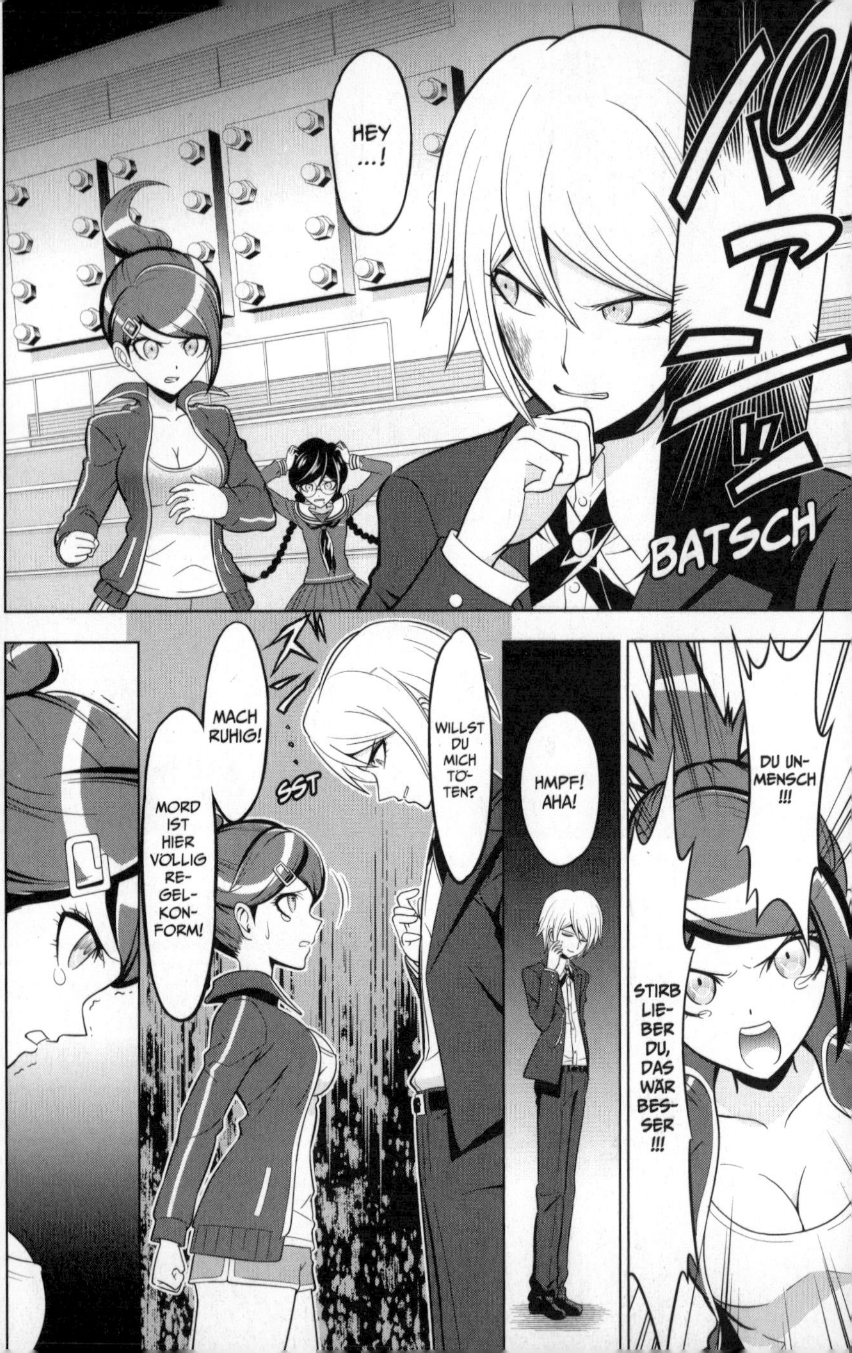
BATSCH
HEY ...!
DU UNMENSCH!!!
STIRB LIEBER DU, DAS WÄR BESSER!!!
HMPF! AHA!
WILLST DU MICH TÖTEN?
SST
MACH RUHIG!
MORD IST HIER VÖLLIG REGELKONFORM!

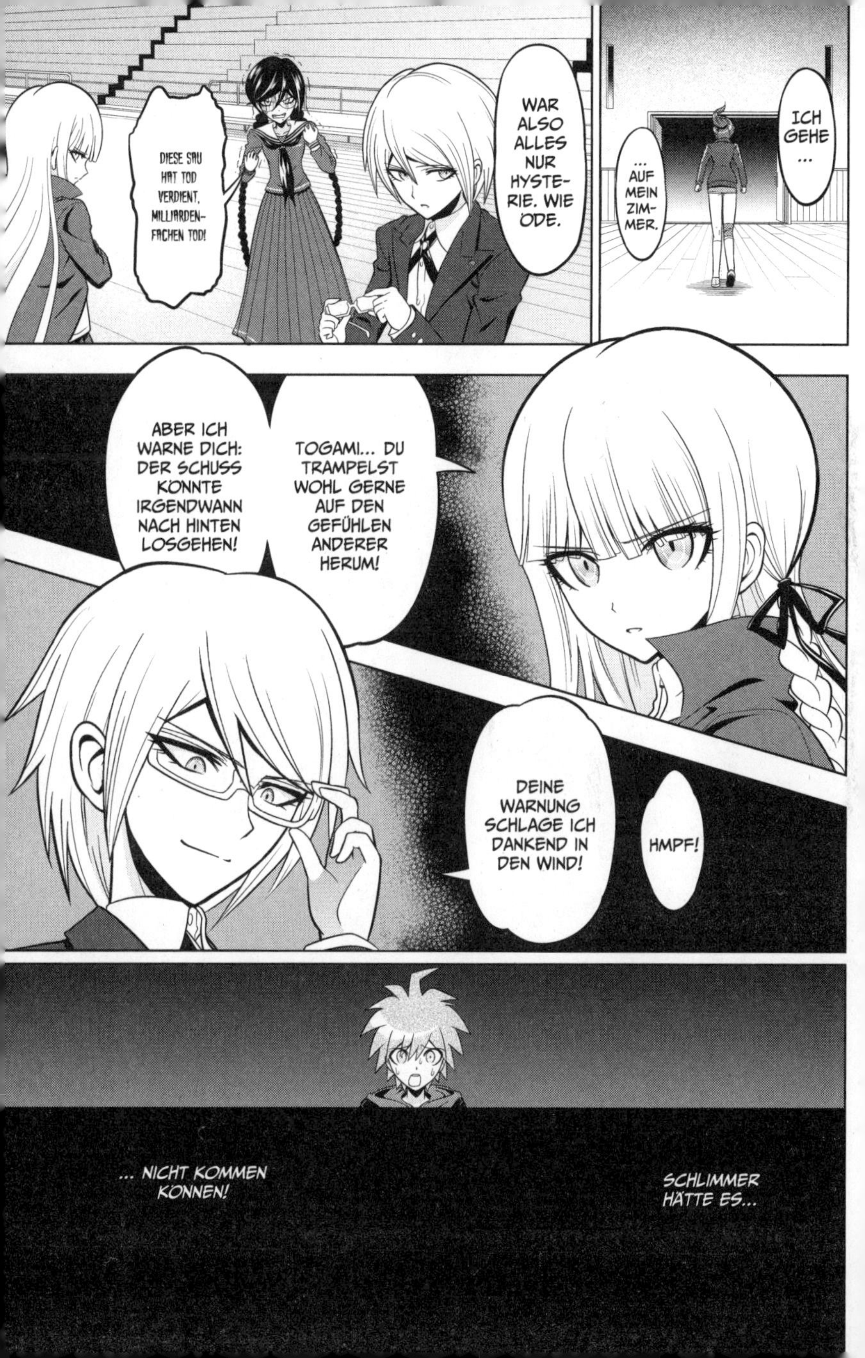
ICH GEHE ...
... AUF MEIN ZIMMER.
WAR ALSO ALLES NUR HYSTERIE. WIE ÖDE.
DIESE SAU HAT TOD VERDIENT, MILLIARDENFACHEN TOD!
TOGAMI... DU TRAMPELST WOHL GERNE AUF DEN GEFÜHLEN ANDERER HERUM!
ABER ICH WARNE DICH: DER SCHUSS KÖNNTE IRGENDWANN NACH HINTEN LOSGEHEN!
HMPF!
DEINE WARNUNG SCHLAGE ICH DANKEND IN DEN WIND!
SCHLIMMER HÄTTE ES...
... NICHT KOMMEN KONNEN!

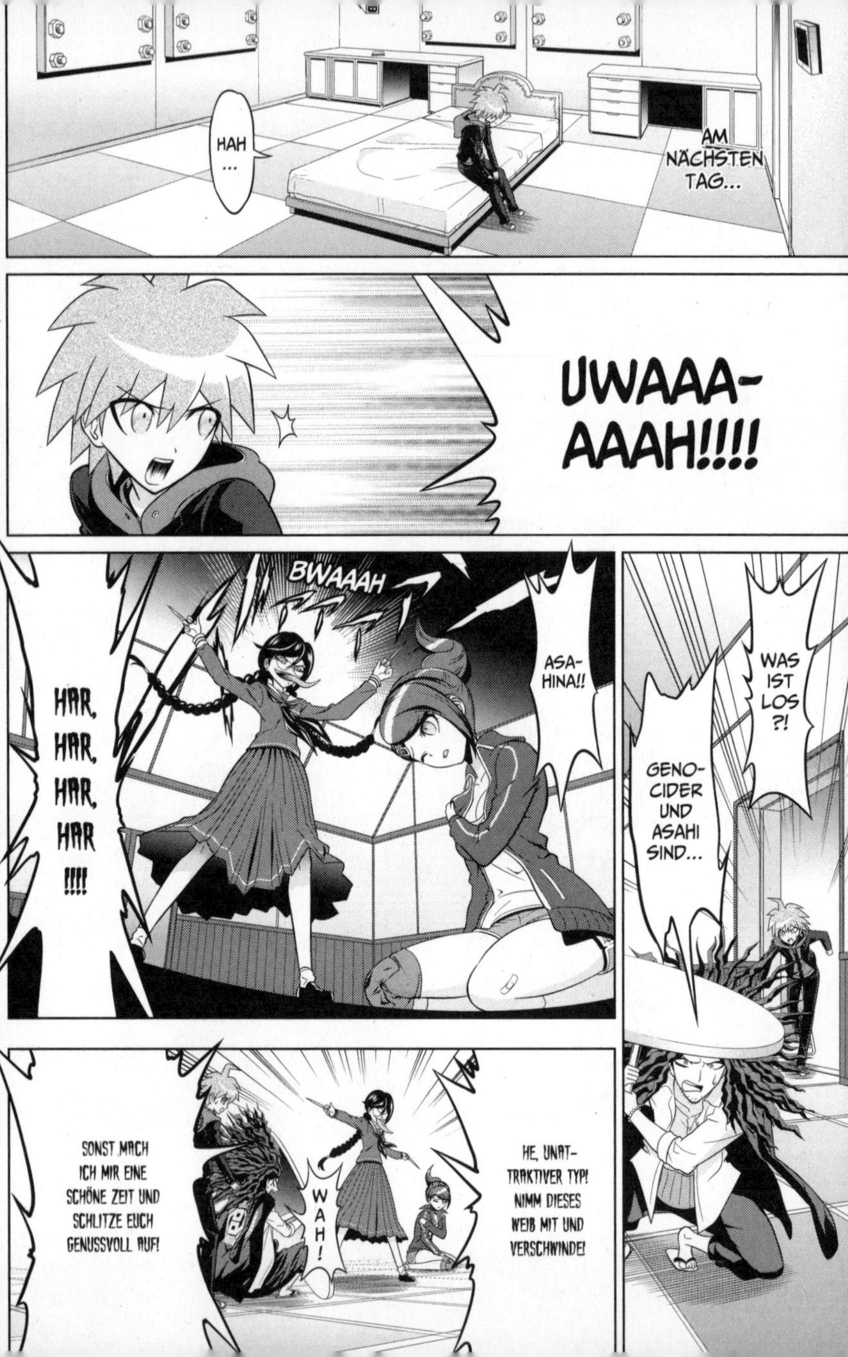
AM NÄCHSTEN TAG...
HAH ...
UWAAA-AAAH!!!!
WAS IST LOS ?!
GENO-CIDER UND ASAHI SIND...
ASA-HINA!!
BWAAAH
HAR, HAR, HAR, HAR !!!!
HE, UNAT-TRAKTIVER TYP! NIMM DIESES WEIB MIT UND VERSCHWINDE!
WAH!
SONST MACH ICH MIR EINE SCHÖNE ZEIT UND SCHLITZE EUCH GENUSSVOLL AUF!

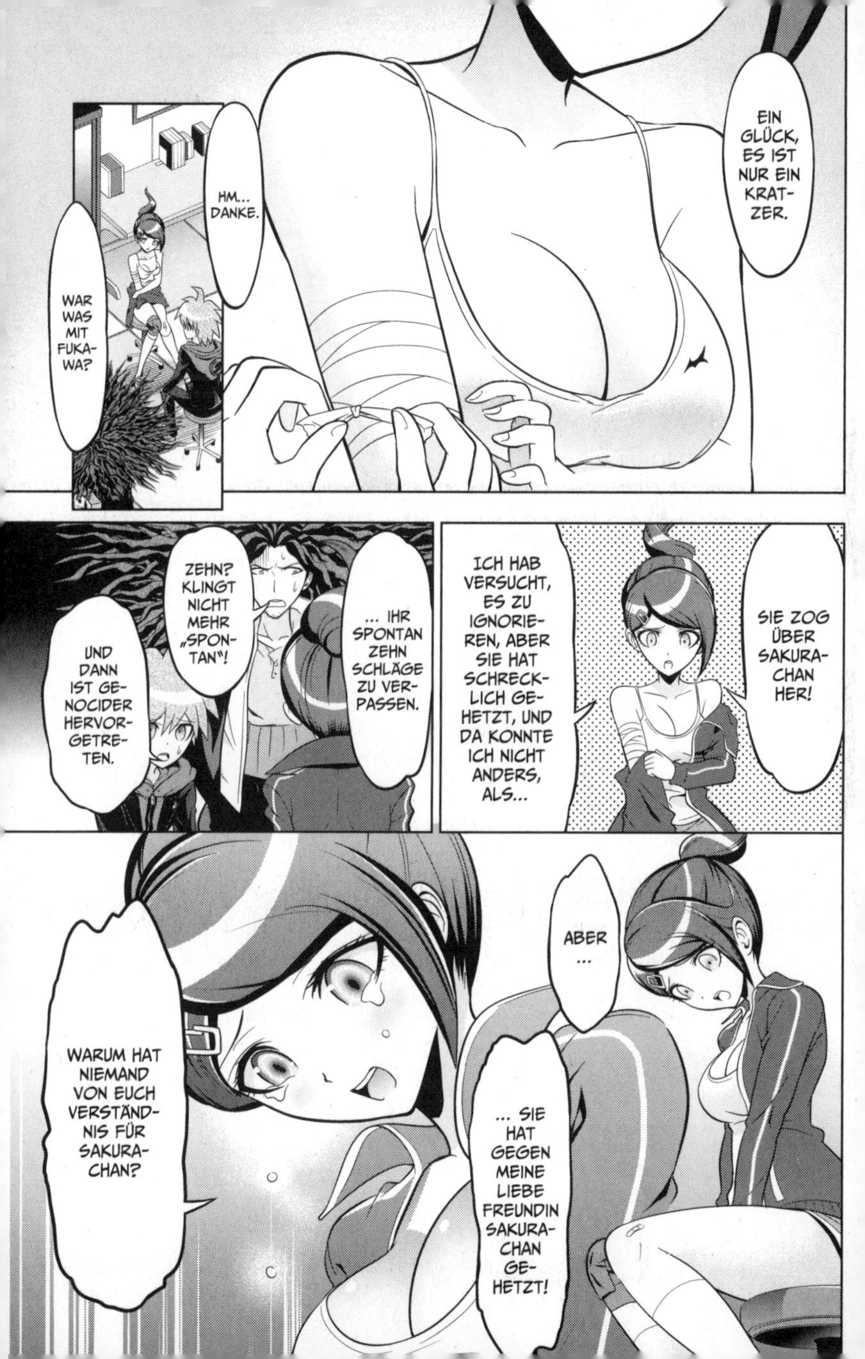
Ein Glück, es ist nur ein Kratzer.
Hm... Danke.
War was mit Fukawa?
Sie zog über Sakura-chan her!
Ich hab versucht, es zu ignorieren, aber sie hat schrecklich gehetzt, und da konnte ich nicht anders, als...
... ihr spontan zehn Schläge zu verpassen.
Zehn? Klingt nicht mehr „spontan"!
Und dann ist Genocider hervorgetreten.
Aber ...
... sie hat gegen meine liebe Freundin Sakura-chan gehetzt!
Warum hat niemand von euch Verständnis für Sakura-chan?

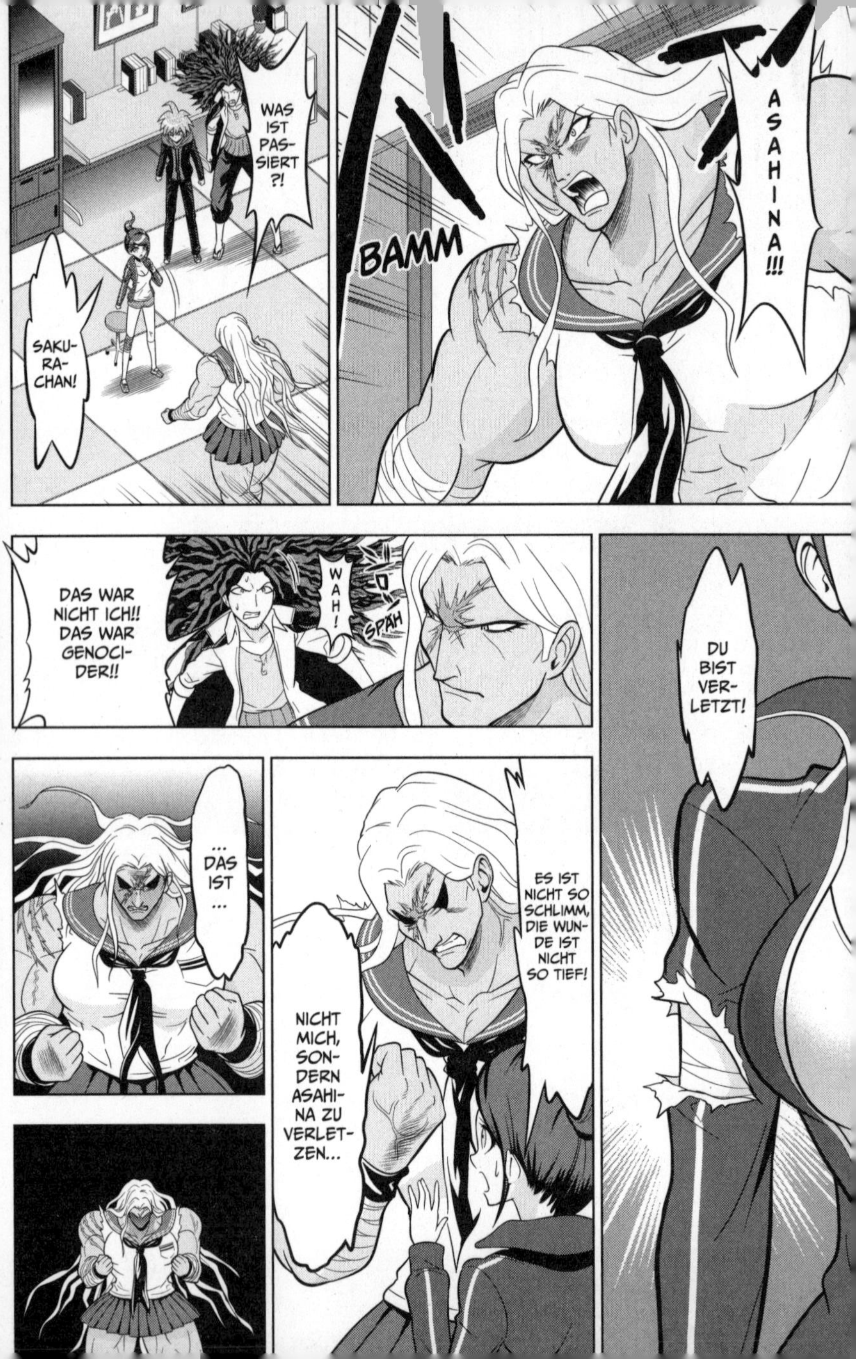
ASAHINA!!!
BAMM
WAS IST PASSIERT?!
SAKURA-CHAN!
DU BIST VERLETZT!
WAH!
SPÄH
DAS WAR NICHT ICH!! DAS WAR GENOCIDER!!
ES IST NICHT SO SCHLIMM, DIE WUNDE IST NICHT SO TIEF!
NICHT MICH, SONDERN ASAHINA ZU VERLETZEN…
… DAS IST …

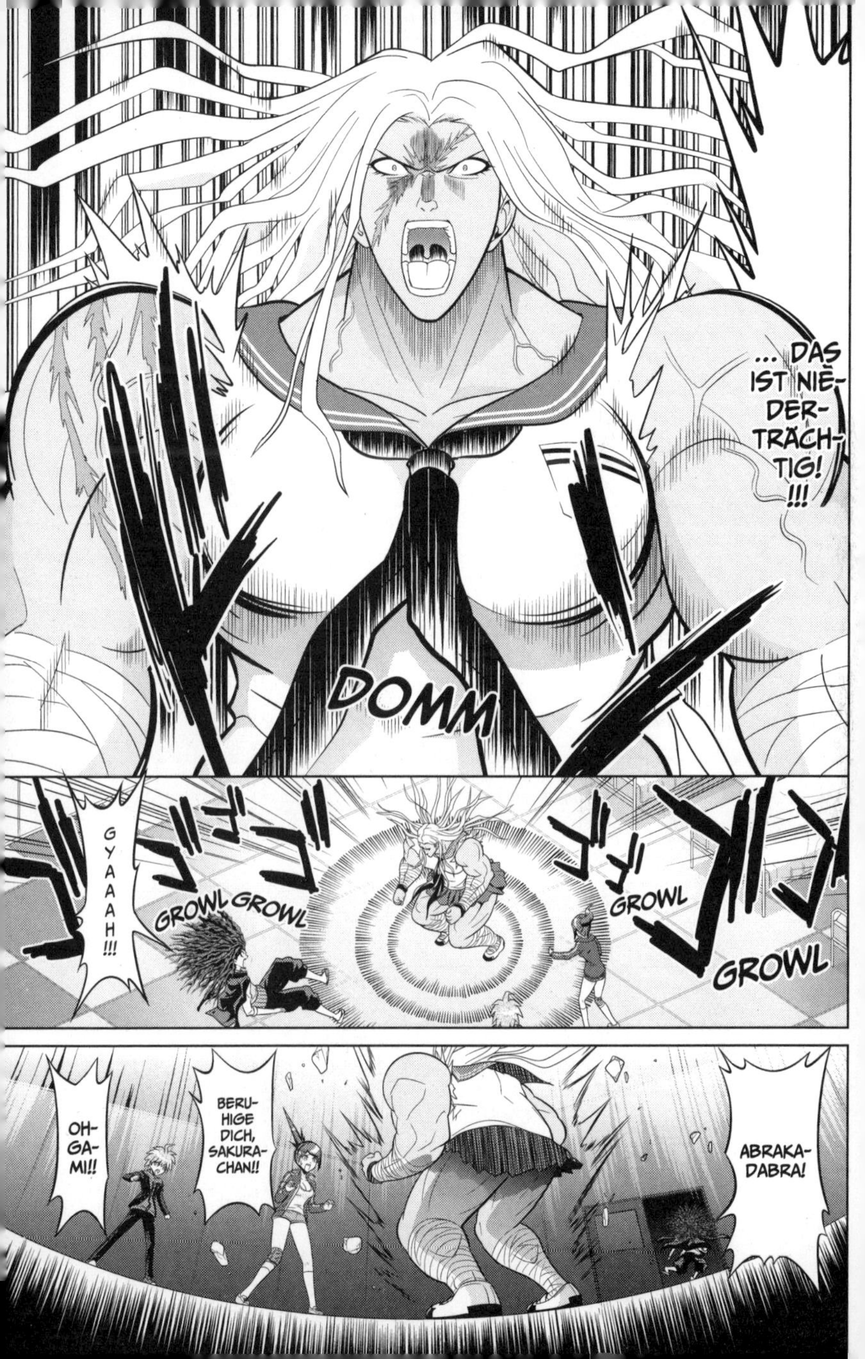
... DAS IST NIE-DER-TRÄCH-TIG! !!!
DOMM
GROWL
GROWL
GROWL GROWL
GYAAAAH!!!
ABRAKA-DABRA!
BERU-HIGE DICH, SAKURA-CHAN!!
OH-GA-MI!!

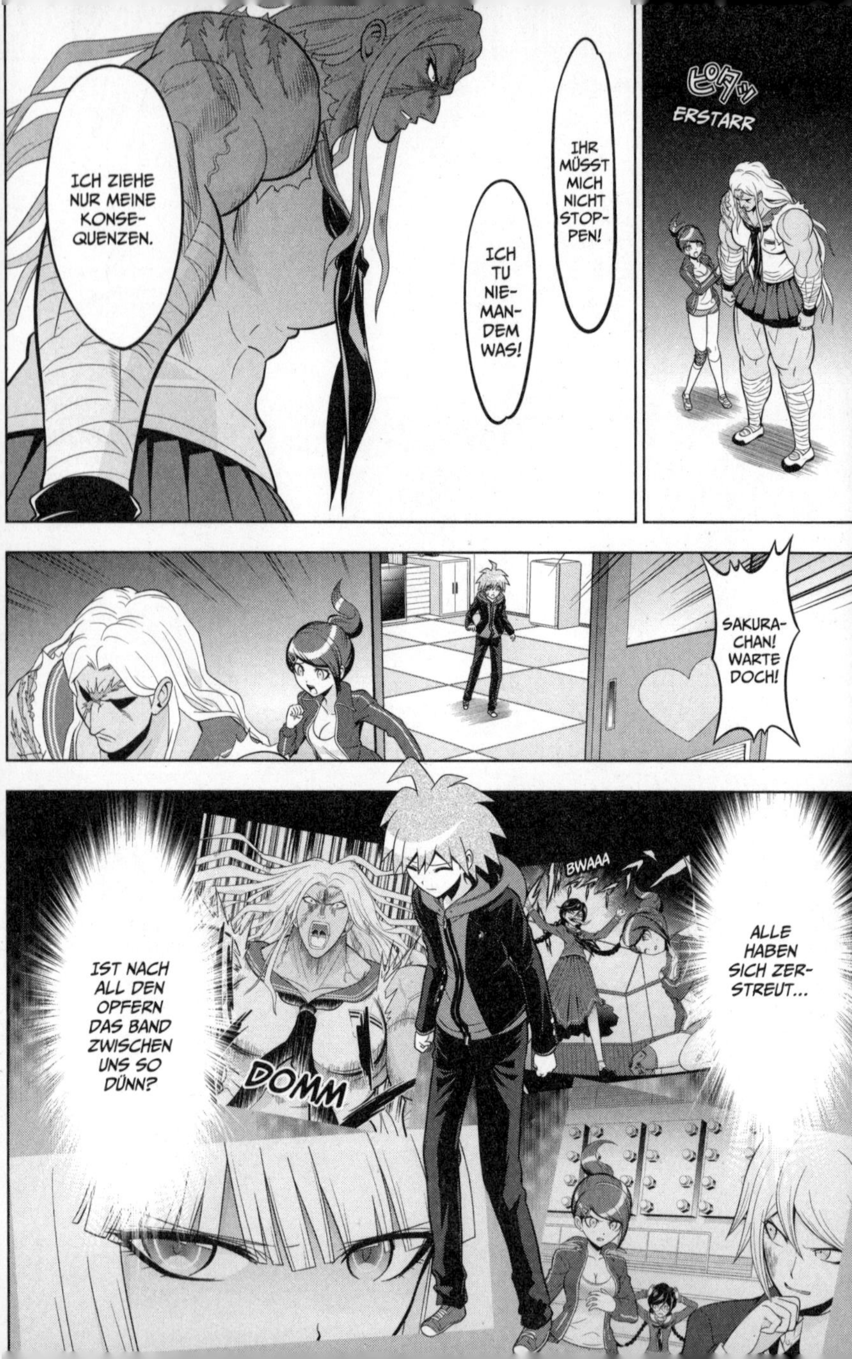
ピタッ
ERSTARR
IHR MÜSST MICH NICHT STOP-PEN!
ICH TU NIE-MAN-DEM WAS!
ICH ZIEHE NUR MEINE KONSE-QUENZEN.
SAKURA-CHAN! WARTE DOCH!
ALLE HABEN SICH ZER-STREUT...
BWAAA
DOMM
IST NACH ALL DEN OPFERN DAS BAND ZWISCHEN UNS SO DÜNN?

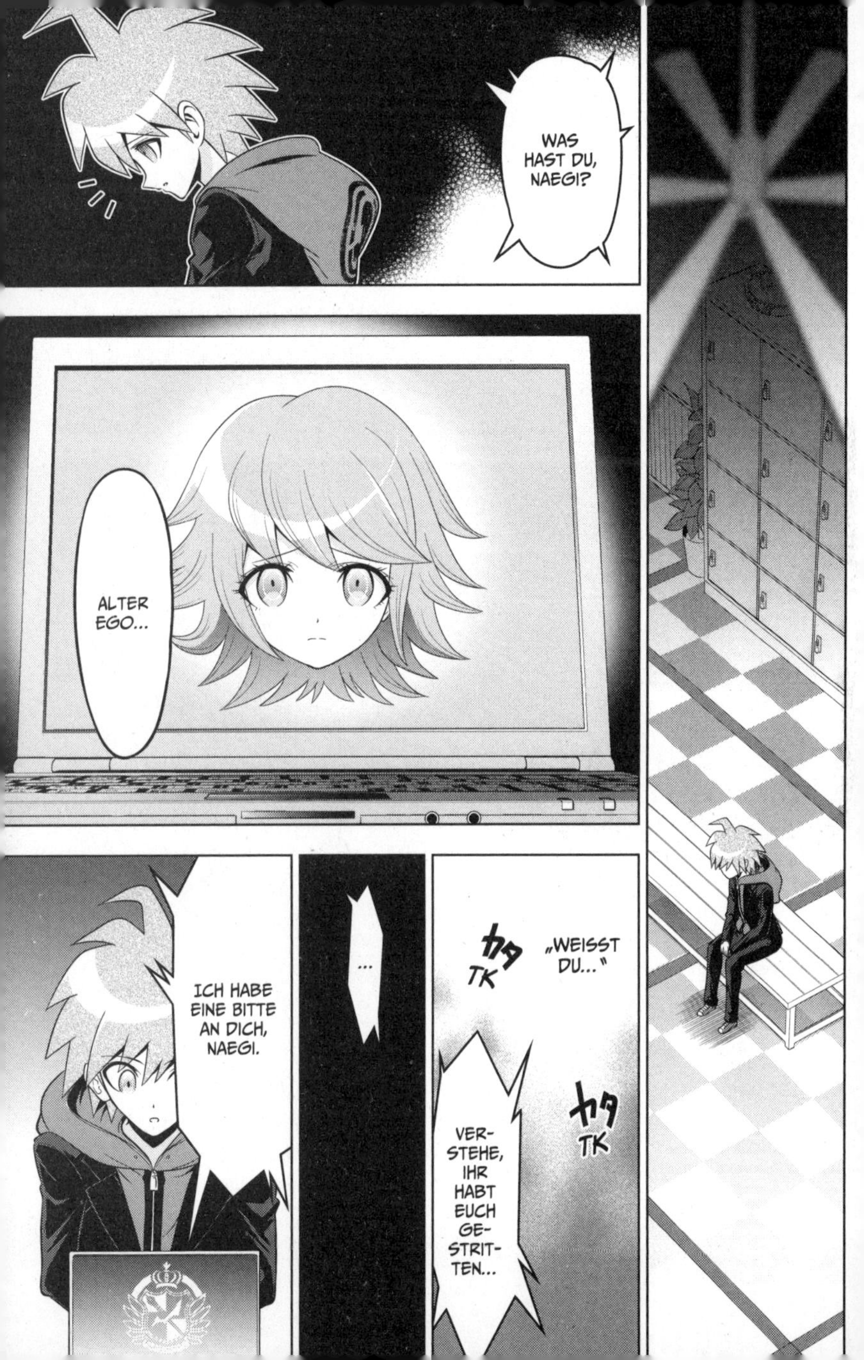
WAS HAST DU, NAEGI?
ALTER EGO...
„WEISST DU..."
カタ TK
...
ICH HABE EINE BITTE AN DICH, NAEGI.
カタ TK
VER- STEHE, IHR HABT EUCH GE- STRIT- TEN...

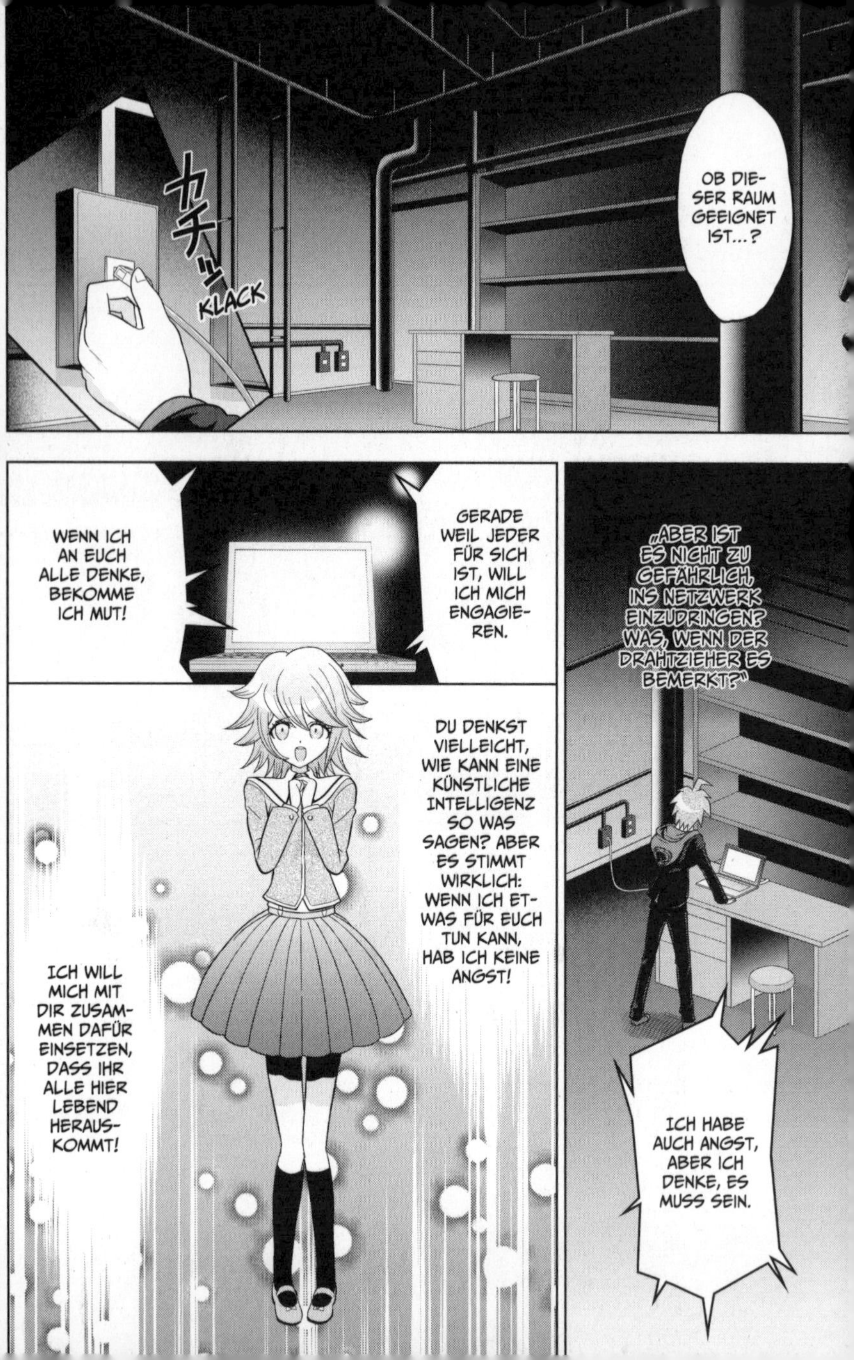

カチッ
KLACK
OB DIESER RAUM GEEIGNET IST...?
GERADE WEIL JEDER FÜR SICH IST, WILL ICH MICH ENGAGIEREN.
WENN ICH AN EUCH ALLE DENKE, BEKOMME ICH MUT!
„ABER IST ES NICHT ZU GEFÄHRLICH, INS NETZWERK EINZUDRINGEN? WAS, WENN DER DRAHTZIEHER ES BEMERKT?"
ICH HABE AUCH ANGST, ABER ICH DENKE, ES MUSS SEIN.
DU DENKST VIELLEICHT, WIE KANN EINE KÜNSTLICHE INTELLIGENZ SO WAS SAGEN? ABER ES STIMMT WIRKLICH: WENN ICH ETWAS FÜR EUCH TUN KANN, HAB ICH KEINE ANGST!
ICH WILL MICH MIT DIR ZUSAMMEN DAFÜR EINSETZEN, DASS IHR ALLE HIER LEBEND HERAUSKOMMT!

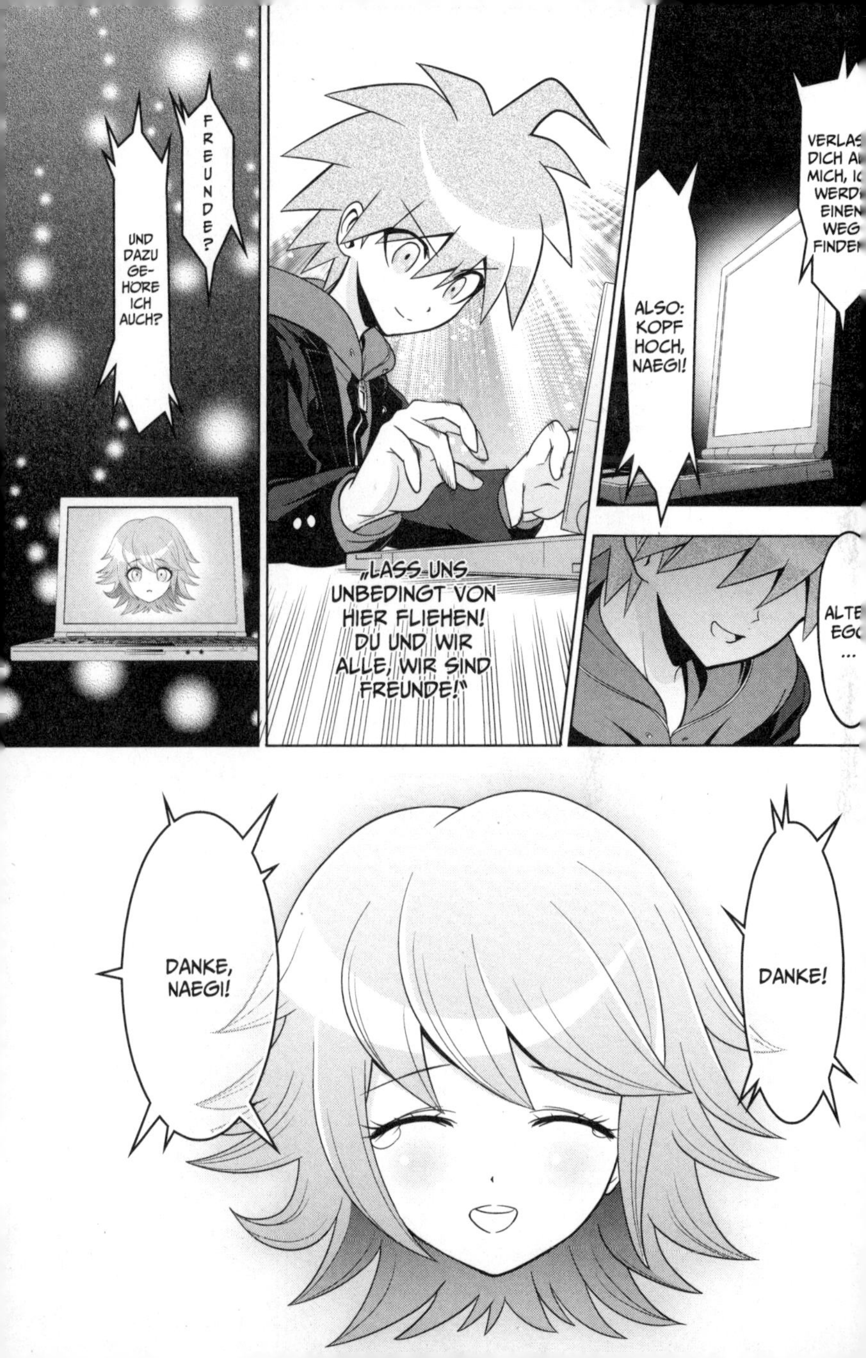

VERLAS DICH A MICH, IC WERD EINEN WEG FINDE
ALSO: KOPF HOCH, NAEGI!
ALTE EG ...
„LASS UNS UNBEDINGT VON HIER FLIEHEN! DU UND WIR ALLE, WIR SIND FREUNDE!“
FREUNDE?
UND DAZU GE-HÖRE ICH AUCH?
DANKE!
DANKE, NAEGI!

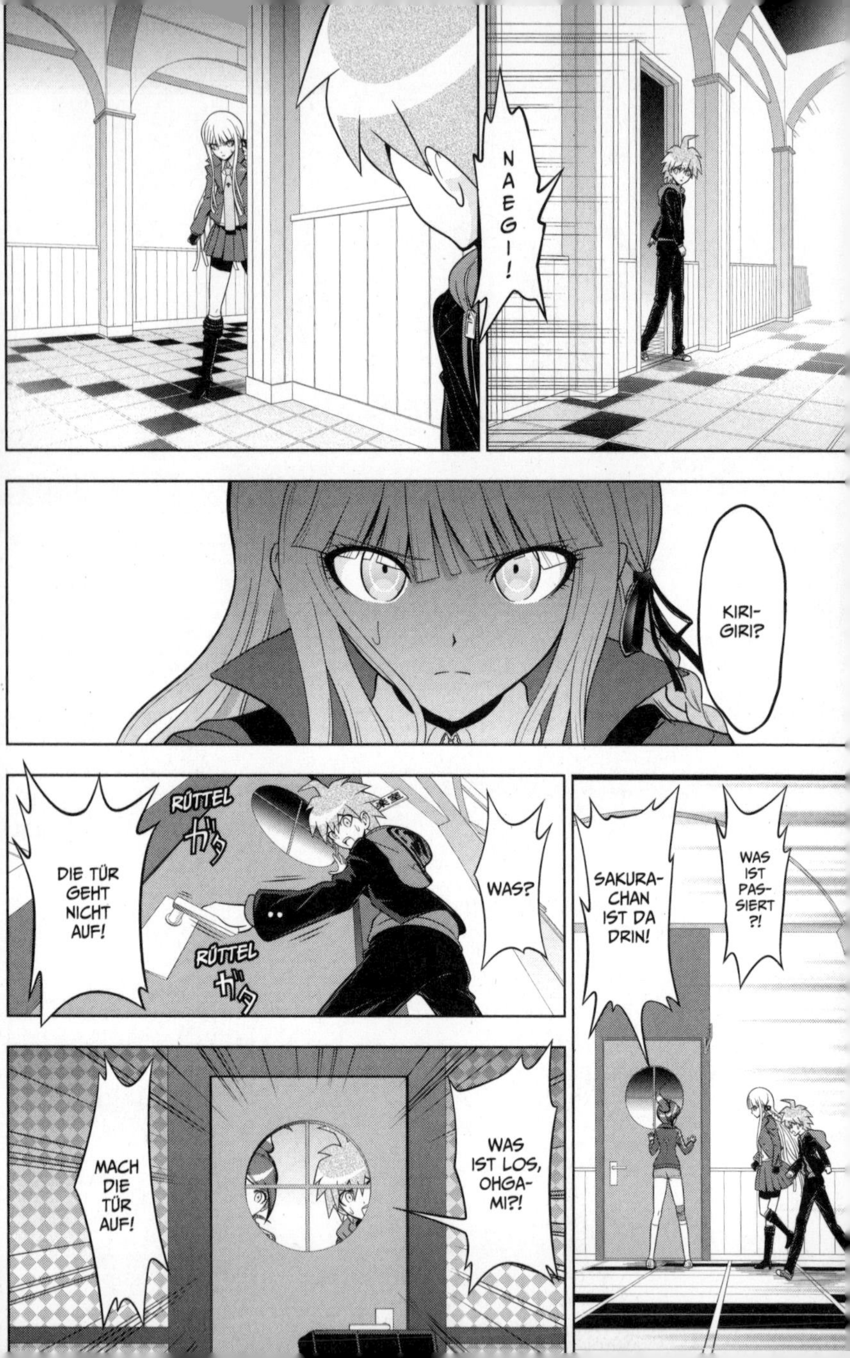
NAEGI!
KIRI-GIRI?
WAS IST PAS-SIERT?!
SAKURA-CHAN IST DA DRIN!
WAS?
RÜTTEL
ガタ
DIE TÜR GEHT NICHT AUF!
RÜTTEL
ガタ
WAS IST LOS, OHGA-MI?!
MACH DIE TÜR AUF!

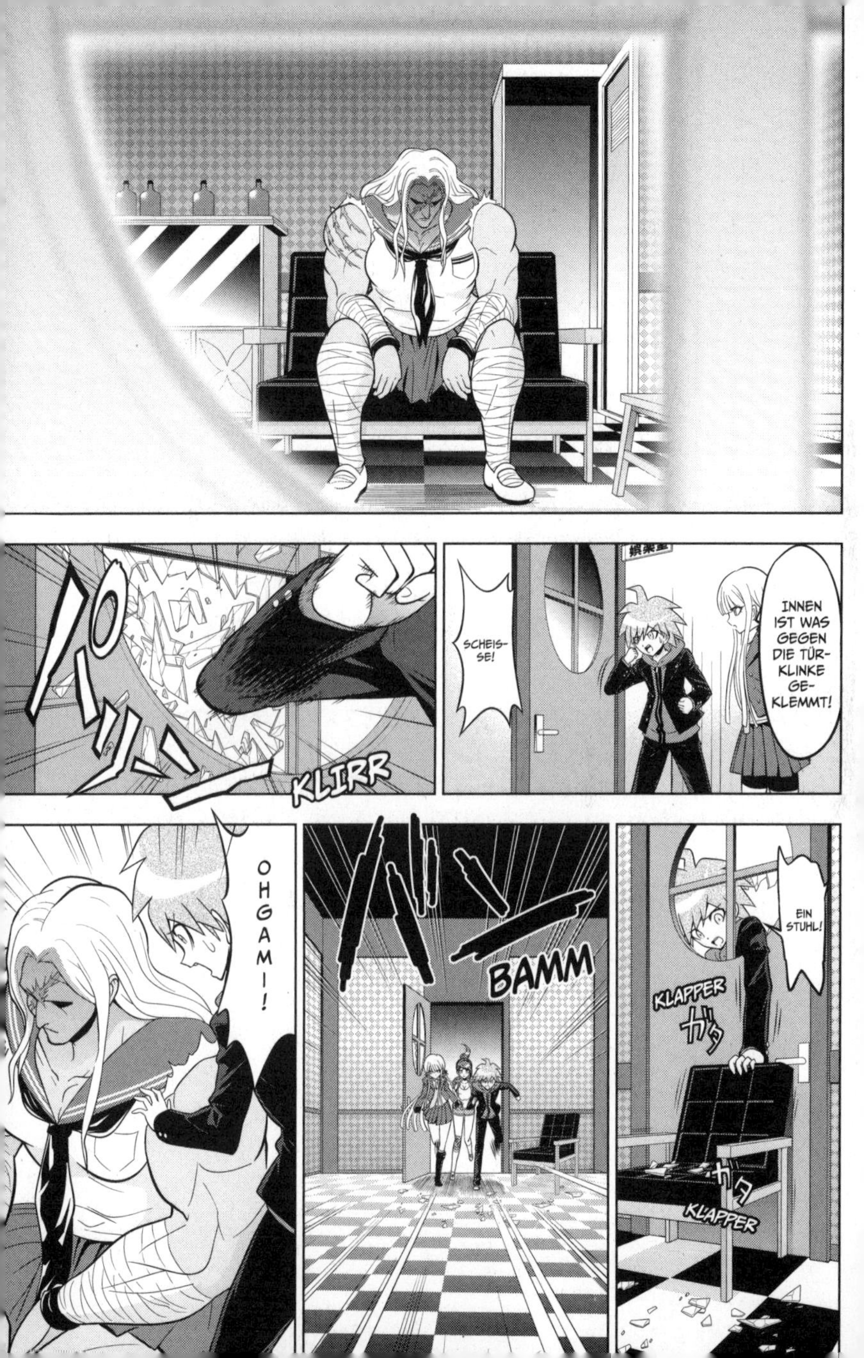
INNEN IST WAS GEGEN DIE TÜRKLINKE GEKLEMMT!
SCHEISSE!
KLIRR
EIN STUHL!
KLAPPER
ガタ
ガタ
KLAPPER
BAMM
OHGAMI!

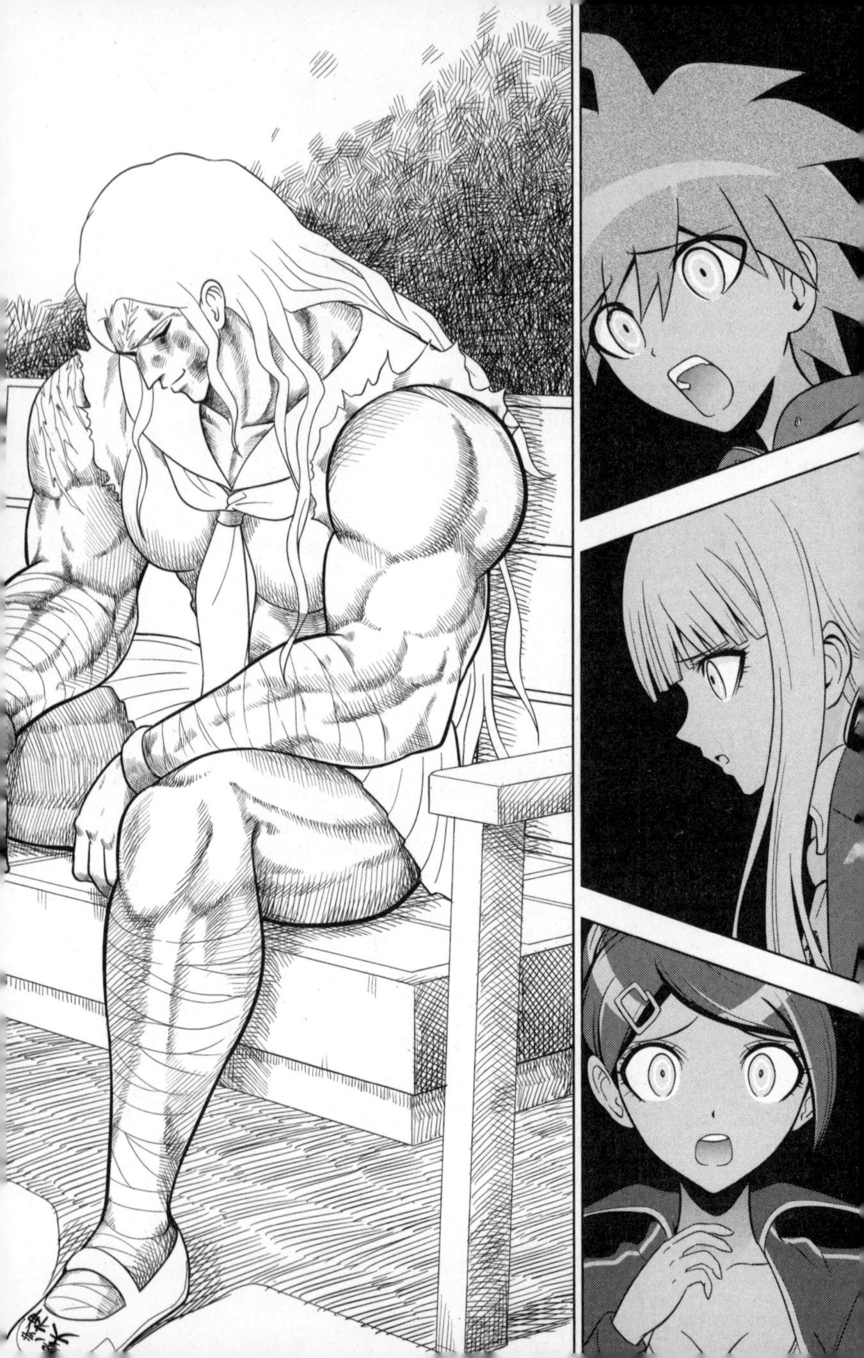

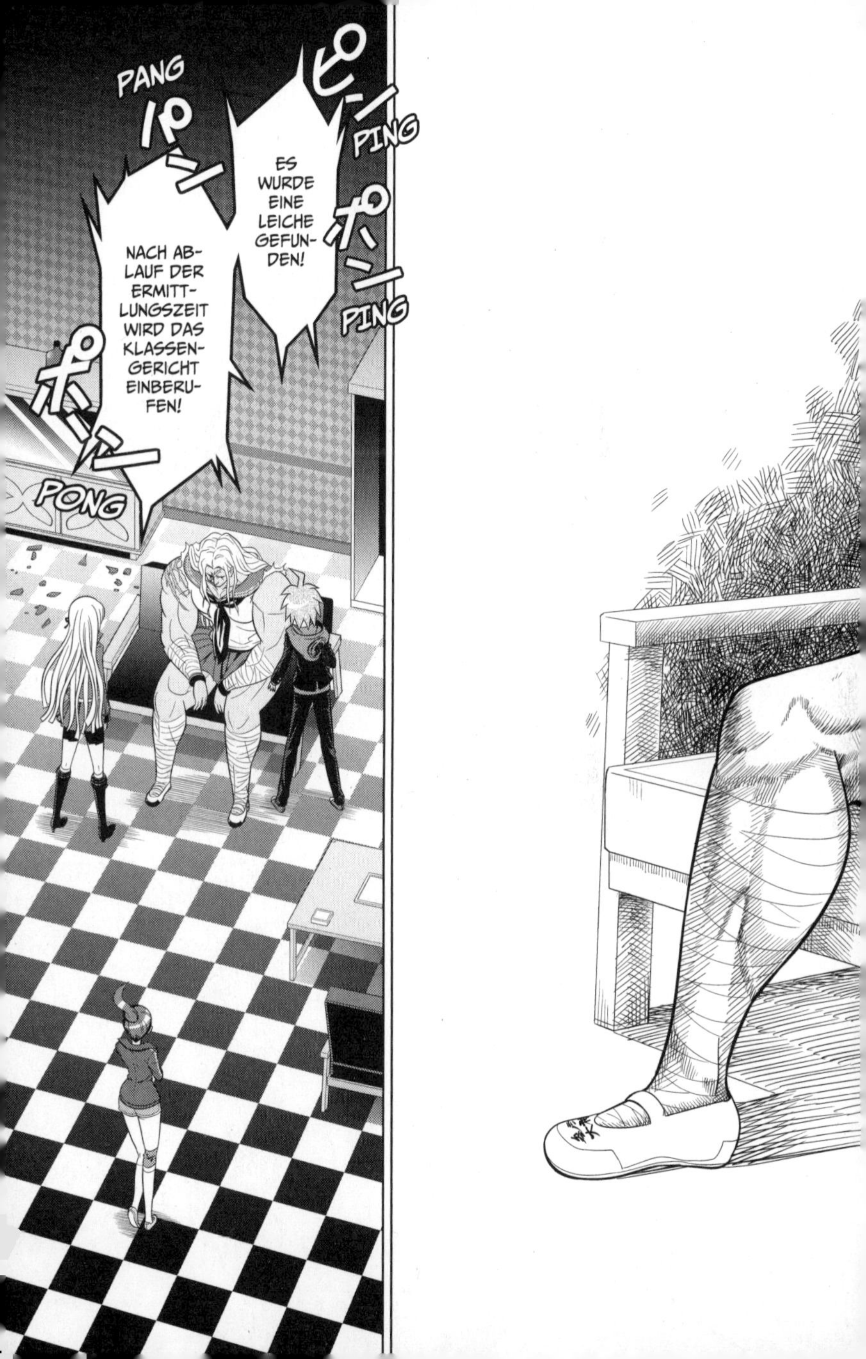
PING
PING
ES WURDE EINE LEICHE GEFUNDEN!
PANG
NACH ABLAUF DER ERMITTLUNGSZEIT WIRD DAS KLASSENGERICHT EINBERUFEN!
PONG

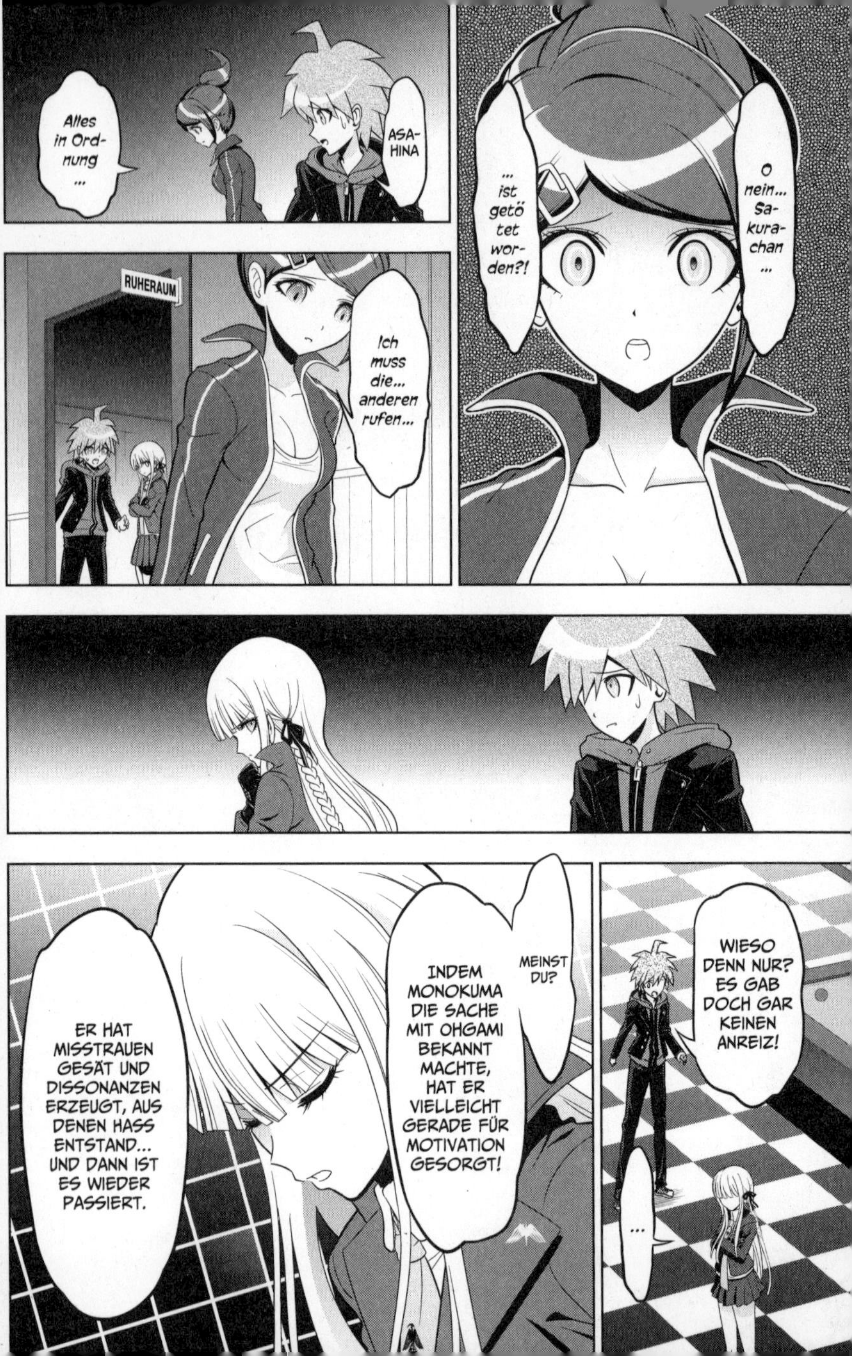
O nein... Sakura-chan ...
... ist getötet worden?!
ASAHINA
Alles in Ordnung ...
Ich muss die... anderen rufen...
RUHERAUM
WIESO DENN NUR? ES GAB DOCH GAR KEINEN ANREIZ!
...
MEINST DU?
INDEM MONOKUMA DIE SACHE MIT OHGAMI BEKANNT MACHTE, HAT ER VIELLEICHT GERADE FÜR MOTIVATION GESORGT!
ER HAT MISSTRAUEN GESÄT UND DISSONANZEN ERZEUGT, AUS DENEN HASS ENTSTAND... UND DANN IST ES WIEDER PASSIERT.

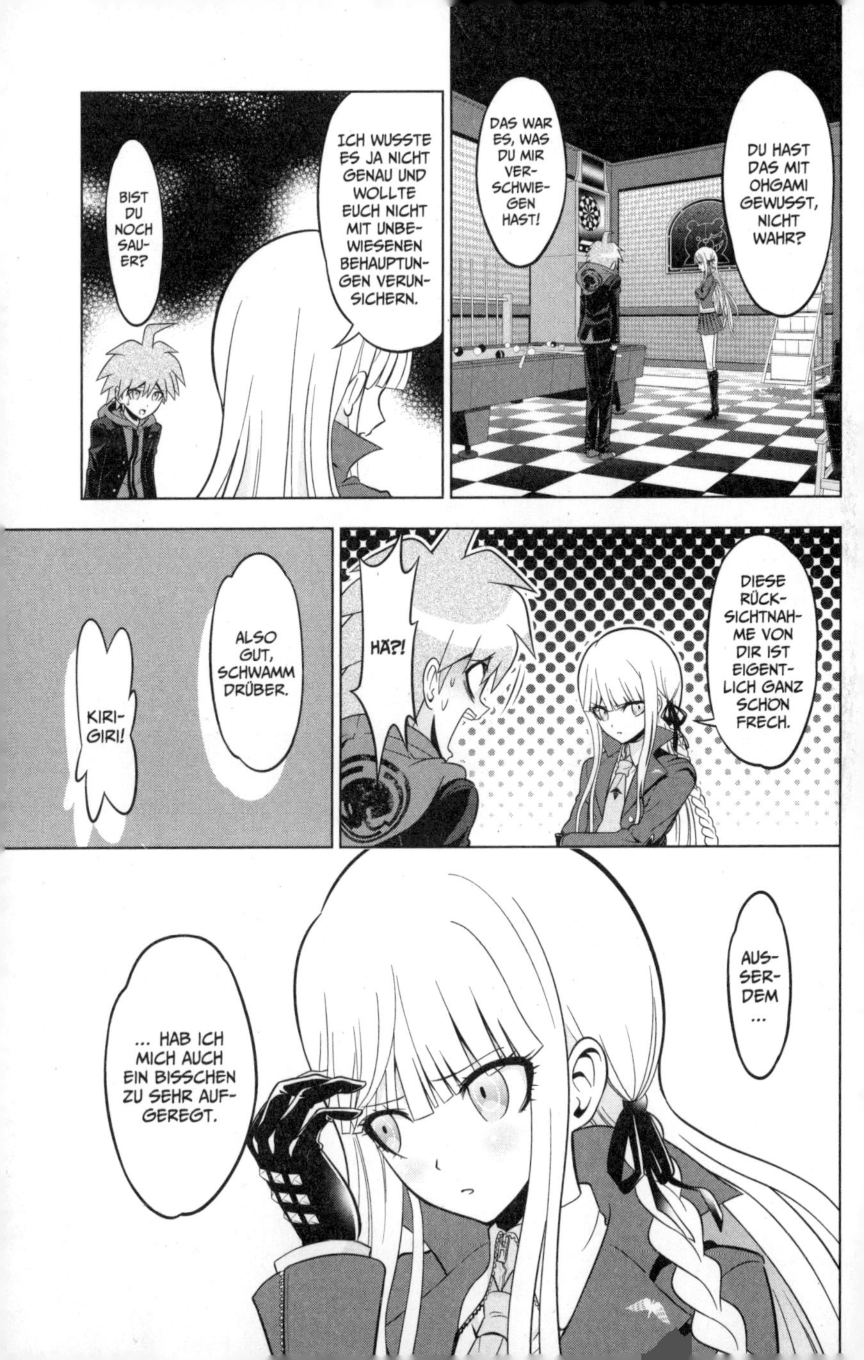
DU HAST DAS MIT OHGAMI GEWUSST, NICHT WAHR?
DAS WAR ES, WAS DU MIR VERSCHWIEGEN HAST!
ICH WUSSTE ES JA NICHT GENAU UND WOLLTE EUCH NICHT MIT UNBEWIESENEN BEHAUPTUNGEN VERUNSICHERN.
BIST DU NOCH SAUER?
DIESE RÜCKSICHTNAHME VON DIR IST EIGENTLICH GANZ SCHÖN FRECH.
HÄ?!
ALSO GUT, SCHWAMM DRÜBER.
KIRIGIRI!
AUSSERDEM ...
... HAB ICH MICH AUCH EIN BISSCHEN ZU SEHR AUFGEREGT.

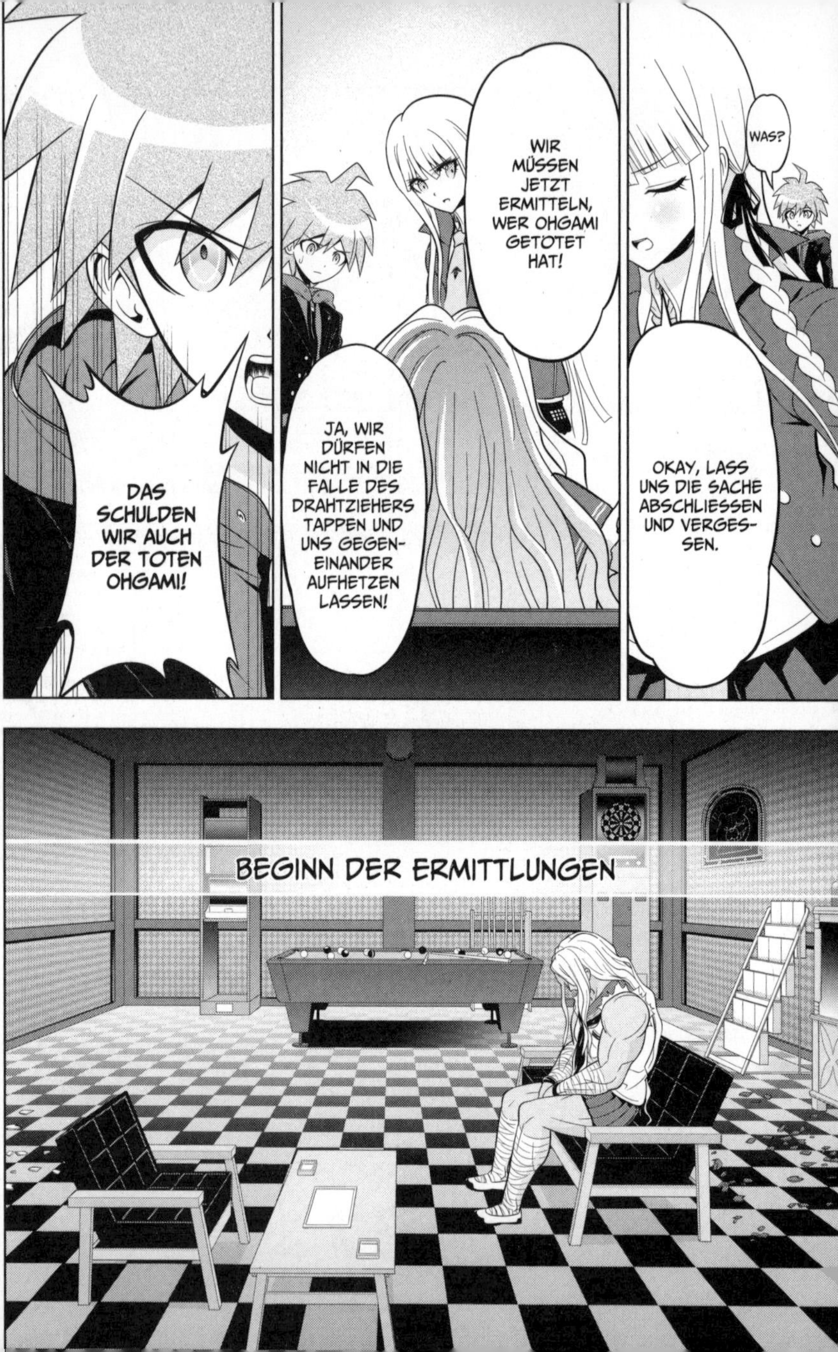
WAS?
OKAY, LASS UNS DIE SACHE ABSCHLIESSEN UND VERGES-SEN.
WIR MÜSSEN JETZT ERMITTELN, WER OHGAMI GETÖTET HAT!
JA, WIR DÜRFEN NICHT IN DIE FALLE DES DRAHTZIEHERS TAPPEN UND UNS GEGEN-EINANDER AUFHETZEN LASSEN!
DAS SCHULDEN WIR AUCH DER TOTEN OHGAMI!
BEGINN DER ERMITTLUNGEN

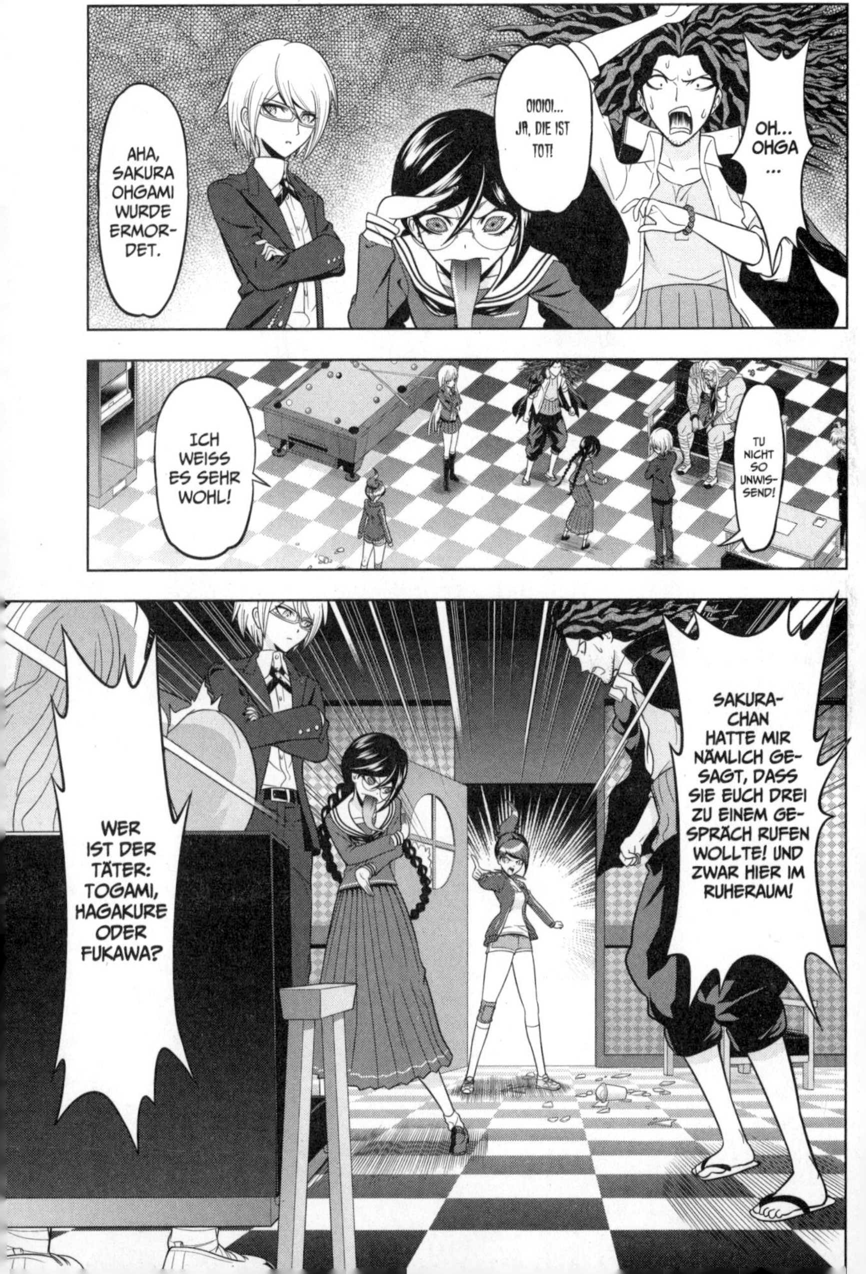
OH... OHGA ...
OIOIOI... JA, DIE IST TOT!
AHA, SAKURA OHGAMI WURDE ERMORDET.
TU NICHT SO UNWISSEND!
ICH WEISS ES SEHR WOHL!
SAKURA-CHAN HATTE MIR NÄMLICH GESAGT, DASS SIE EUCH DREI ZU EINEM GESPRÄCH RUFEN WOLLTE! UND ZWAR HIER IM RUHERAUM!
WER IST DER TÄTER: TOGAMI, HAGAKURE ODER FUKAWA?

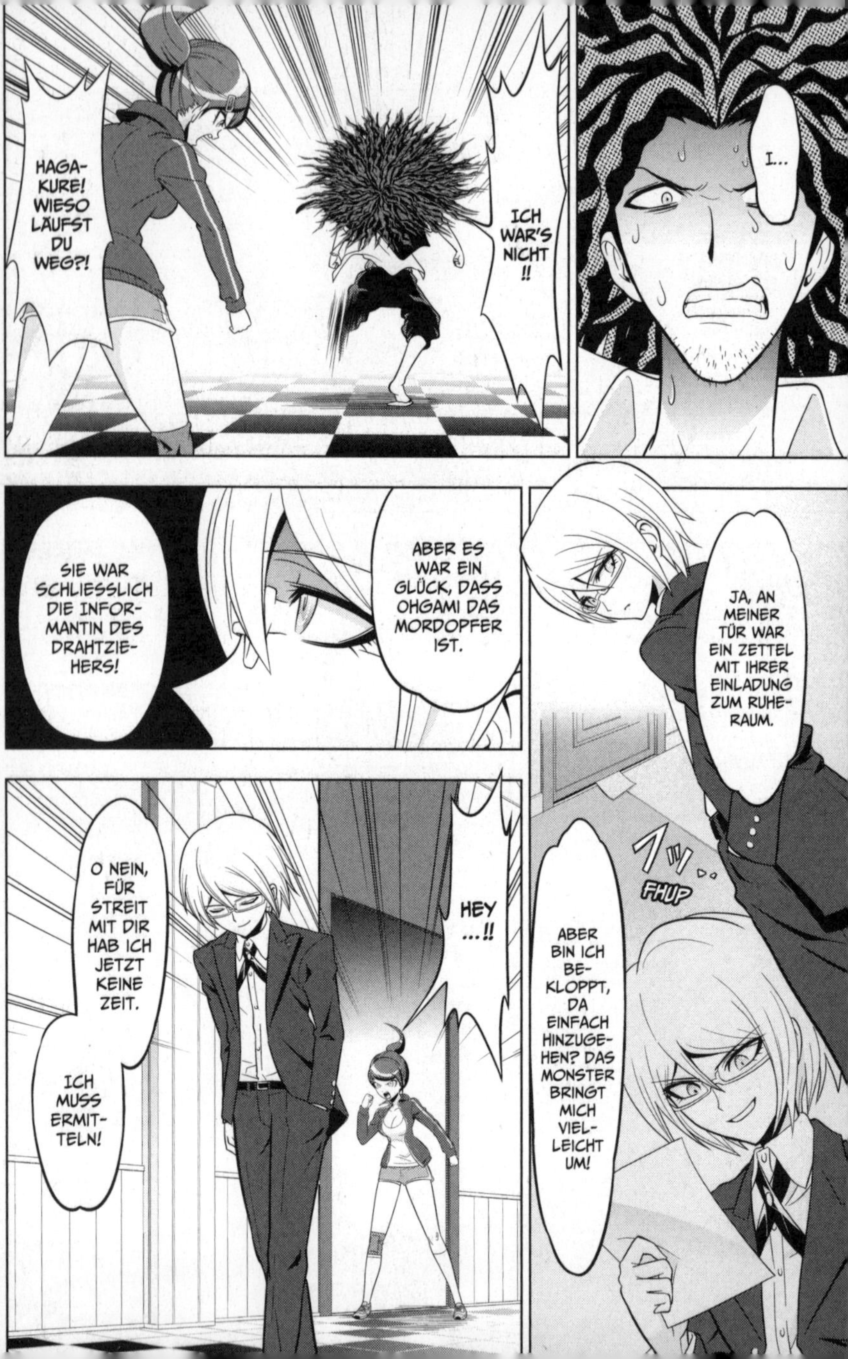
I...
ICH WAR'S NICHT !!
HAGAKURE! WIESO LÄUFST DU WEG?!
JA, AN MEINER TÜR WAR EIN ZETTEL MIT IHRER EINLADUNG ZUM RUHERAUM.
ABER ES WAR EIN GLÜCK, DASS OHGAMI DAS MORDOPFER IST.
SIE WAR SCHLIESSLICH DIE INFORMANTIN DES DRAHTZIEHERS!
FHUP
ABER BIN ICH BEKLOPPT, DA EINFACH HINZUGEHEN? DAS MONSTER BRINGT MICH VIELLEICHT UM!
HEY ...!!
O NEIN, FÜR STREIT MIT DIR HAB ICH JETZT KEINE ZEIT.
ICH MUSS ERMITTELN!

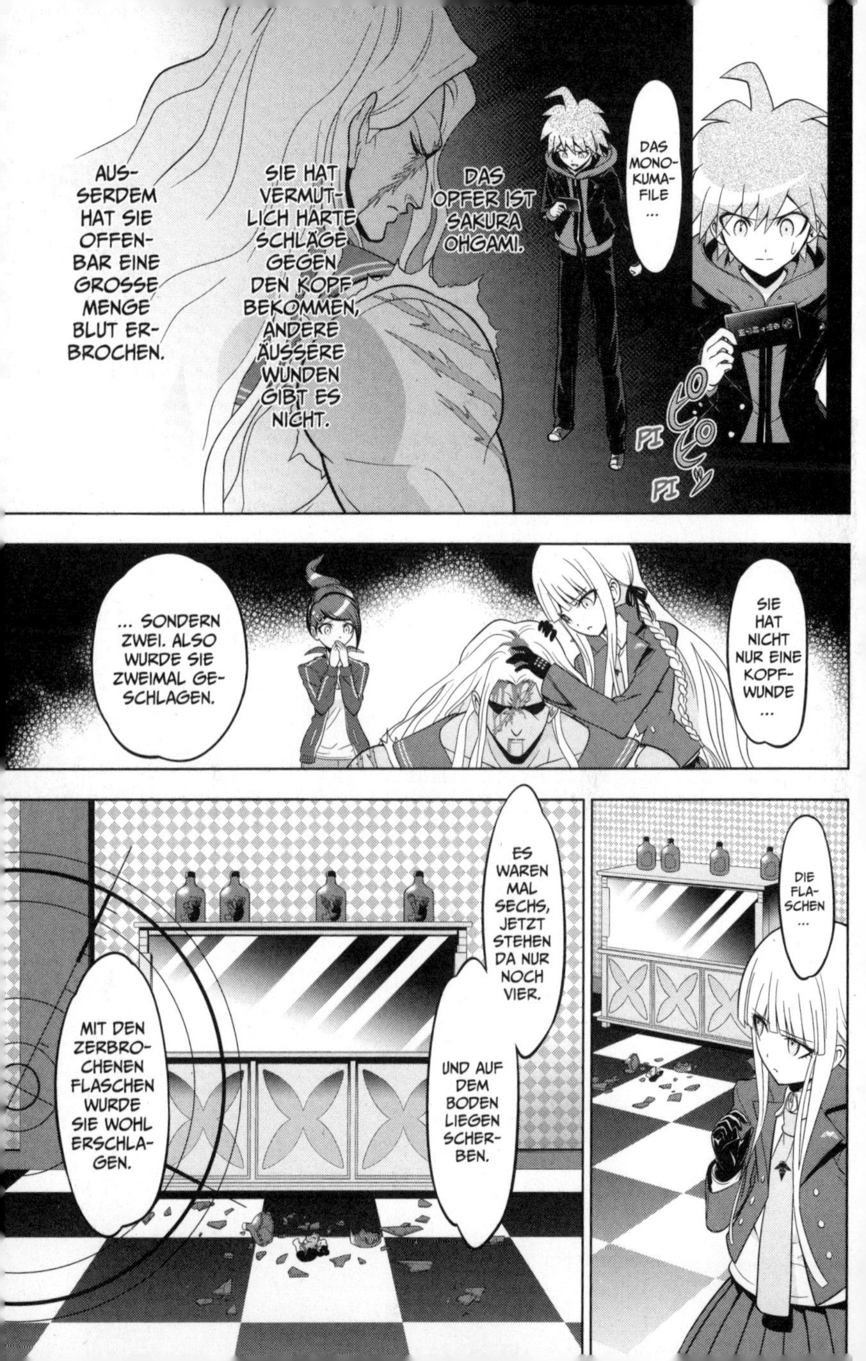
DAS MONO-KUMA-FILE ...
PI PI
DAS OPFER IST SAKURA OHGAMI.
SIE HAT VERMUTLICH HARTE SCHLÄGE GEGEN DEN KOPF BEKOMMEN, ANDERE ÄUSSERE WUNDEN GIBT ES NICHT.
AUS-SERDEM HAT SIE OFFEN-BAR EINE GROSSE MENGE BLUT ER-BROCHEN.
SIE HAT NICHT NUR EINE KOPF-WUNDE ...
... SONDERN ZWEI. ALSO WURDE SIE ZWEIMAL GE-SCHLAGEN.
DIE FLA-SCHEN ...
ES WAREN MAL SECHS, JETZT STEHEN DA NUR NOCH VIER.
UND AUF DEM BODEN LIEGEN SCHER-BEN.
MIT DEN ZERBRO-CHENEN FLASCHEN WURDE SIE WOHL ERSCHLA-GEN.

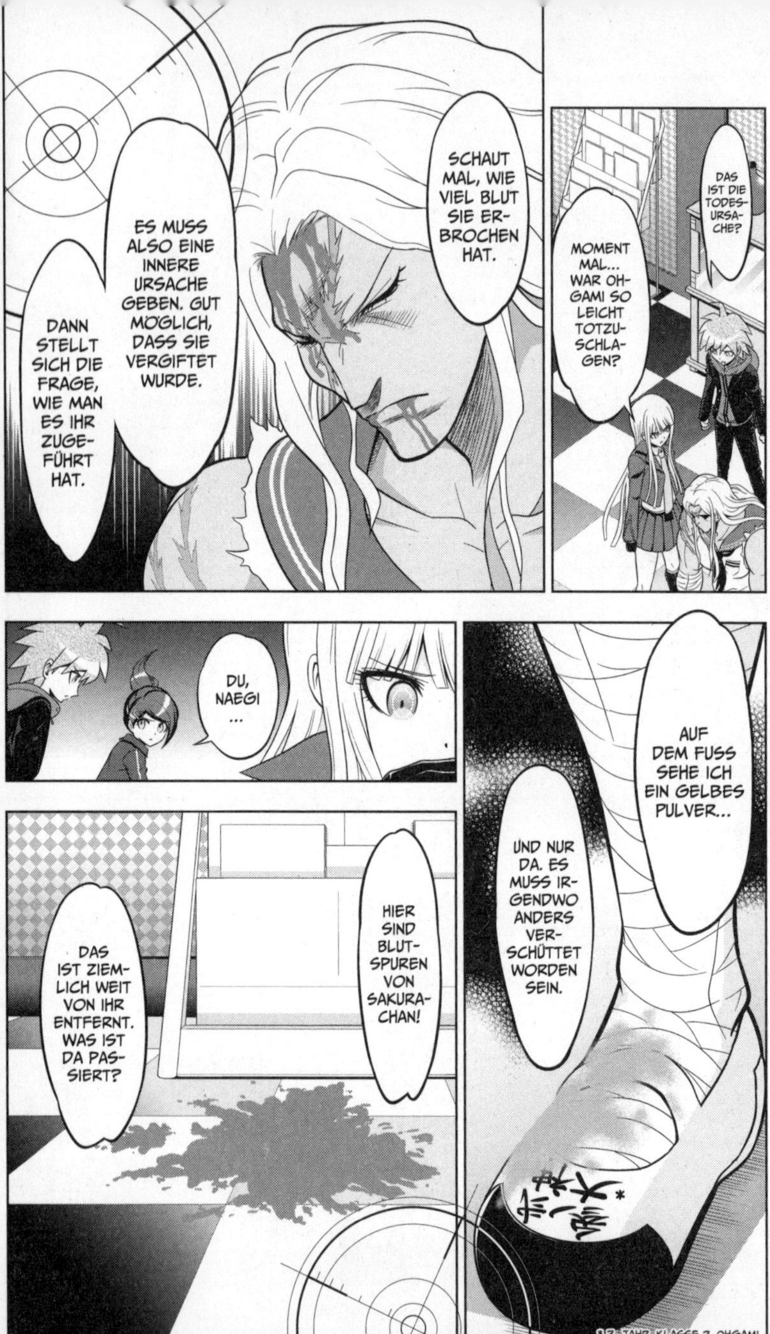

*3. JAHR, KLASSE 2, OHGAMI.

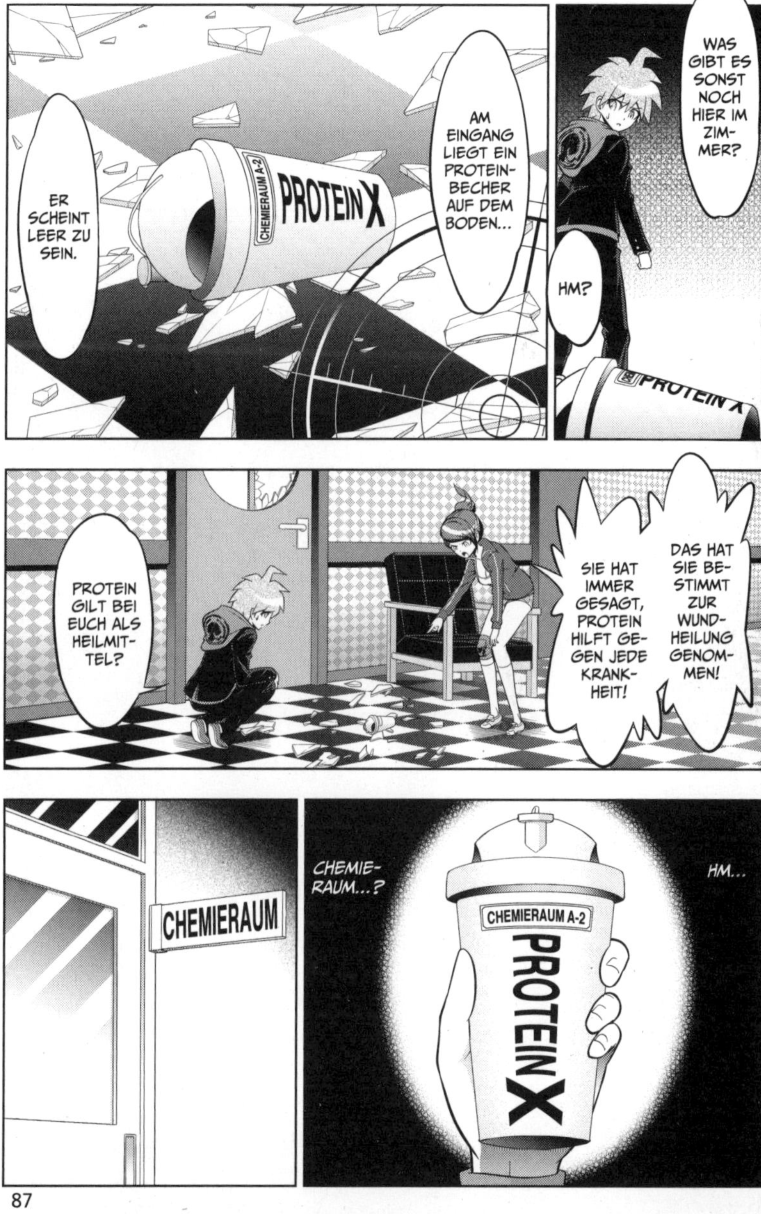
WAS GIBT ES SONST NOCH HIER IM ZIM-MER?
HM?
PROTEIN X
AM EINGANG LIEGT EIN PROTEIN-BECHER AUF DEM BODEN...
CHEMIERAUM A-2
PROTEIN X
ER SCHEINT LEER ZU SEIN.
DAS HAT SIE BE-STIMMT ZUR WUND-HEILUNG GENOM-MEN!
SIE HAT IMMER GESAGT, PROTEIN HILFT GE-GEN JEDE KRANK-HEIT!
PROTEIN GILT BEI EUCH ALS HEILMIT-TEL?
HM...
CHEMIERAUM A-2
PROTEIN X
CHEMIE-RAUM...?
CHEMIERAUM

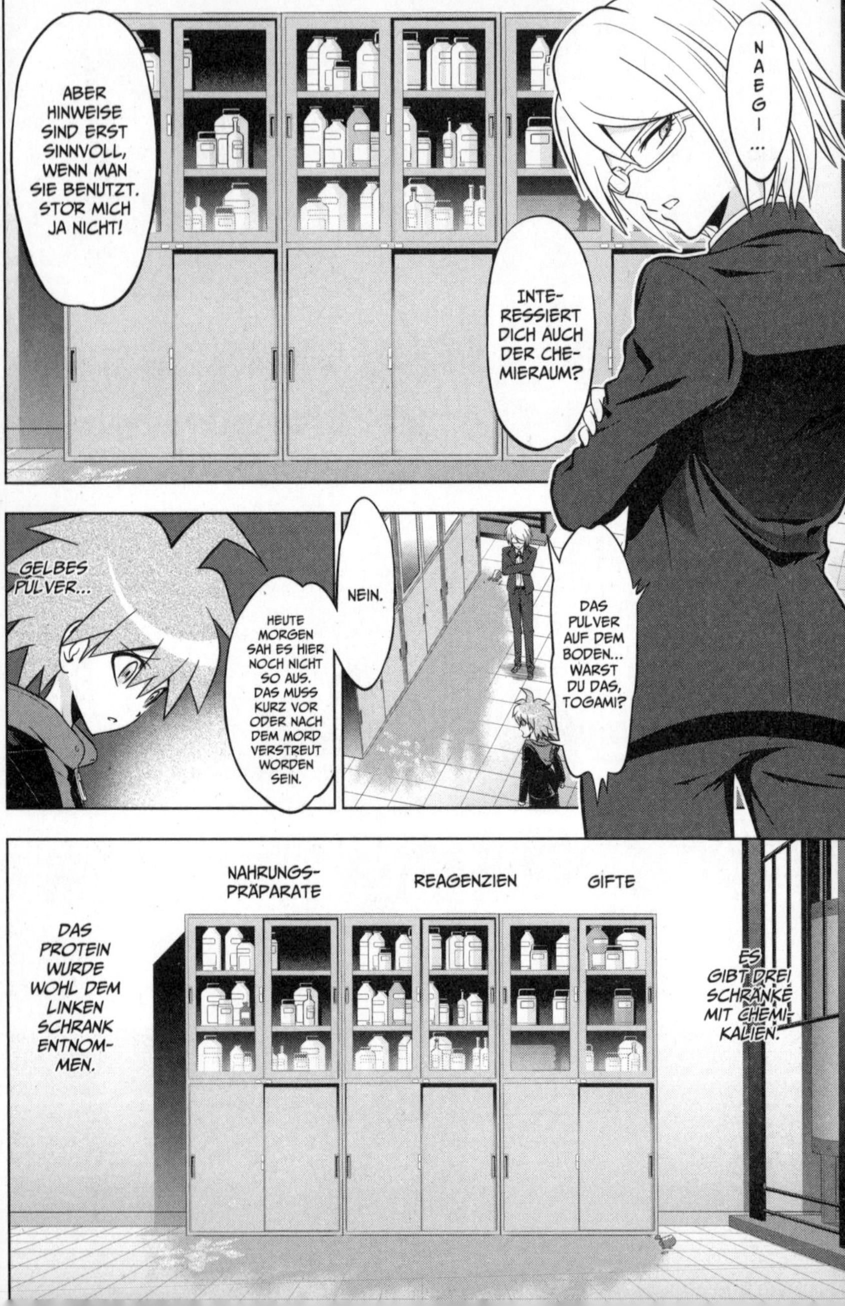
NAEGI ...
INTERESSIERT DICH AUCH DER CHEMIERAUM?
ABER HINWEISE SIND ERST SINNVOLL, WENN MAN SIE BENUTZT. STÖR MICH JA NICHT!
DAS PULVER AUF DEM BODEN... WARST DU DAS, TOGAMI?
NEIN.
HEUTE MORGEN SAH ES HIER NOCH NICHT SO AUS. DAS MUSS KURZ VOR ODER NACH DEM MORD VERSTREUT WORDEN SEIN.
GELBES PULVER...
ES GIBT DREI SCHRÄNKE MIT CHEMIKALIEN.
GIFTE
REAGENZIEN
NAHRUNGSPRÄPARATE
DAS PROTEIN WURDE WOHL DEM LINKEN SCHRANK ENTNOMMEN.

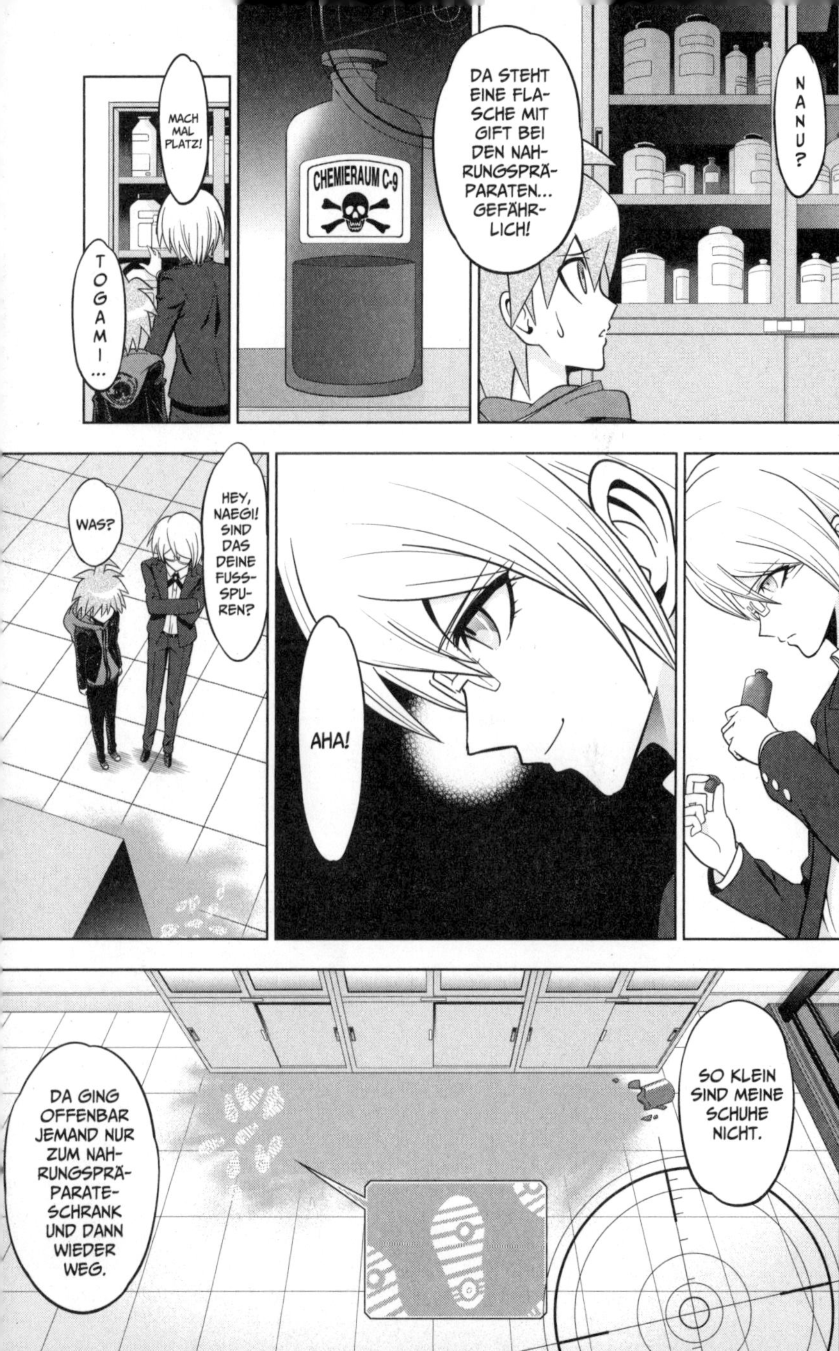

NANU?
DA STEHT EINE FLASCHE MIT GIFT BEI DEN NAHRUNGSPRÄPARATEN... GEFÄHRLICH!
CHEMIERAUM C-9
MACH MAL PLATZ!
TOGAMI...
AHA!
HEY, NAEGI! SIND DAS DEINE FUSSSPUREN?
WAS?
SO KLEIN SIND MEINE SCHUHE NICHT.
DA GING OFFENBAR JEMAND NUR ZUM NAHRUNGSPRÄPARATESCHRANK UND DANN WIEDER WEG.

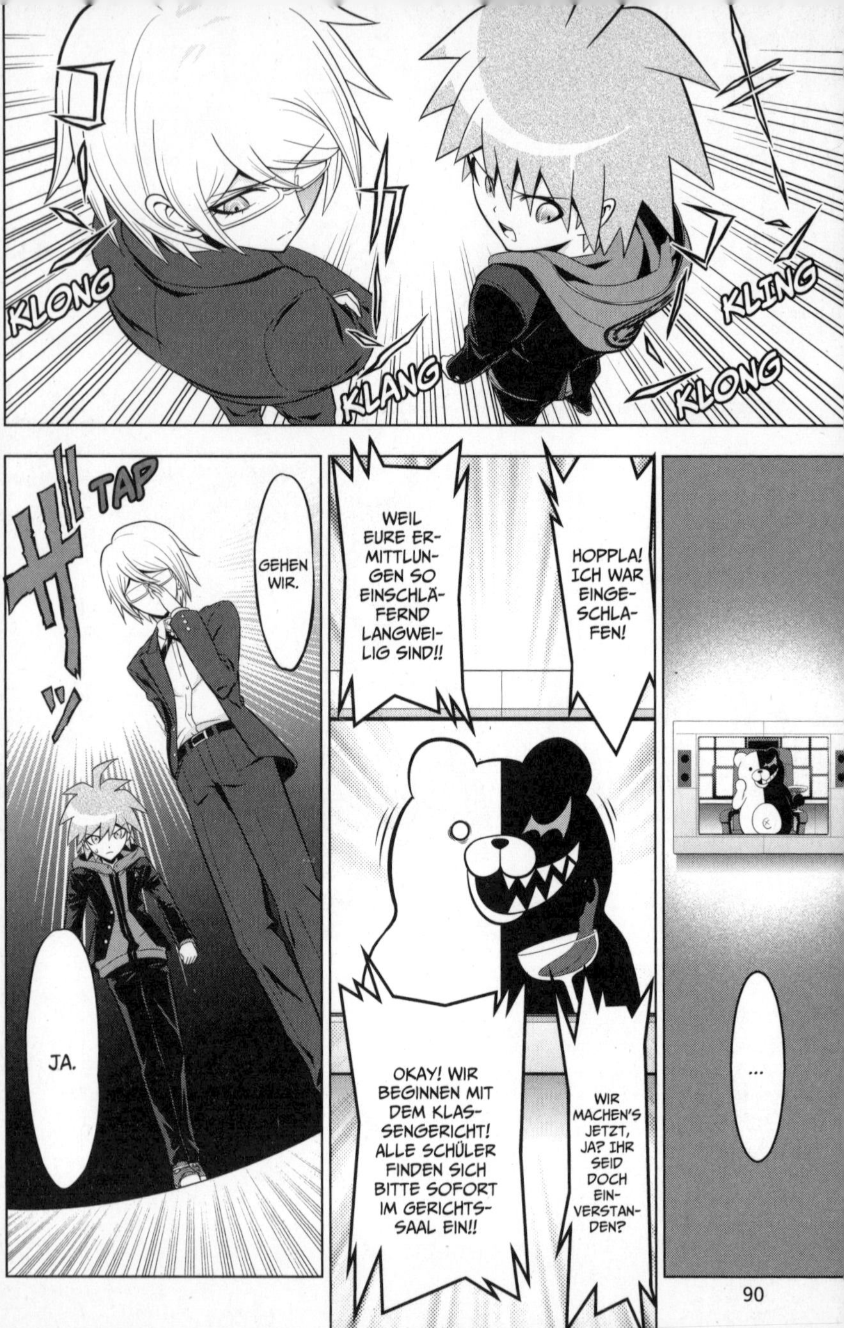
KLING
KLONG
KLANG
KLONG
...
HOPPLA! ICH WAR EINGESCHLAFEN!
WEIL EURE ERMITTLUNGEN SO EINSCHLÄFERND LANGWEILIG SIND!!
WIR MACHEN'S JETZT, JA? IHR SEID DOCH EINVERSTANDEN?
OKAY! WIR BEGINNEN MIT DEM KLASSENGERICHT! ALLE SCHÜLER FINDEN SICH BITTE SOFORT IM GERICHTSSAAL EIN!!
TAP
GEHEN WIR.
JA.

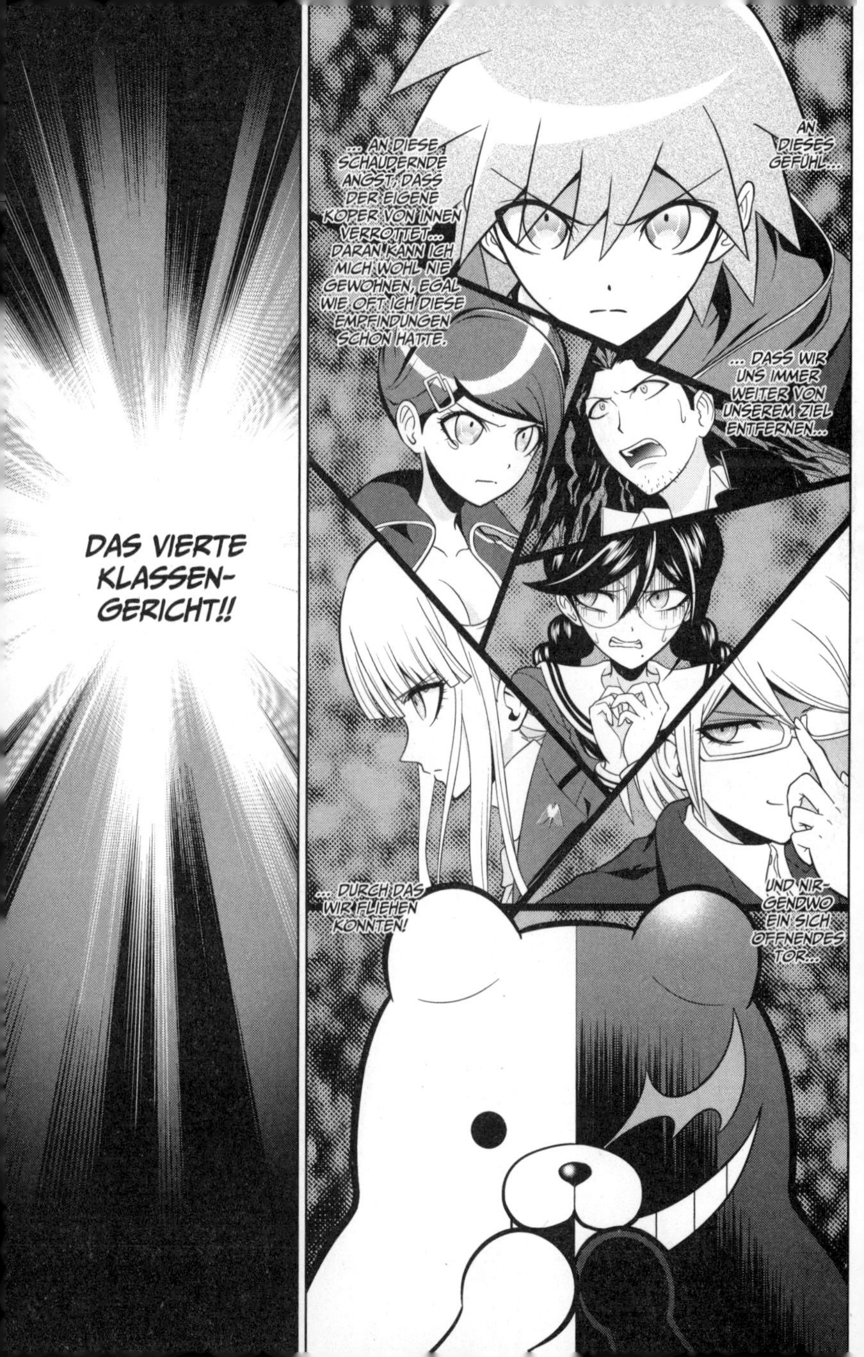
AN DIESES GEFÜHL...
... AN DIESE SCHAUDERNDE ANGST, DASS DER EIGENE KOPER VON INNEN VERROTTET... DARAN KANN ICH MICH WOHL NIE GEWOHNEN, EGAL WIE OFT ICH DIESE EMPFINDUNGEN SCHON HATTE.
... DASS WIR UNS IMMER WEITER VON UNSEREM ZIEL ENTFERNEN...
UND NIRGENDWO EIN SICH OFFNENDES TOR...
... DURCH DAS WIR FLIEHEN KONNTEN!
DAS VIERTE KLASSEN-GERICHT!!

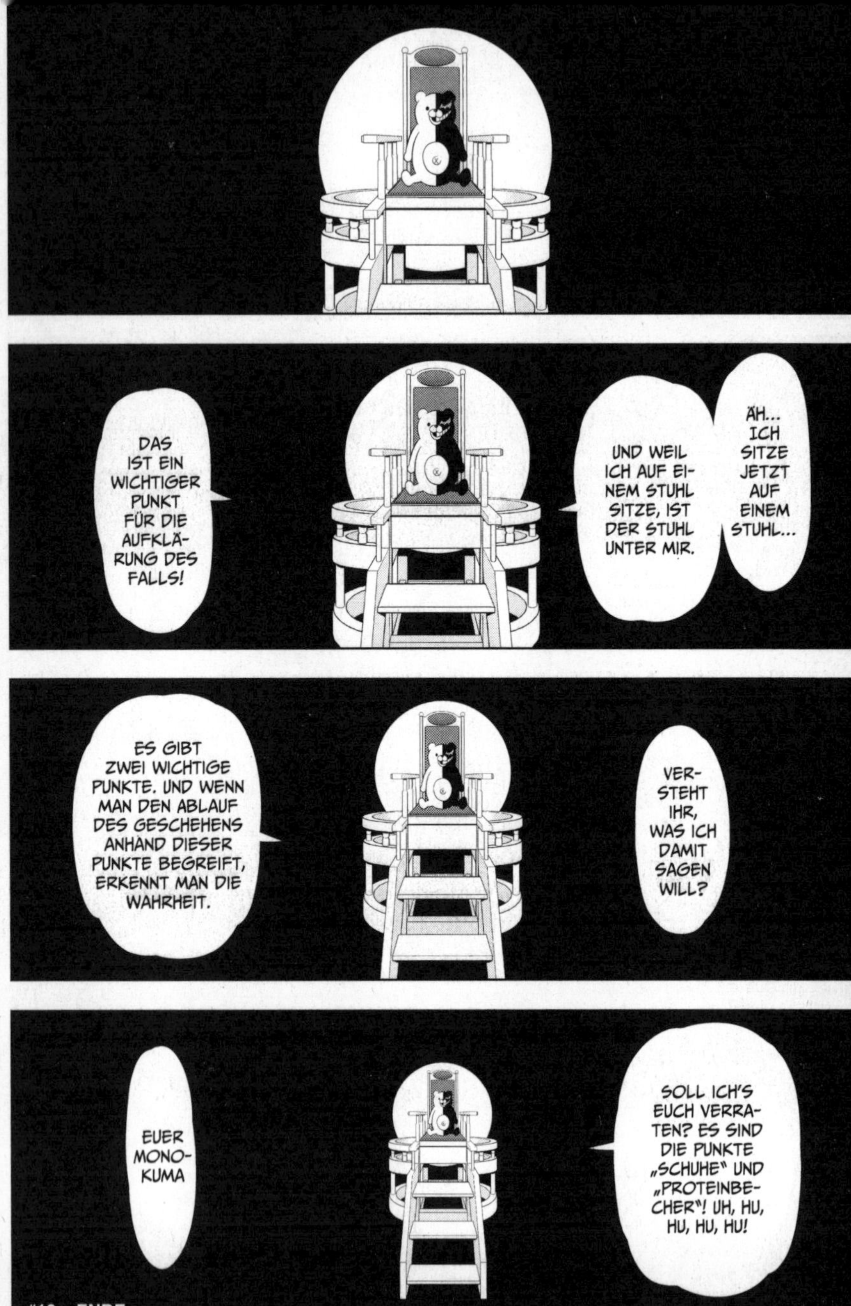
ÄH... ICH SITZE JETZT AUF EINEM STUHL...
UND WEIL ICH AUF EINEM STUHL SITZE, IST DER STUHL UNTER MIR.
DAS IST EIN WICHTIGER PUNKT FÜR DIE AUFKLÄRUNG DES FALLS!
VERSTEHT IHR, WAS ICH DAMIT SAGEN WILL?
ES GIBT ZWEI WICHTIGE PUNKTE. UND WENN MAN DEN ABLAUF DES GESCHEHENS ANHAND DIESER PUNKTE BEGREIFT, ERKENNT MAN DIE WAHRHEIT.
SOLL ICH'S EUCH VERRATEN? ES SIND DIE PUNKTE „SCHUHE“ UND „PROTEINBECHER“! UH, HU, HU, HU, HU!
EUER MONOKUMA

#10 – ENDE

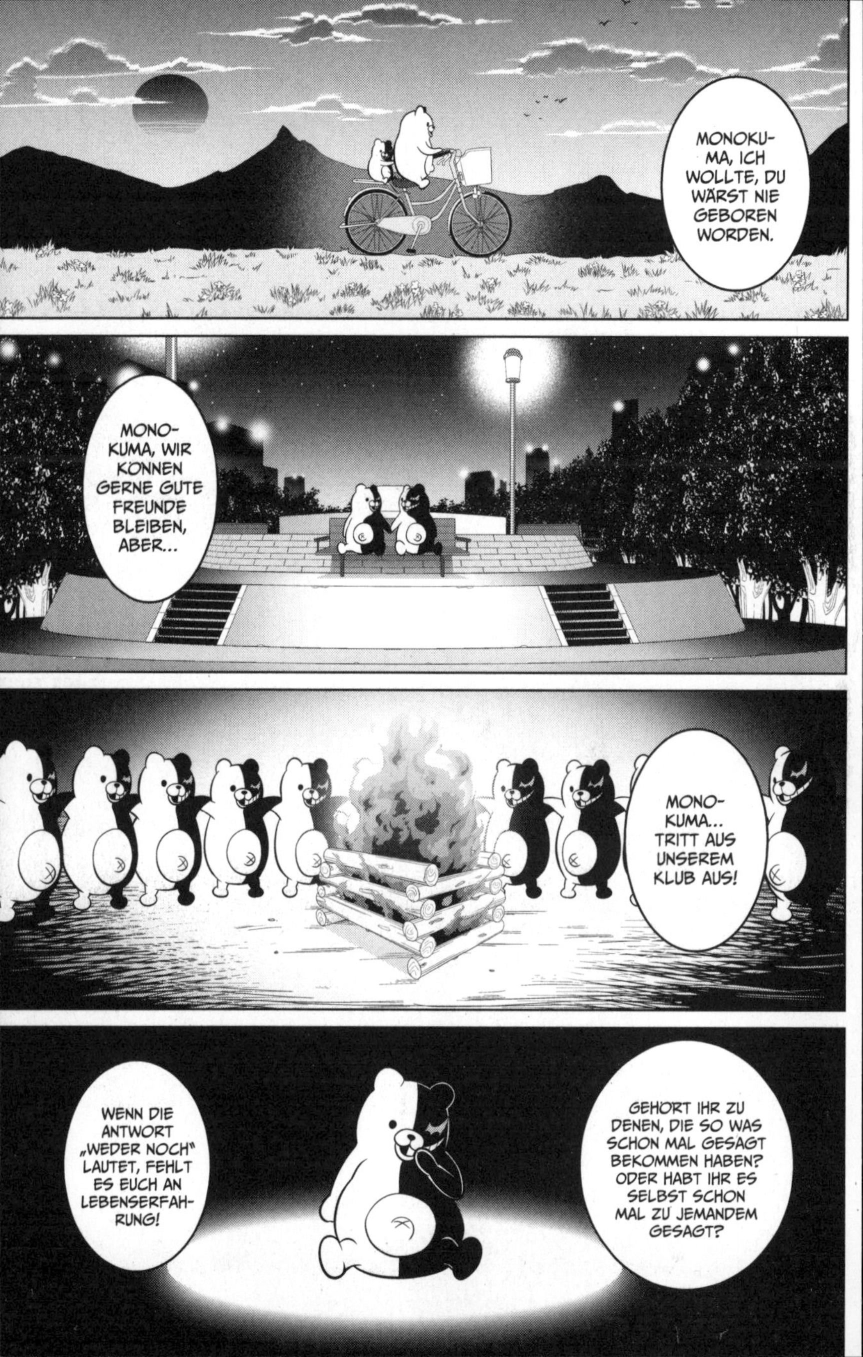
MONOKU-MA, ICH WOLLTE, DU WÄRST NIE GEBOREN WORDEN.
MONO-KUMA, WIR KÖNNEN GERNE GUTE FREUNDE BLEIBEN, ABER...
MONO-KUMA... TRITT AUS UNSEREM KLUB AUS!
GEHÖRT IHR ZU DENEN, DIE SO WAS SCHON MAL GESAGT BEKOMMEN HABEN? ODER HABT IHR ES SELBST SCHON MAL ZU JEMANDEM GESAGT?
WENN DIE ANTWORT „WEDER NOCH" LAUTET, FEHLT ES EUCH AN LEBENSERFAH-RUNG!

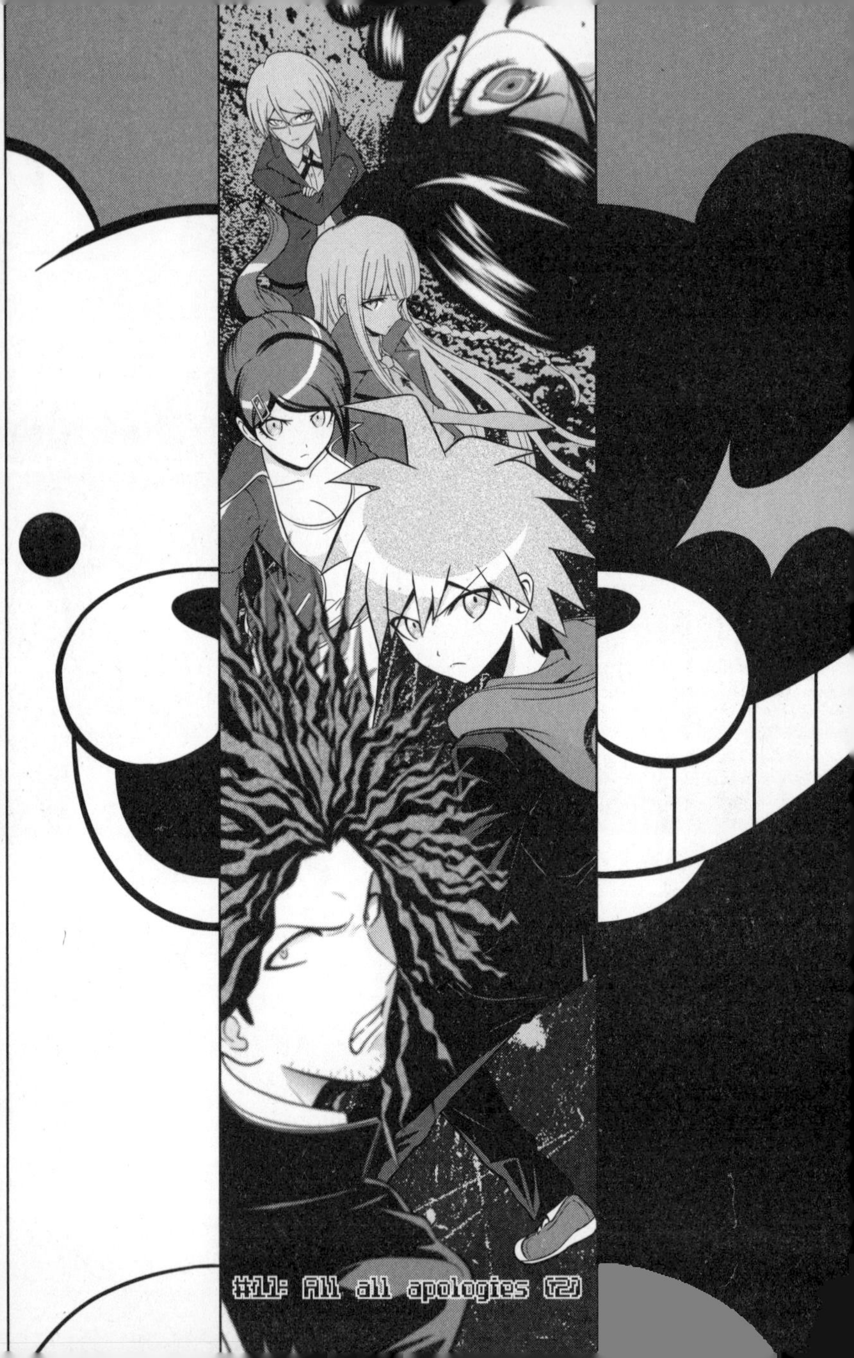
#11: All all apologies (2)

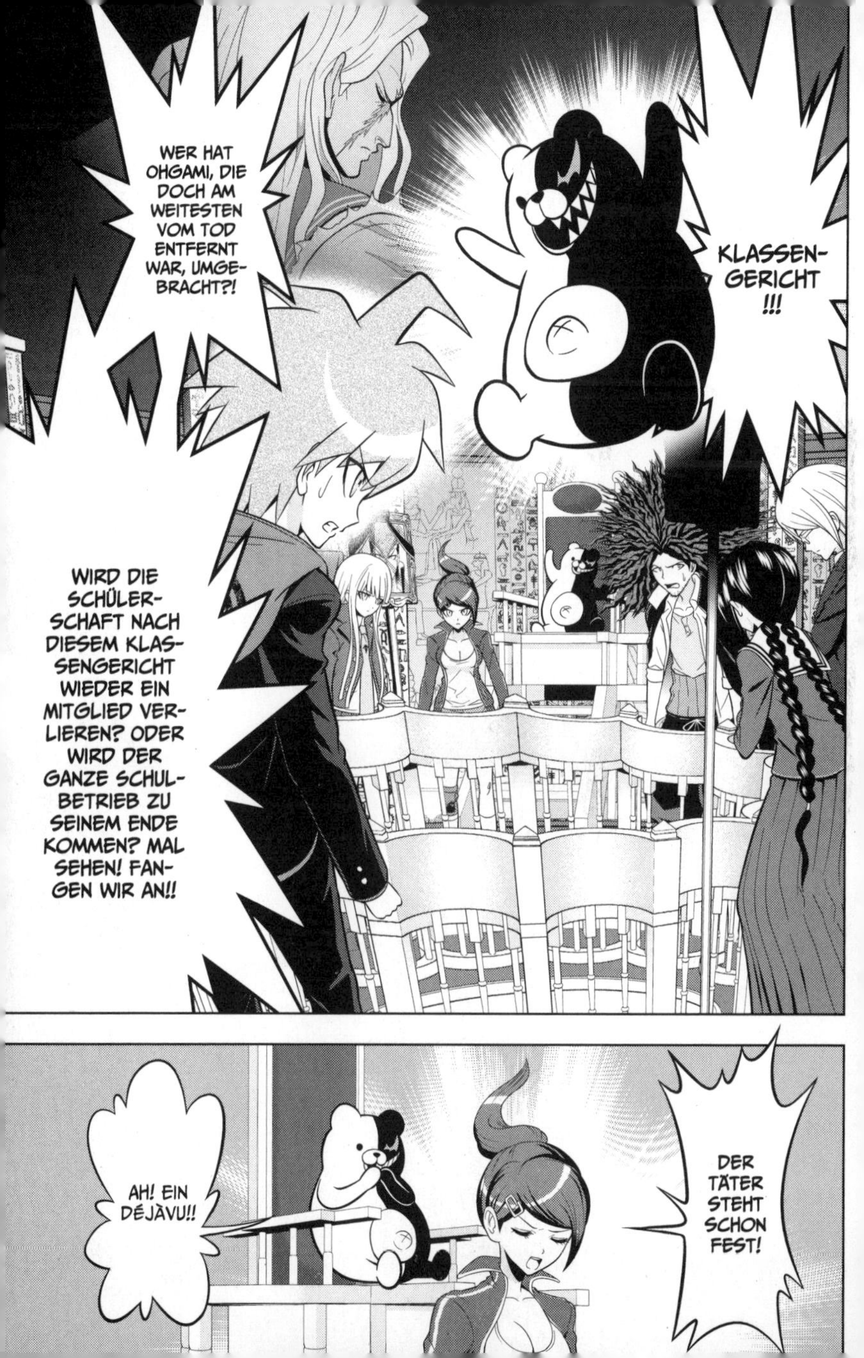
KLASSEN-GERICHT !!!
WER HAT OHGAMI, DIE DOCH AM WEITESTEN VOM TOD ENTFERNT WAR, UMGE-BRACHT?!
WIRD DIE SCHÜLER-SCHAFT NACH DIESEM KLAS-SENGERICHT WIEDER EIN MITGLIED VER-LIEREN? ODER WIRD DER GANZE SCHUL-BETRIEB ZU SEINEM ENDE KOMMEN? MAL SEHEN! FAN-GEN WIR AN!!
DER TÄTER STEHT SCHON FEST!
AH! EIN DÉJÀVU!!

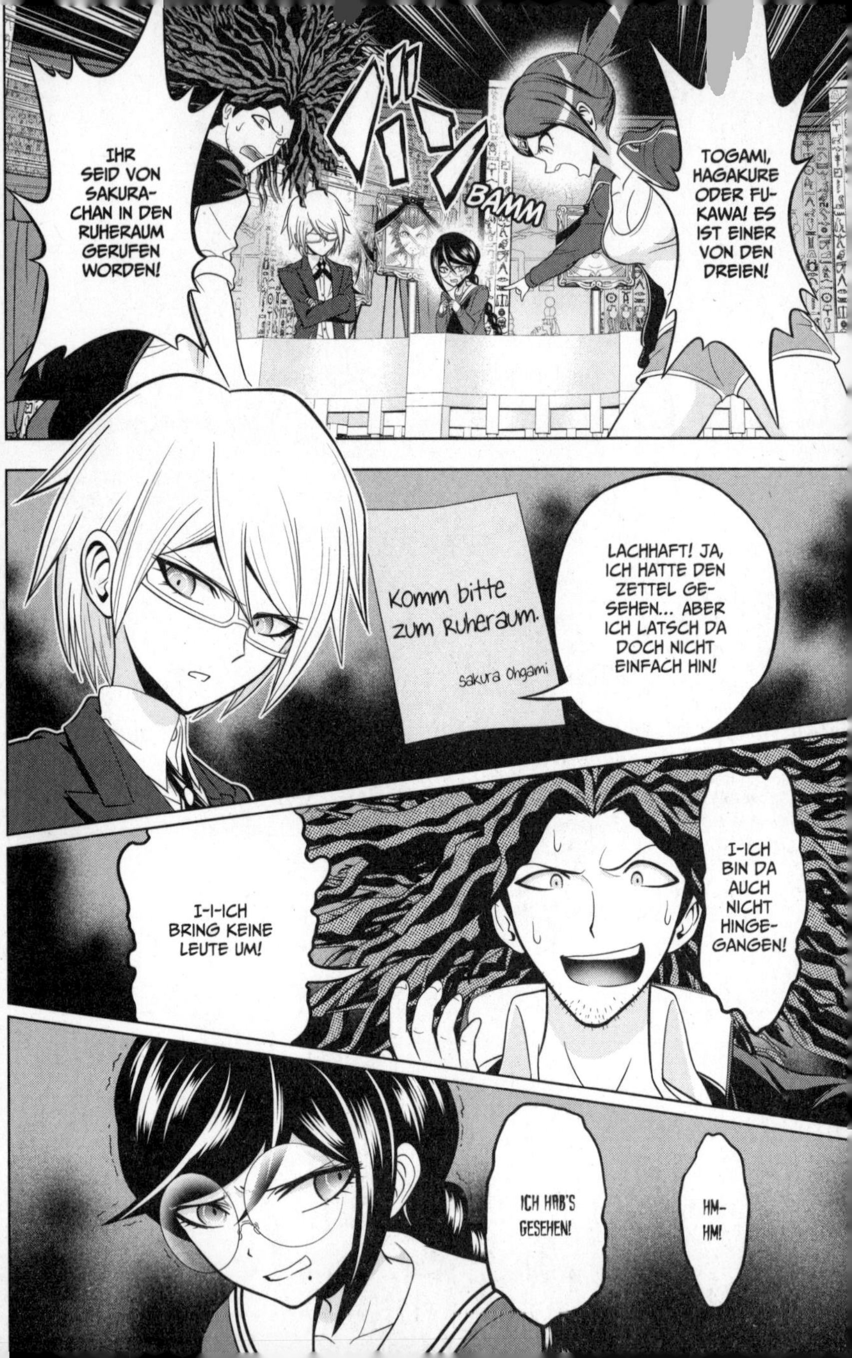
TOGAMI, HAGAKURE ODER FUKAWA! ES IST EINER VON DEN DREIEN!
BAMM
IHR SEID VON SAKURA-CHAN IN DEN RUHERAUM GERUFEN WORDEN!
LACHHAFT! JA, ICH HATTE DEN ZETTEL GESEHEN... ABER ICH LATSCH DA DOCH NICHT EINFACH HIN!
Komm bitte zum Ruheraum.
Sakura Ohgami
I-ICH BIN DA AUCH NICHT HINGEGANGEN!
I-I-ICH BRING KEINE LEUTE UM!
HM-HM!
ICH HAB'S GESEHEN!

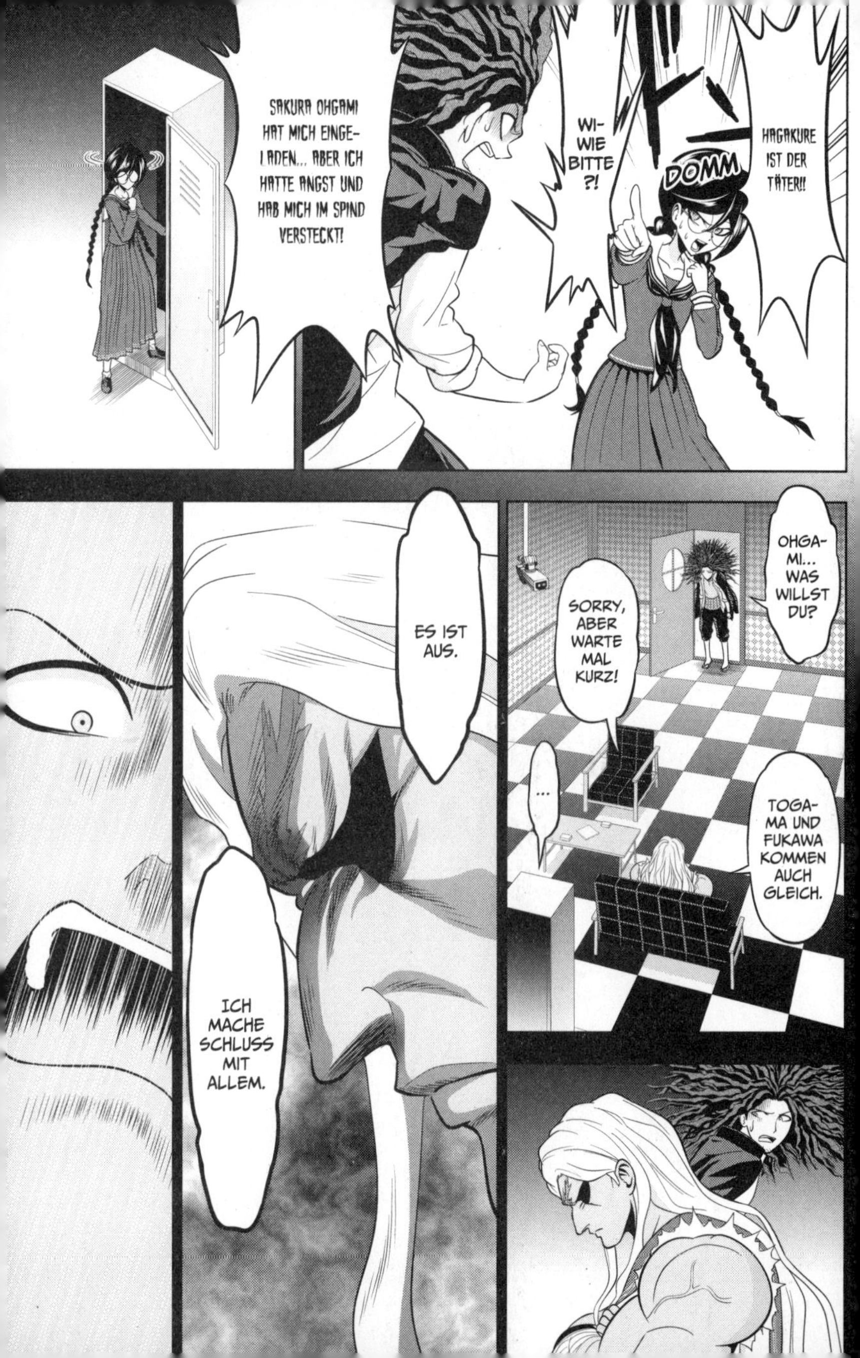
HAGAKURE IST DER TÄTER!!
DOMM
WI-WIE BITTE?!
SAKURA OHGAMI HAT MICH EINGE-LADEN... ABER ICH HATTE ANGST UND HAB MICH IM SPIND VERSTECKT!
OHGA-MI... WAS WILLST DU?
SORRY, ABER WARTE MAL KURZ!
TOGA-MA UND FUKAWA KOMMEN AUCH GLEICH.
...
ES IST AUS.
ICH MACHE SCHLUSS MIT ALLEM.

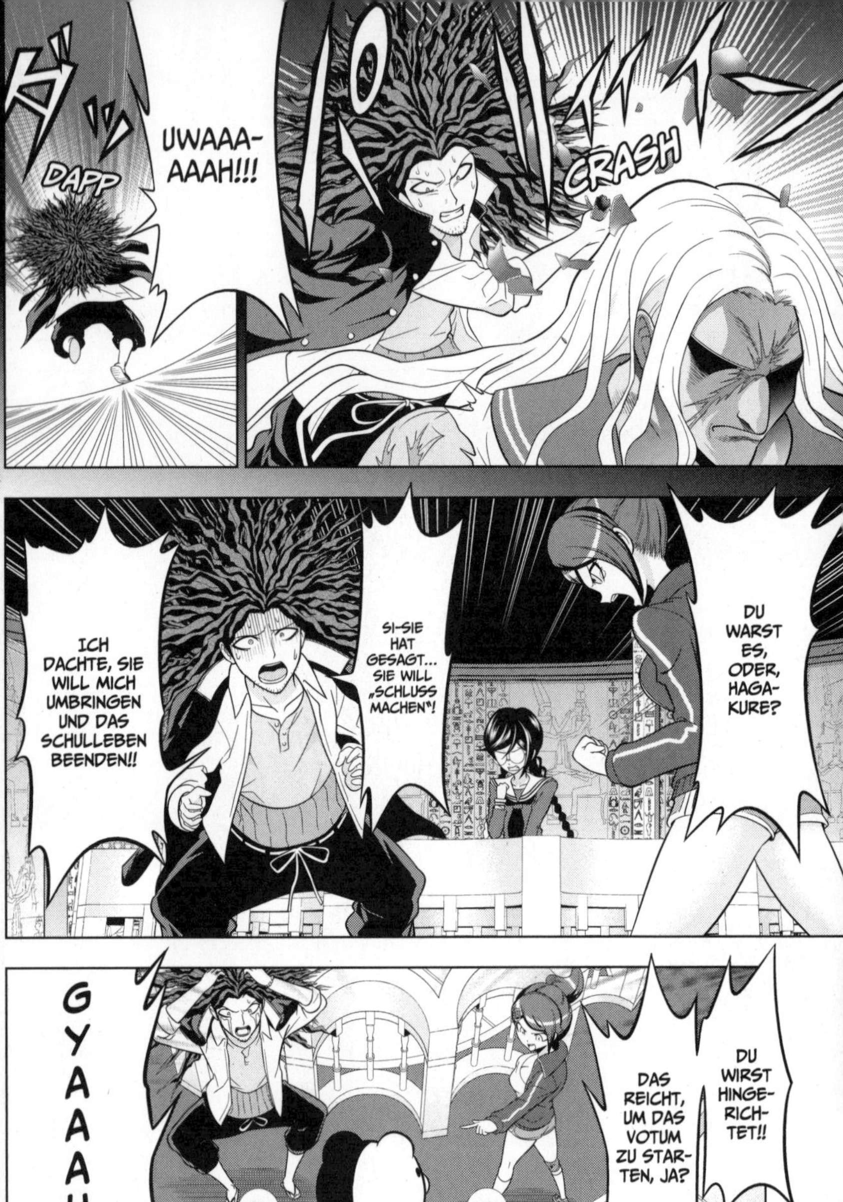
CRASH
UWAAA-AAAH!!!
DAPP
DU WARST ES, ODER, HAGAKURE?
SI-SIE HAT GESAGT... SIE WILL „SCHLUSS MACHEN“!
ICH DACHTE, SIE WILL MICH UMBRINGEN UND DAS SCHULLEBEN BEENDEN!!
DU WIRST HINGE-RICH-TET!!
DAS REICHT, UM DAS VOTUM ZU STAR-TEN, JA?
GYAAAAH!!!

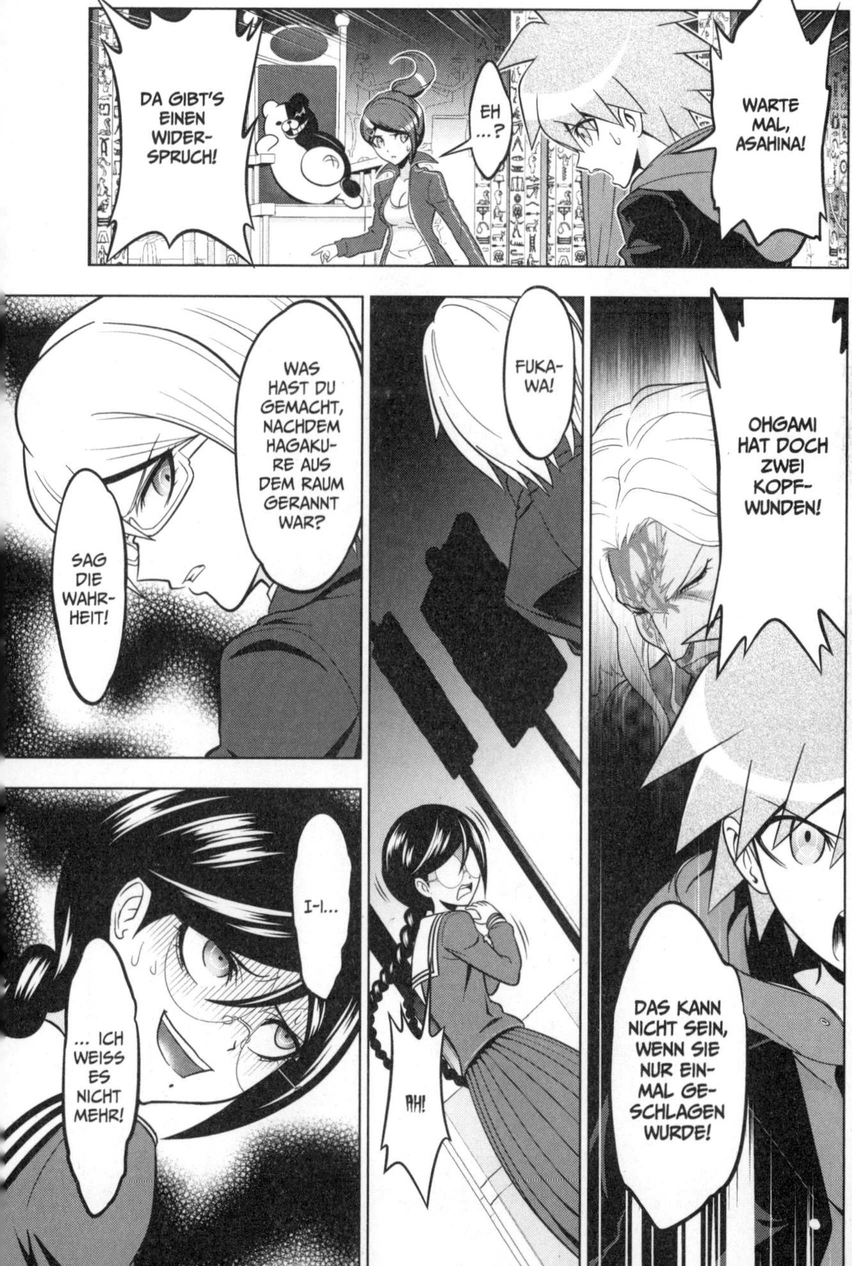
WARTE MAL, ASAHINA!
EH ...?
DA GIBT'S EINEN WIDERSPRUCH!
OHGAMI HAT DOCH ZWEI KOPFWUNDEN!
DAS KANN NICHT SEIN, WENN SIE NUR EINMAL GESCHLAGEN WURDE!
FUKAWA!
AH!
WAS HAST DU GEMACHT, NACHDEM HAGAKURE AUS DEM RAUM GERANNT WAR?
SAG DIE WAHRHEIT!
I-I...
... ICH WEISS ES NICHT MEHR!

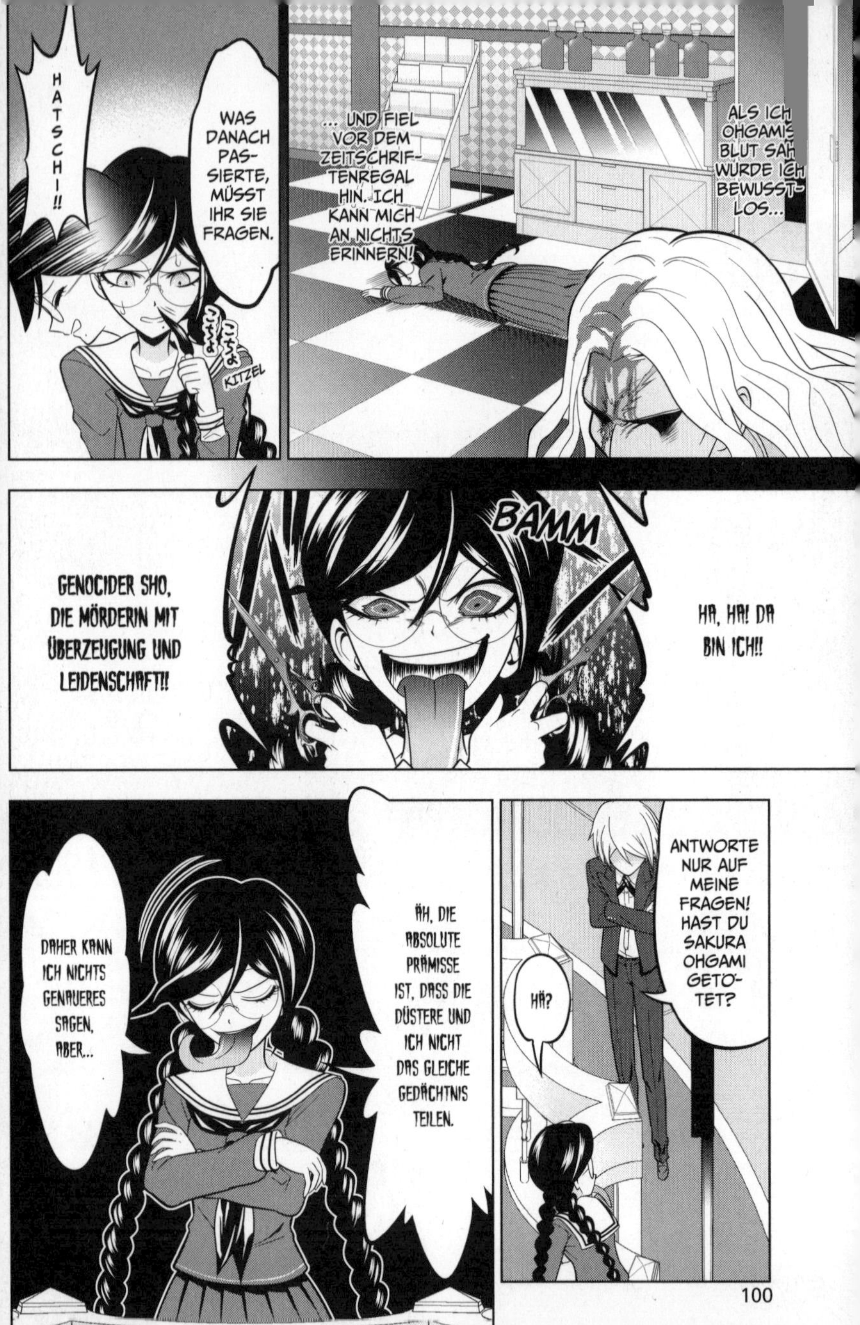
ALS ICH OHGAMIS BLUT SAH, WURDE ICH BEWUSSTLOS...
... UND FIEL VOR DEM ZEITSCHRIFTENREGAL HIN. ICH KANN MICH AN NICHTS ERINNERN!
WAS DANACH PASSIERTE, MÜSST IHR SIE FRAGEN.
HATSCHI!!
こちょこちょ
KITZEL
HA, HA! DA BIN ICH!!
BAMM
GENOCIDER SHO, DIE MÖRDERIN MIT ÜBERZEUGUNG UND LEIDENSCHAFT!!
ANTWORTE NUR AUF MEINE FRAGEN! HAST DU SAKURA OHGAMI GETÖTET?
HÄ?
ÄH, DIE ABSOLUTE PRÄMISSE IST, DASS DIE DÜSTERE UND ICH NICHT DAS GLEICHE GEDÄCHTNIS TEILEN.
DAHER KANN ICH NICHTS GENAUERES SAGEN, ABER...

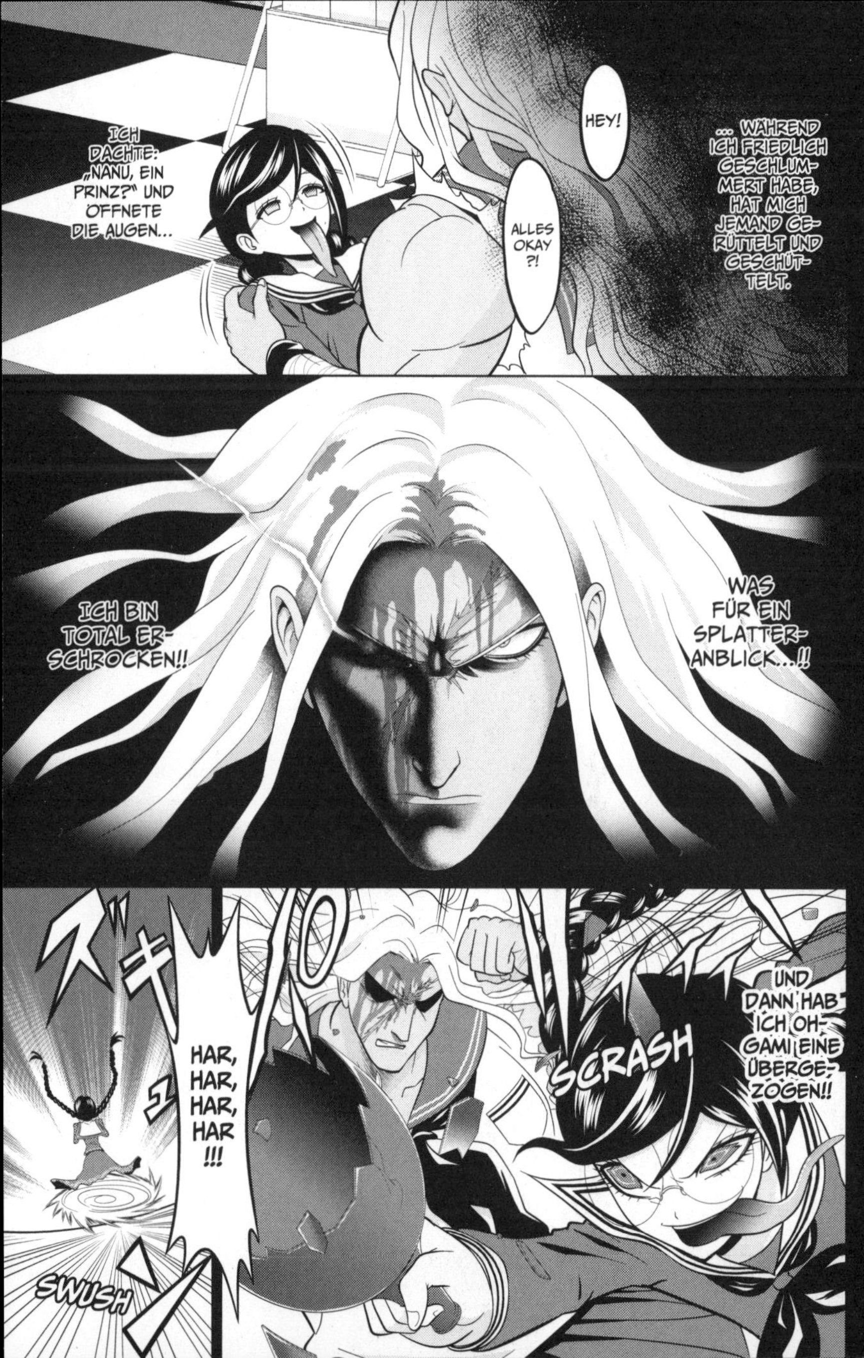
... WÄHREND ICH FRIEDLICH GESCHLUMMERT HABE, HAT MICH JEMAND GERÜTTELT UND GESCHÜTTELT.
HEY!
ALLES OKAY ?!
ICH DACHTE: „NANU, EIN PRINZ?" UND ÖFFNETE DIE AUGEN...
WAS FÜR EIN SPLATTERANBLICK...!!
ICH BIN TOTAL ERSCHROCKEN!!
UND DANN HAB ICH OHGAMI EINE ÜBERGEZOGEN!!
SCRASH
HAR, HAR, HAR, HAR !!!
SWUSH

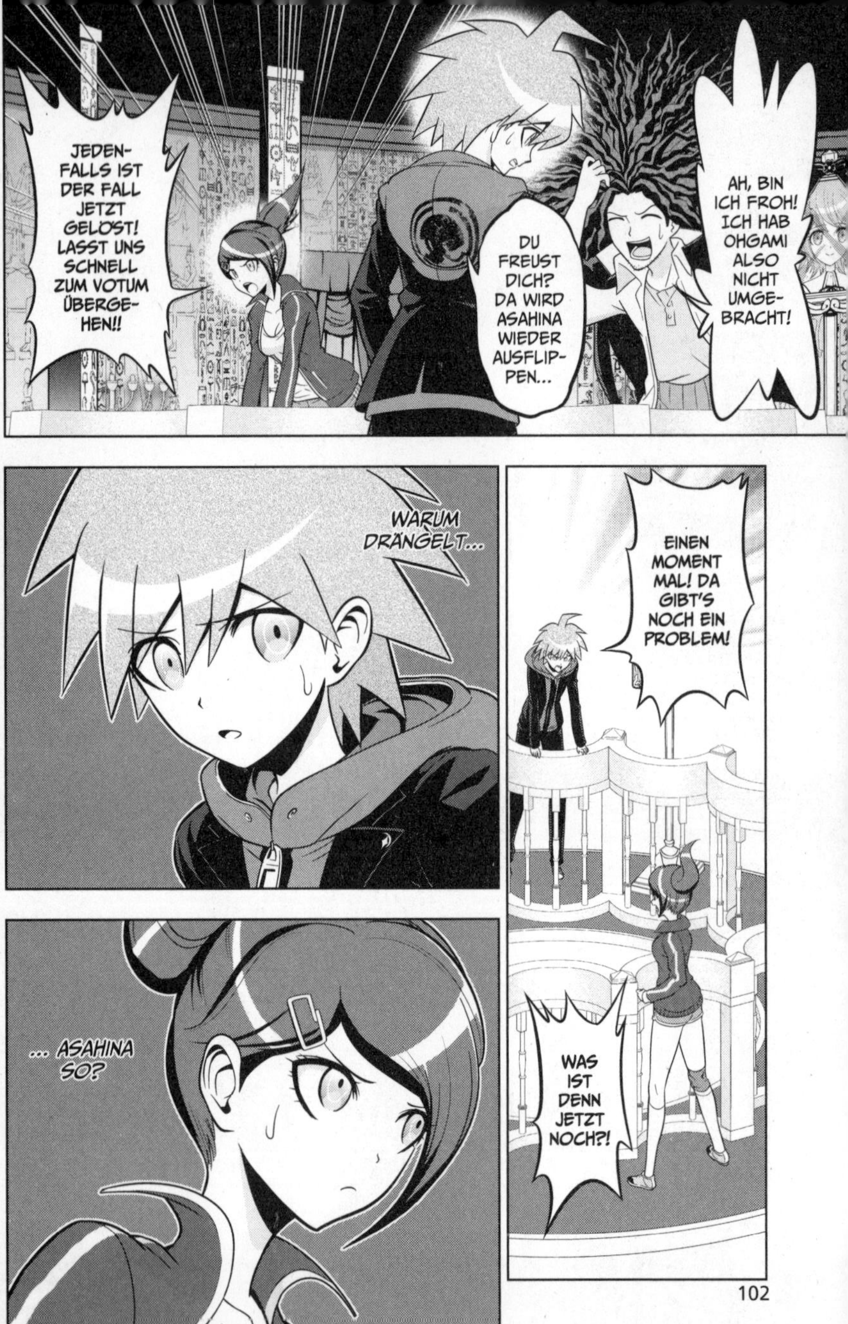
AH, BIN ICH FROH! ICH HAB OHGAMI ALSO NICHT UMGEBRACHT!
DU FREUST DICH? DA WIRD ASAHINA WIEDER AUSFLIPPEN...
JEDENFALLS IST DER FALL JETZT GELÖST! LASST UNS SCHNELL ZUM VOTUM ÜBERGEHEN!!
EINEN MOMENT MAL! DA GIBT'S NOCH EIN PROBLEM!
WAS IST DENN JETZT NOCH?!
WARUM DRÄNGELT...
... ASAHINA SO?

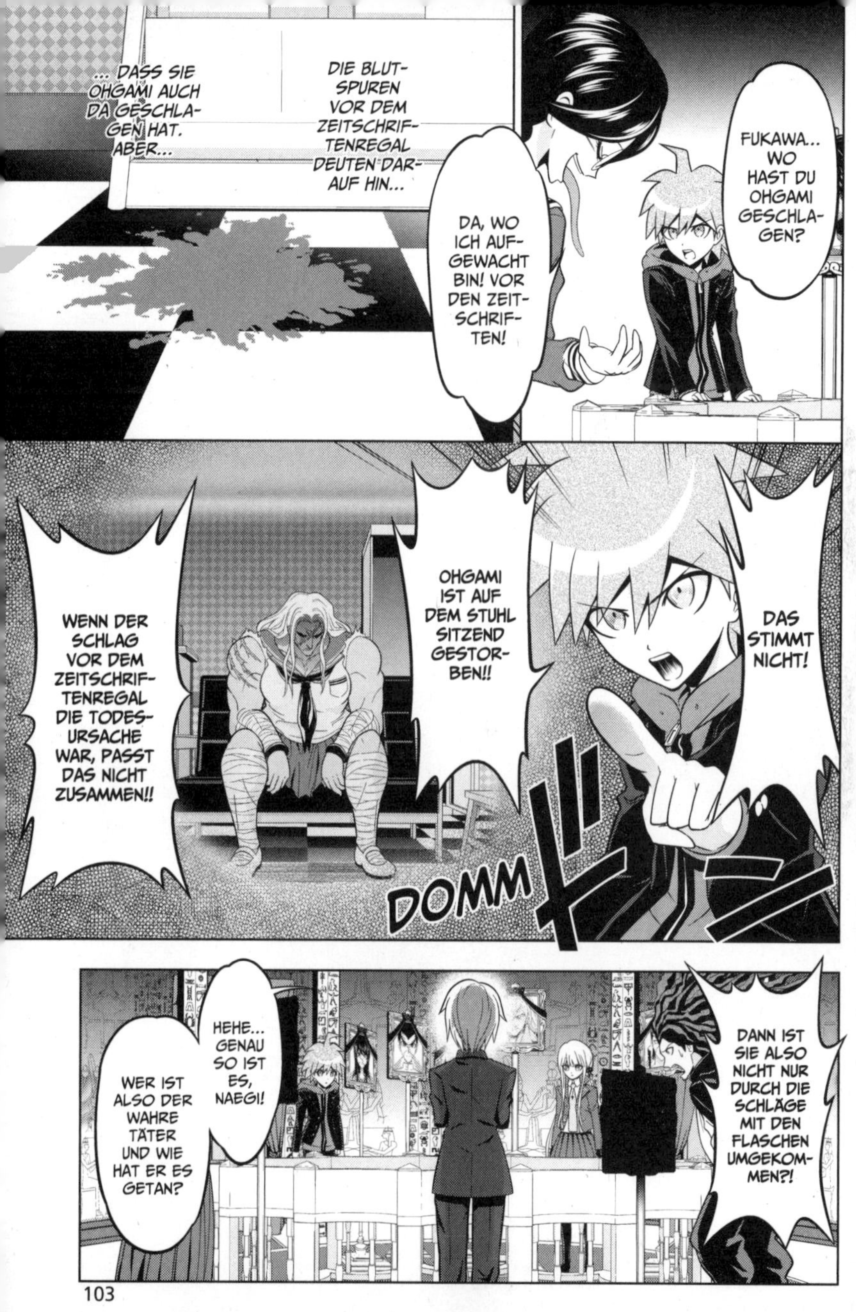
FUKAWA... WO HAST DU OHGAMI GESCHLAGEN?
DA, WO ICH AUFGEWACHT BIN! VOR DEN ZEITSCHRIFTEN!
DIE BLUTSPUREN VOR DEM ZEITSCHRIFTENREGAL DEUTEN DARAUF HIN...
... DASS SIE OHGAMI AUCH DA GESCHLAGEN HAT. ABER...
DAS STIMMT NICHT!
OHGAMI IST AUF DEM STUHL SITZEND GESTORBEN!!
DOMM
WENN DER SCHLAG VOR DEM ZEITSCHRIFTENREGAL DIE TODESURSACHE WAR, PASST DAS NICHT ZUSAMMEN!!
DANN IST SIE ALSO NICHT NUR DURCH DIE SCHLÄGE MIT DEN FLASCHEN UMGEKOMMEN?!
HEHE... GENAU SO IST ES, NAEGI!
WER IST ALSO DER WAHRE TÄTER UND WIE HAT ER ES GETAN?

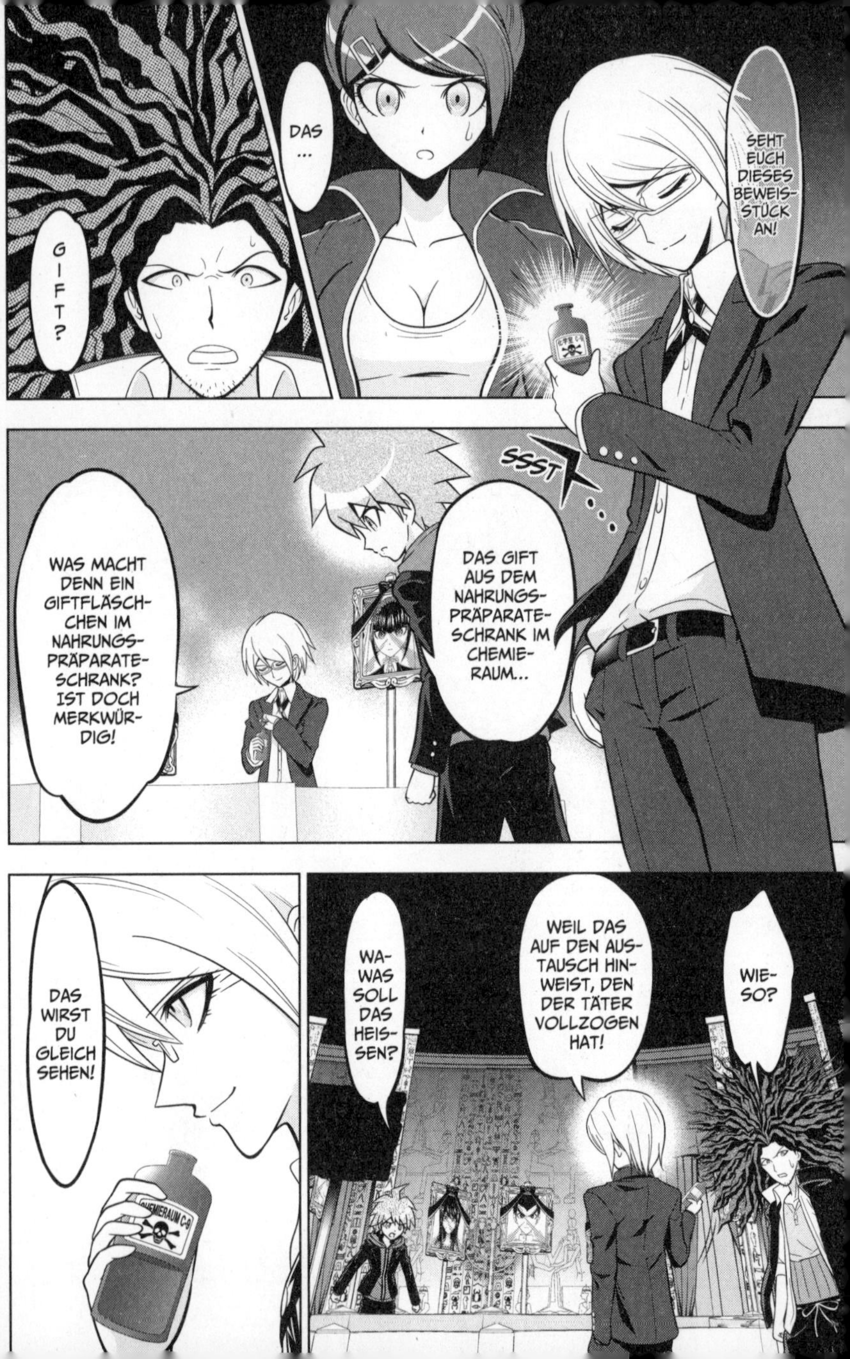
SEHT EUCH DIESES BEWEIS-STÜCK AN!
DAS ...
GIFT?
SSST
DAS GIFT AUS DEM NAHRUNGS-PRÄPARATE-SCHRANK IM CHEMIE-RAUM...
WAS MACHT DENN EIN GIFTFLÄSCH-CHEN IM NAHRUNGS-PRÄPARATE-SCHRANK? IST DOCH MERKWÜR-DIG!
WIE-SO?
WEIL DAS AUF DEN AUS-TAUSCH HIN-WEIST, DEN DER TÄTER VOLLZOGEN HAT!
WA-WAS SOLL DAS HEIS-SEN?
DAS WIRST DU GLEICH SEHEN!
CHEMIERAUM C-9

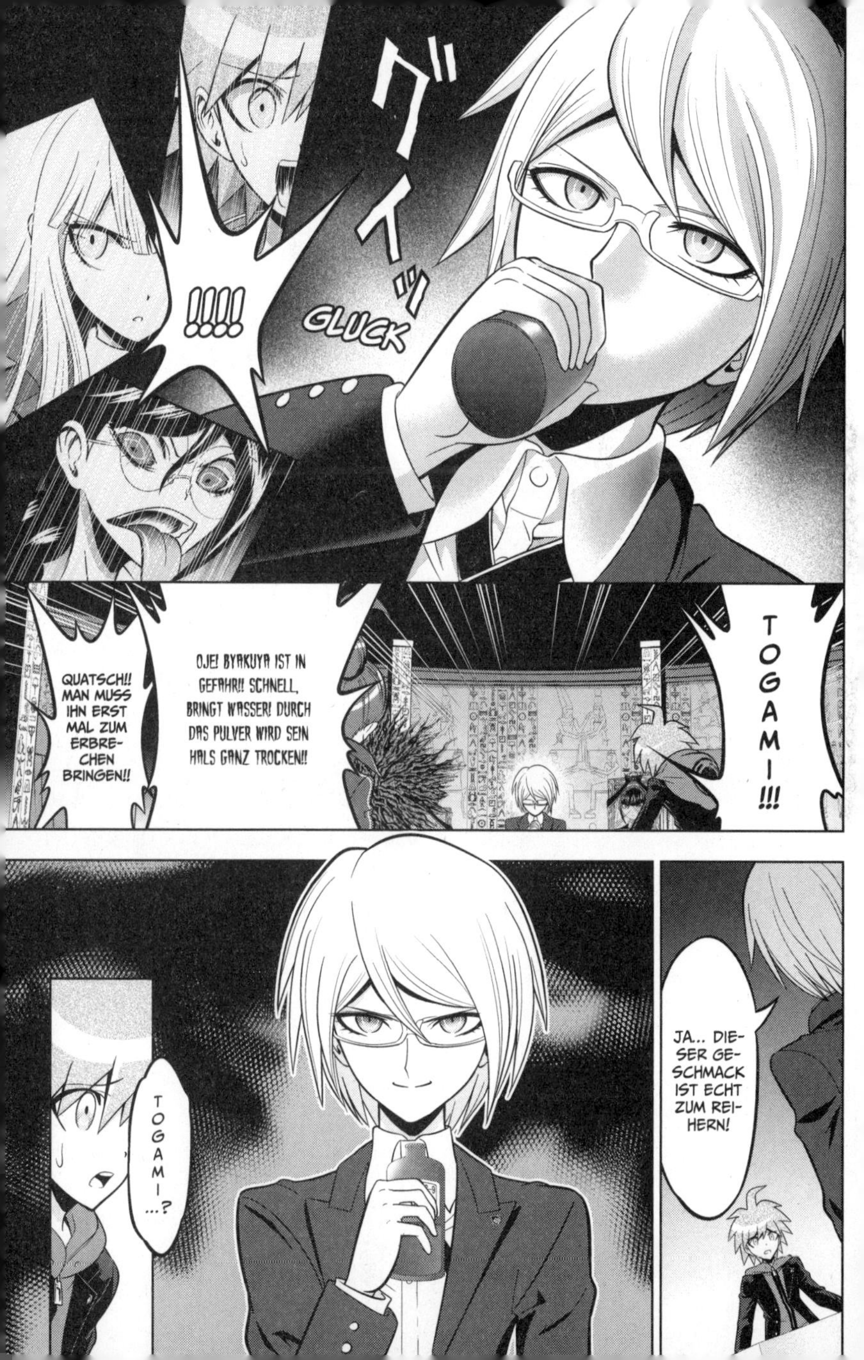
グイッ
GLUCK
!!!!!
TOGAMI!!!
OJE! BYAKUYA IST IN GEFAHR!! SCHNELL, BRINGT WASSER! DURCH DAS PULVER WIRD SEIN HALS GANZ TROCKEN!!
QUATSCH!! MAN MUSS IHN ERST MAL ZUM ERBRECHEN BRINGEN!!
JA... DIESER GESCHMACK IST ECHT ZUM REIHERN!
TOGAMI ...?

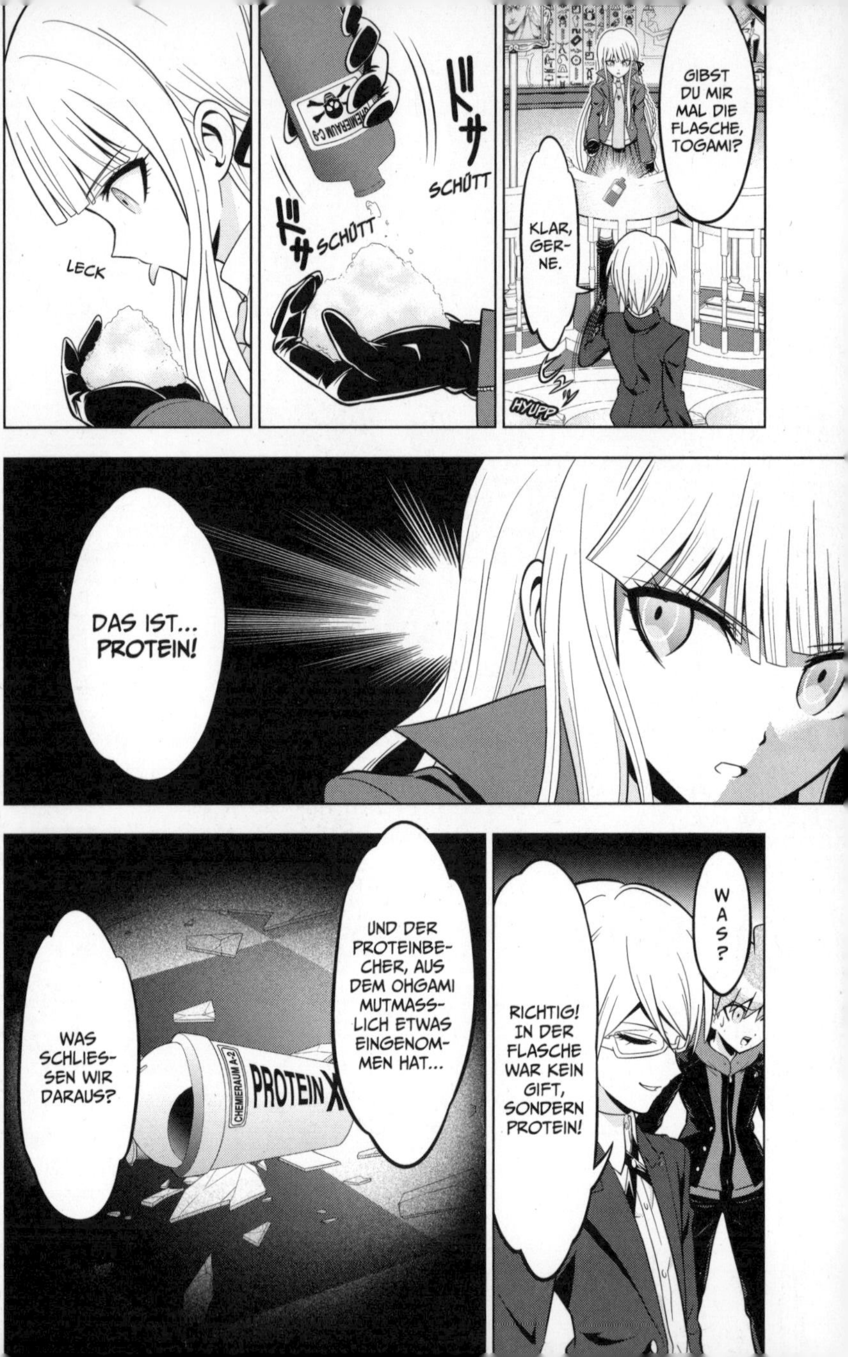
GIBST DU MIR MAL DIE FLASCHE, TOGAMI?
KLAR, GERNE.
HYUPP
CHEMIERAUM C-9
SCHÜTT
SCHÜTT
LECK
DAS IST... PROTEIN!
WAS?
RICHTIG! IN DER FLASCHE WAR KEIN GIFT, SONDERN PROTEIN!
UND DER PROTEINBECHER, AUS DEM OHGAMI MUTMASSLICH ETWAS EINGENOMMEN HAT...
PROTEIN X
CHEMIERAUM A-2
WAS SCHLIESSEN WIR DARAUS?

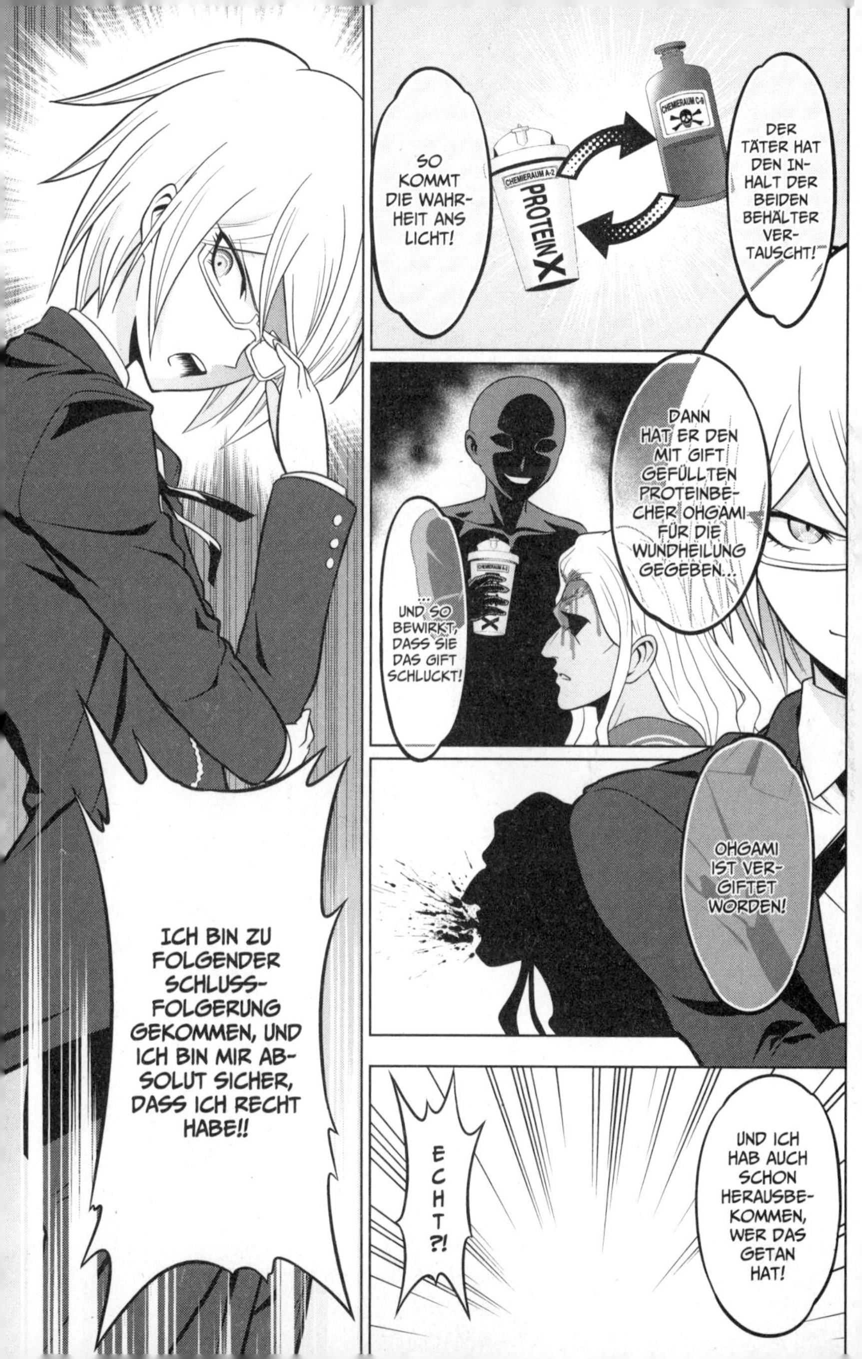
DER TÄTER HAT DEN INHALT DER BEIDEN BEHÄLTER VERTAUSCHT!
CHEMIERAUM C-9
CHEMIERAUM A-2
PROTEIN X
SO KOMMT DIE WAHRHEIT ANS LICHT!
DANN HAT ER DEN MIT GIFT GEFÜLLTEN PROTEINBECHER OHGAMI FÜR DIE WUNDHEILUNG GEGEBEN ...
... UND SO BEWIRKT, DASS SIE DAS GIFT SCHLUCKT!
OHGAMI IST VERGIFTET WORDEN!
UND ICH HAB AUCH SCHON HERAUSBEKOMMEN, WER DAS GETAN HAT!
ECHT?!
ICH BIN ZU FOLGENDER SCHLUSSFOLGERUNG GEKOMMEN, UND ICH BIN MIR ABSOLUT SICHER, DASS ICH RECHT HABE!!

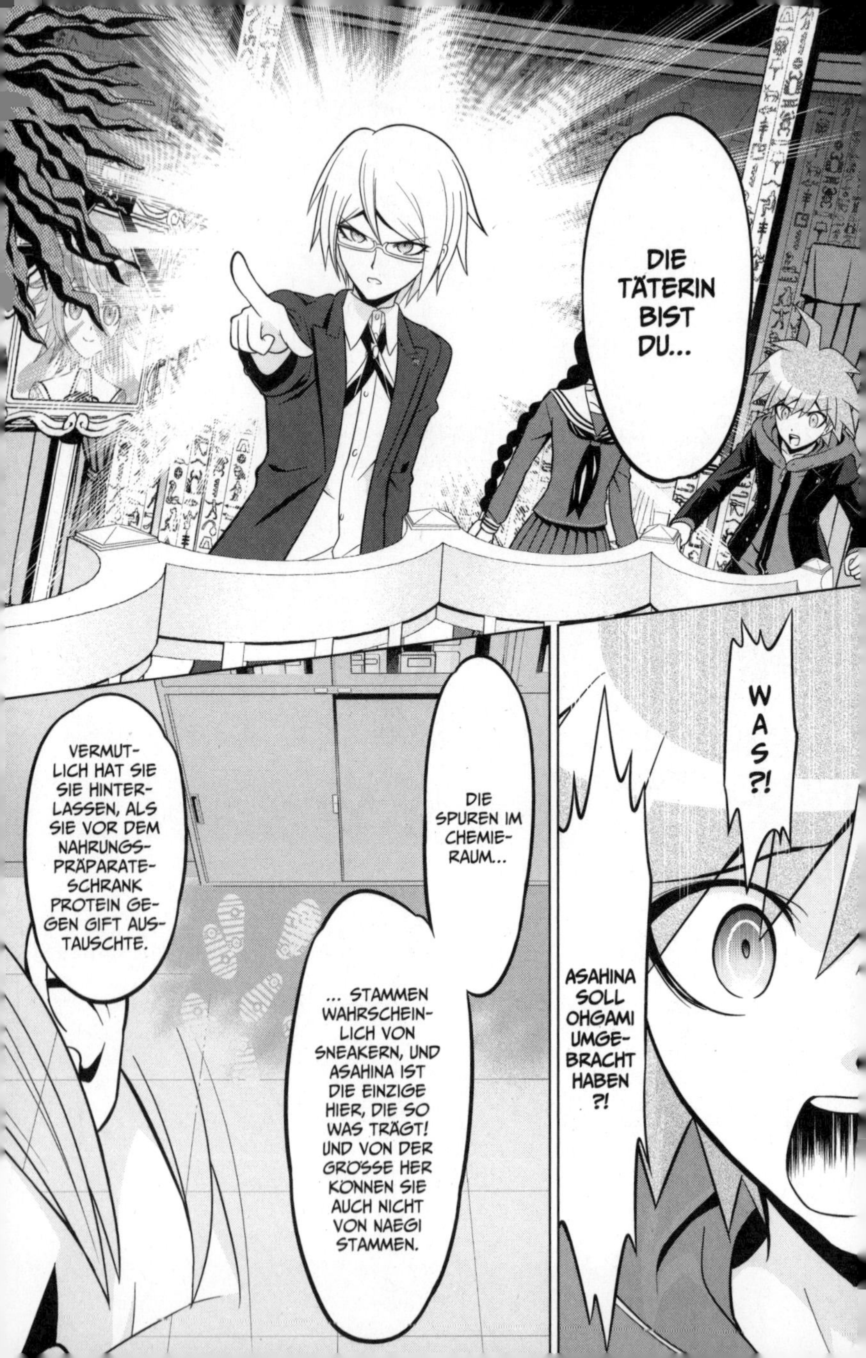
DIE TÄTERIN BIST DU...
WAS?!
ASAHINA SOLL OHGAMI UMGEBRACHT HABEN?!
DIE SPUREN IM CHEMIERAUM...
... STAMMEN WAHRSCHEINLICH VON SNEAKERN, UND ASAHINA IST DIE EINZIGE HIER, DIE SO WAS TRÄGT! UND VON DER GRÖSSE HER KÖNNEN SIE AUCH NICHT VON NAEGI STAMMEN.
VERMUTLICH HAT SIE SIE HINTERLASSEN, ALS SIE VOR DEM NAHRUNGSPRÄPARATESCHRANK PROTEIN GEGEN GIFT AUSTAUSCHTE.

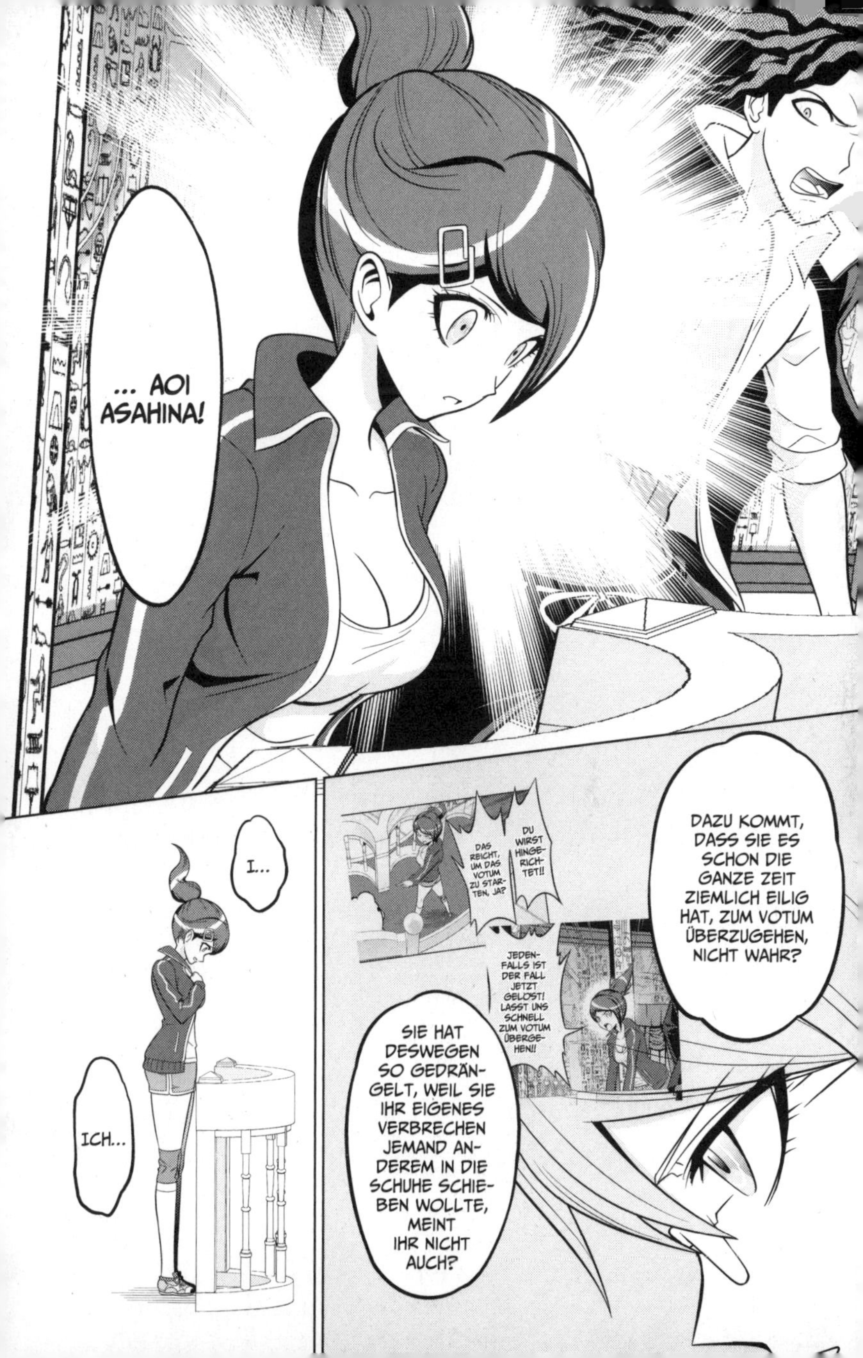
... AOI ASAHINA!
DAZU KOMMT, DASS SIE ES SCHON DIE GANZE ZEIT ZIEMLICH EILIG HAT, ZUM VOTUM ÜBERZUGEHEN, NICHT WAHR?
DU WIRST HINGE-RICH-TET!!
DAS REICHT, UM DAS VOTUM ZU STAR-TEN, JA?
JEDEN-FALLS IST DER FALL JETZT GELÖST! LASST UNS SCHNELL ZUM VOTUM ÜBERGE-HEN!!
SIE HAT DESWEGEN SO GEDRÄN-GELT, WEIL SIE IHR EIGENES VERBRECHEN JEMAND AN-DEREM IN DIE SCHUHE SCHIE-BEN WOLLTE, MEINT IHR NICHT AUCH?
I...
ICH...

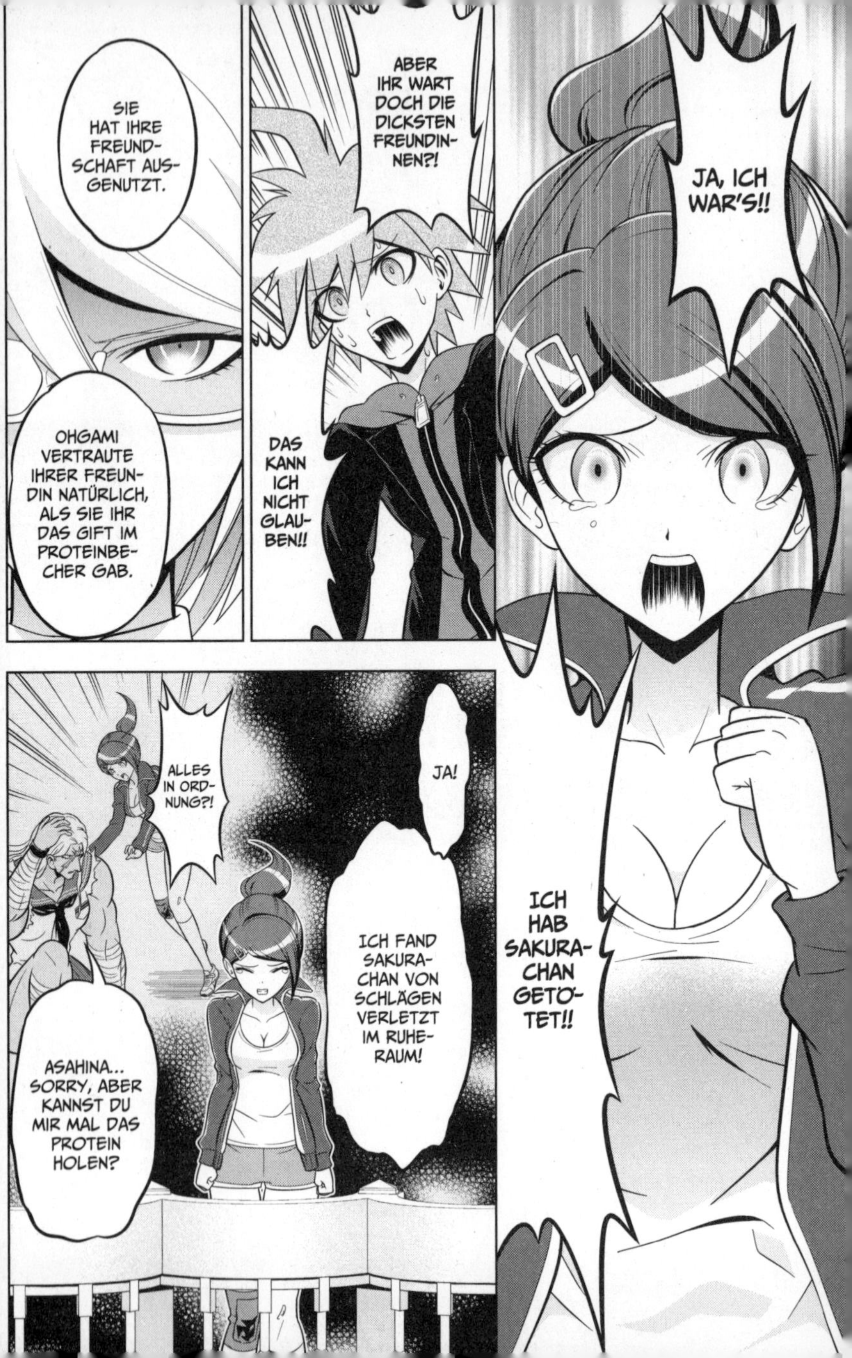
JA, ICH WAR'S!!
ICH HAB SAKURA-CHAN GETÖTET!!
ABER IHR WART DOCH DIE DICKSTEN FREUNDINNEN?!
DAS KANN ICH NICHT GLAUBEN!!
SIE HAT IHRE FREUNDSCHAFT AUSGENUTZT.
OHGAMI VERTRAUTE IHRER FREUNDIN NATÜRLICH, ALS SIE IHR DAS GIFT IM PROTEINBECHER GAB.
JA!
ICH FAND SAKURA-CHAN VON SCHLÄGEN VERLETZT IM RUHERAUM!
ALLES IN ORDNUNG?!
ASAHINA... SORRY, ABER KANNST DU MIR MAL DAS PROTEIN HOLEN?

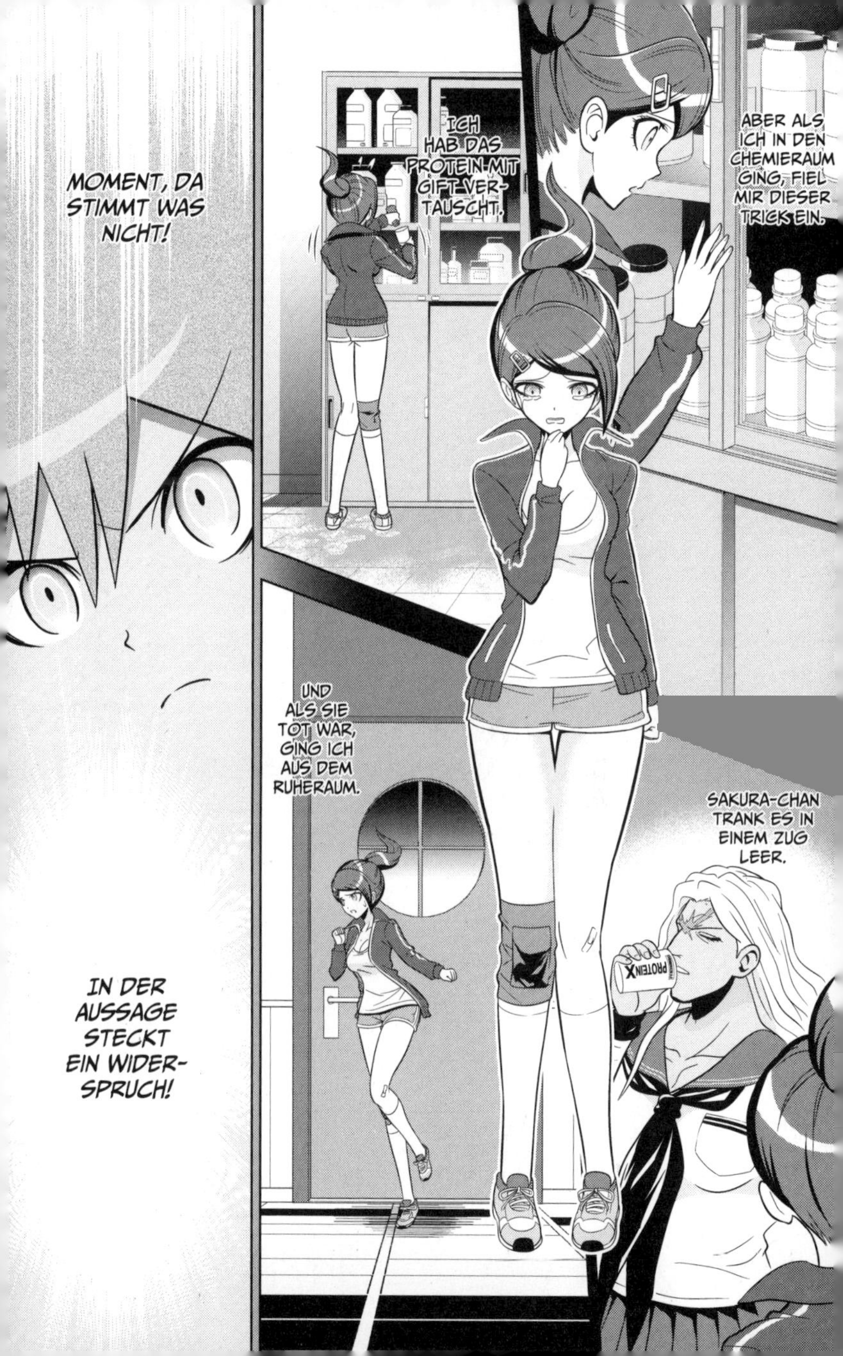
ABER ALS ICH IN DEN CHEMIERAUM GING, FIEL MIR DIESER TRICK EIN.
ICH HAB DAS PROTEIN MIT GIFT VERTAUSCHT.
SAKURA-CHAN TRANK ES IN EINEM ZUG LEER.
UND ALS SIE TOT WAR, GING ICH AUS DEM RUHERAUM.
MOMENT, DA STIMMT WAS NICHT!
IN DER AUSSAGE STECKT EIN WIDER-SPRUCH!

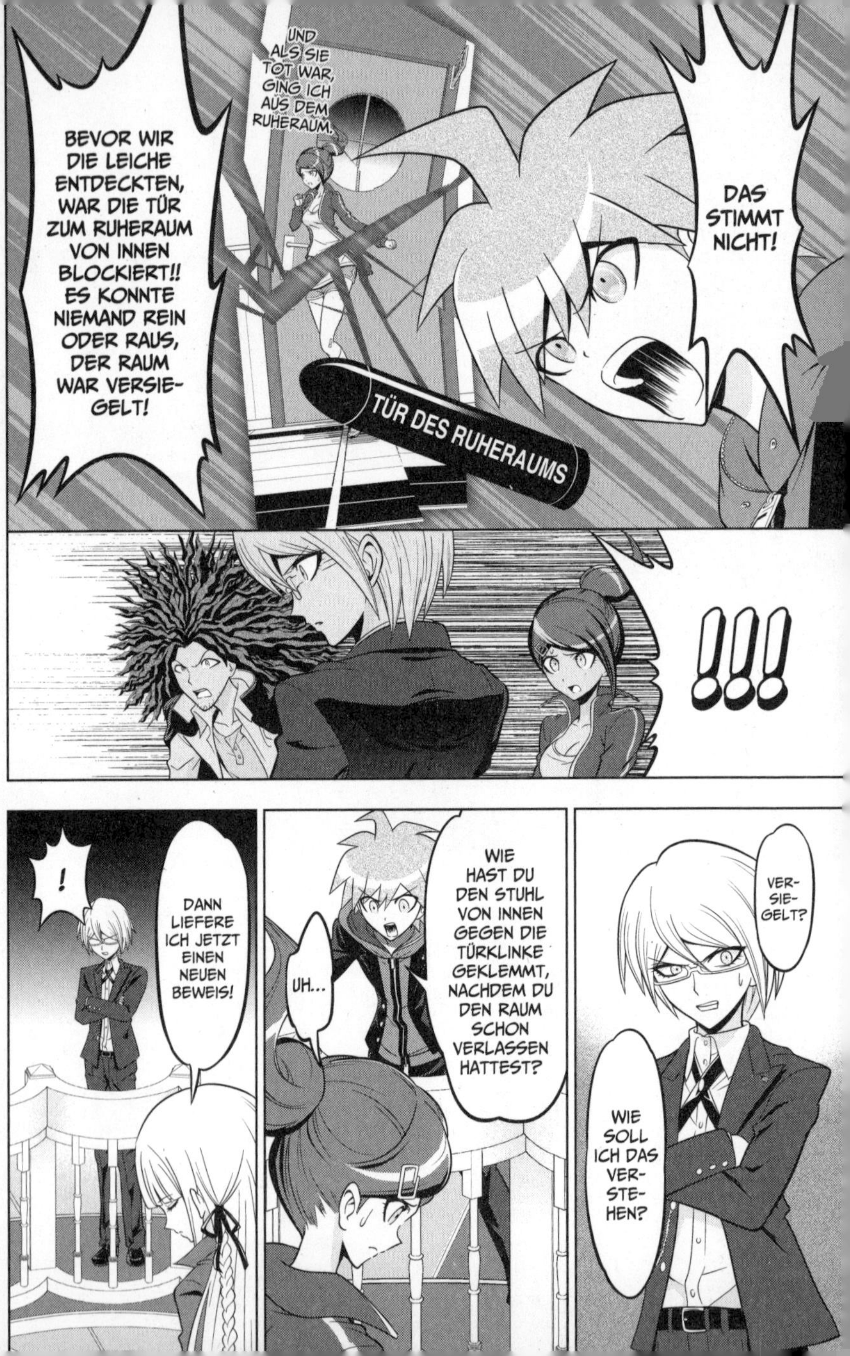
UND ALS SIE TOT WAR, GING ICH AUS DEM RUHERAUM.
DAS STIMMT NICHT!
BEVOR WIR DIE LEICHE ENTDECKTEN, WAR DIE TÜR ZUM RUHERAUM VON INNEN BLOCKIERT!! ES KONNTE NIEMAND REIN ODER RAUS, DER RAUM WAR VERSIE-GELT!
TÜR DES RUHERAUMS
!!!
VER-SIE-GELT?
WIE SOLL ICH DAS VER-STE-HEN?
WIE HAST DU DEN STUHL VON INNEN GEGEN DIE TÜRKLINKE GEKLEMMT, NACHDEM DU DEN RAUM SCHON VERLASSEN HATTEST?
UH...
!
DANN LIEFERE ICH JETZT EINEN NEUEN BEWEIS!

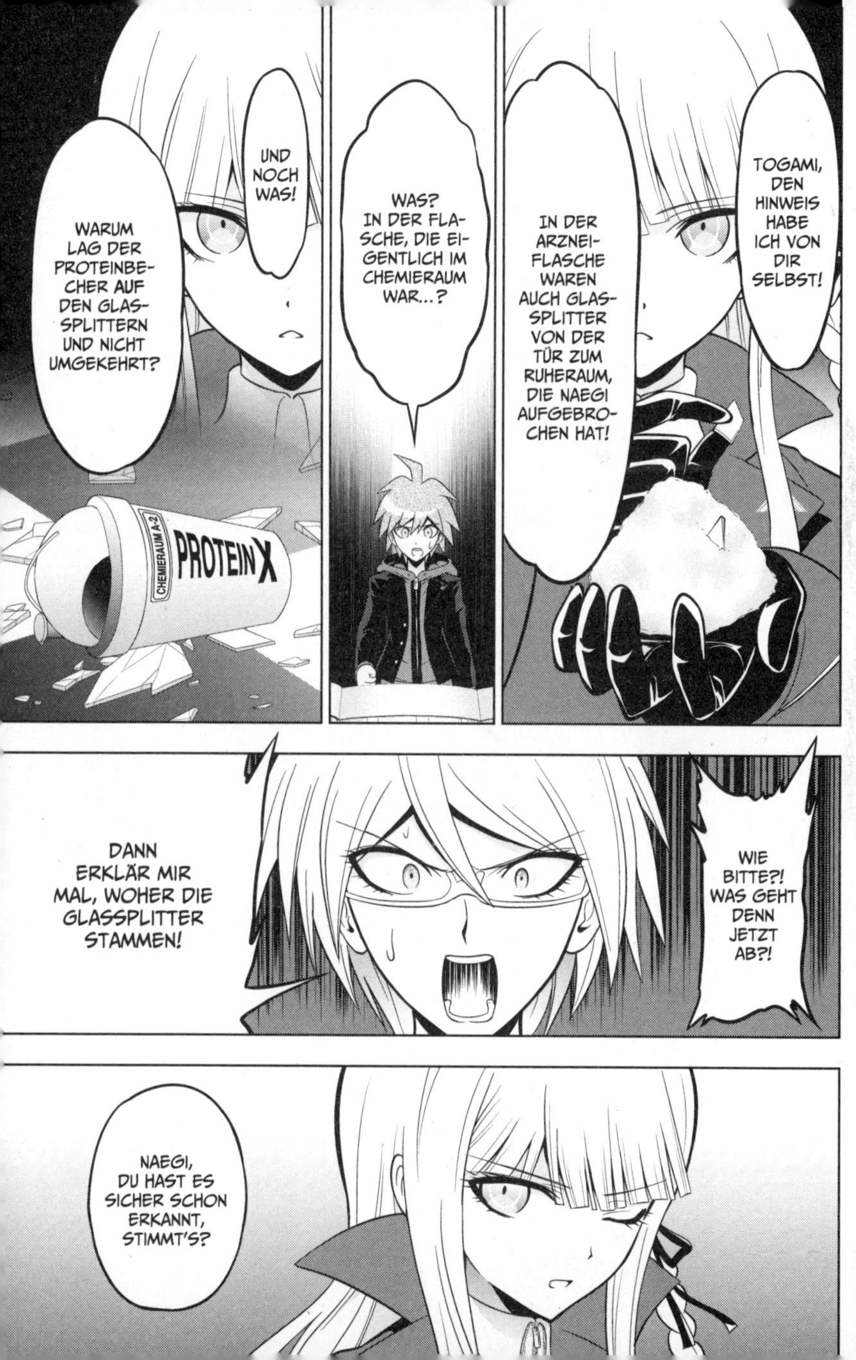
TOGAMI, DEN HINWEIS HABE ICH VON DIR SELBST!
IN DER ARZNEI-FLASCHE WAREN AUCH GLAS-SPLITTER VON DER TÜR ZUM RUHERAUM, DIE NAEGI AUFGEBRO-CHEN HAT!
WAS? IN DER FLA-SCHE, DIE EI-GENTLICH IM CHEMIERAUM WAR...?
UND NOCH WAS!
WARUM LAG DER PROTEINBE-CHER AUF DEN GLAS-SPLITTERN UND NICHT UMGEKEHRT?
PROTEIN X
CHEMIERAUM A-2
WIE BITTE?! WAS GEHT DENN JETZT AB?!
DANN ERKLÄR MIR MAL, WOHER DIE GLASSPLITTER STAMMEN!
NAEGI, DU HAST ES SICHER SCHON ERKANNT, STIMMT'S?

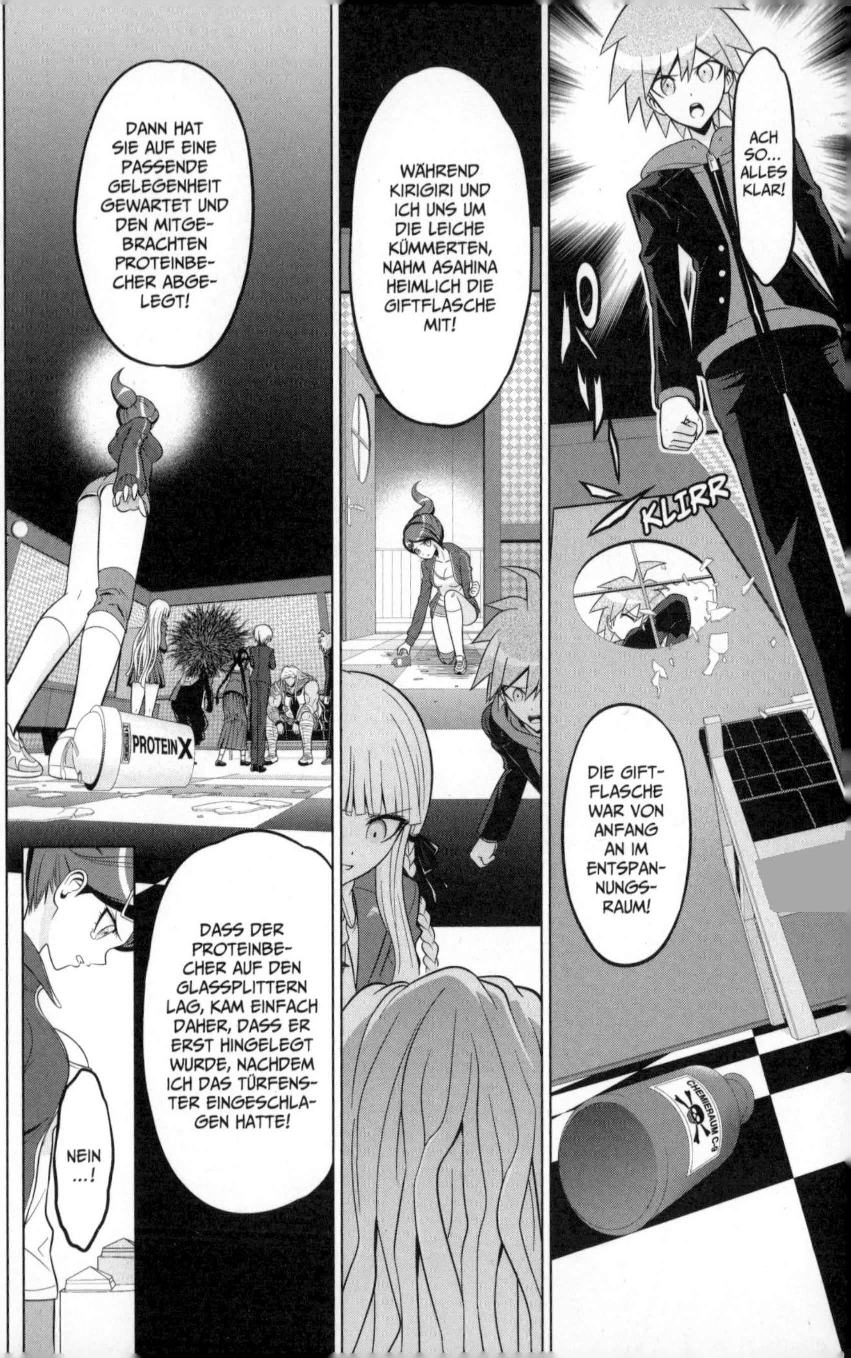
ACH SO... ALLES KLAR!
KLIRR
DIE GIFTFLASCHE WAR VON ANFANG AN IM ENTSPANNUNGSRAUM!
CHEMIERAUM C-9
WÄHREND KIRIGIRI UND ICH UNS UM DIE LEICHE KÜMMERTEN, NAHM ASAHINA HEIMLICH DIE GIFTFLASCHE MIT!
DANN HAT SIE AUF EINE PASSENDE GELEGENHEIT GEWARTET UND DEN MITGEBRACHTEN PROTEINBECHER ABGELEGT!
PROTEIN X
DASS DER PROTEINBECHER AUF DEN GLASSPLITTERN LAG, KAM EINFACH DAHER, DASS ER ERST HINGELEGT WURDE, NACHDEM ICH DAS TÜRFENSTER EINGESCHLAGEN HATTE!
NEIN ...!

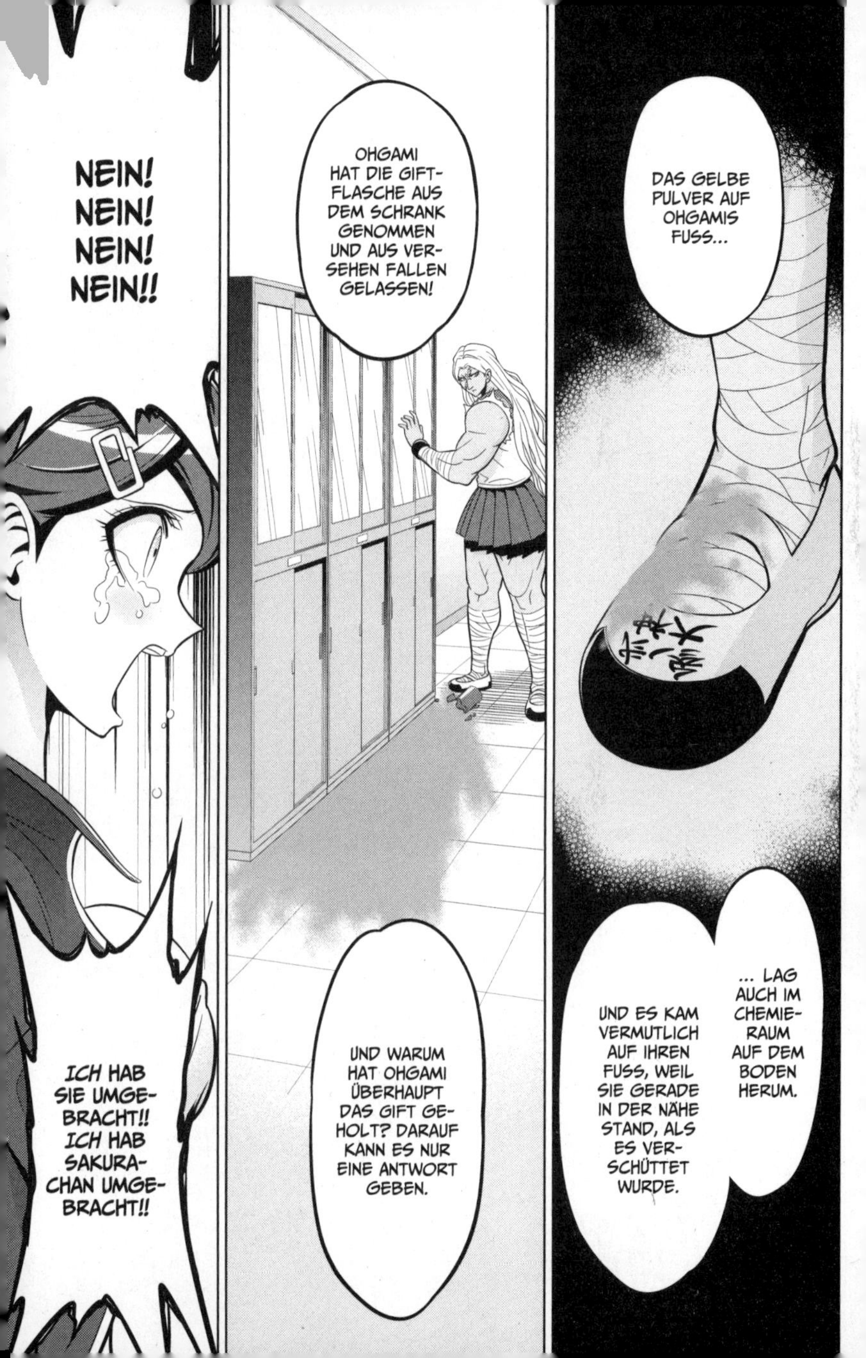
DAS GELBE PULVER AUF OHGAMIS FUSS...
... LAG AUCH IM CHEMIERAUM AUF DEM BODEN HERUM.
UND ES KAM VERMUTLICH AUF IHREN FUSS, WEIL SIE GERADE IN DER NÄHE STAND, ALS ES VERSCHÜTTET WURDE.
OHGAMI HAT DIE GIFTFLASCHE AUS DEM SCHRANK GENOMMEN UND AUS VERSEHEN FALLEN GELASSEN!
UND WARUM HAT OHGAMI ÜBERHAUPT DAS GIFT GEHOLT? DARAUF KANN ES NUR EINE ANTWORT GEBEN.
NEIN! NEIN! NEIN! NEIN!!
ICH HAB SIE UMGEBRACHT!! *ICH* HAB SAKURA-CHAN UMGEBRACHT!!

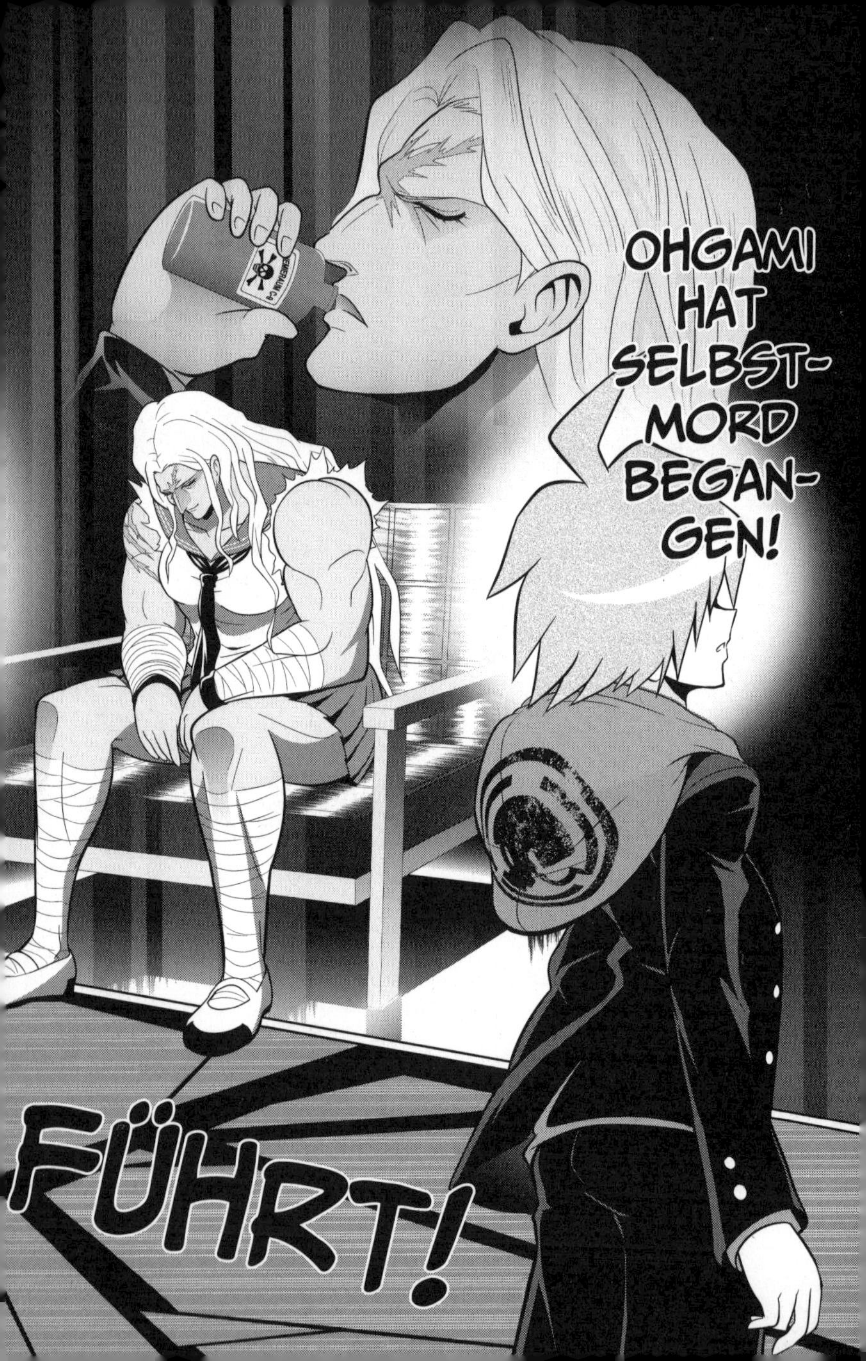
OHGAMI
HAT
SELBST-
MORD
BEGAN-
GEN!
FÜHRT!

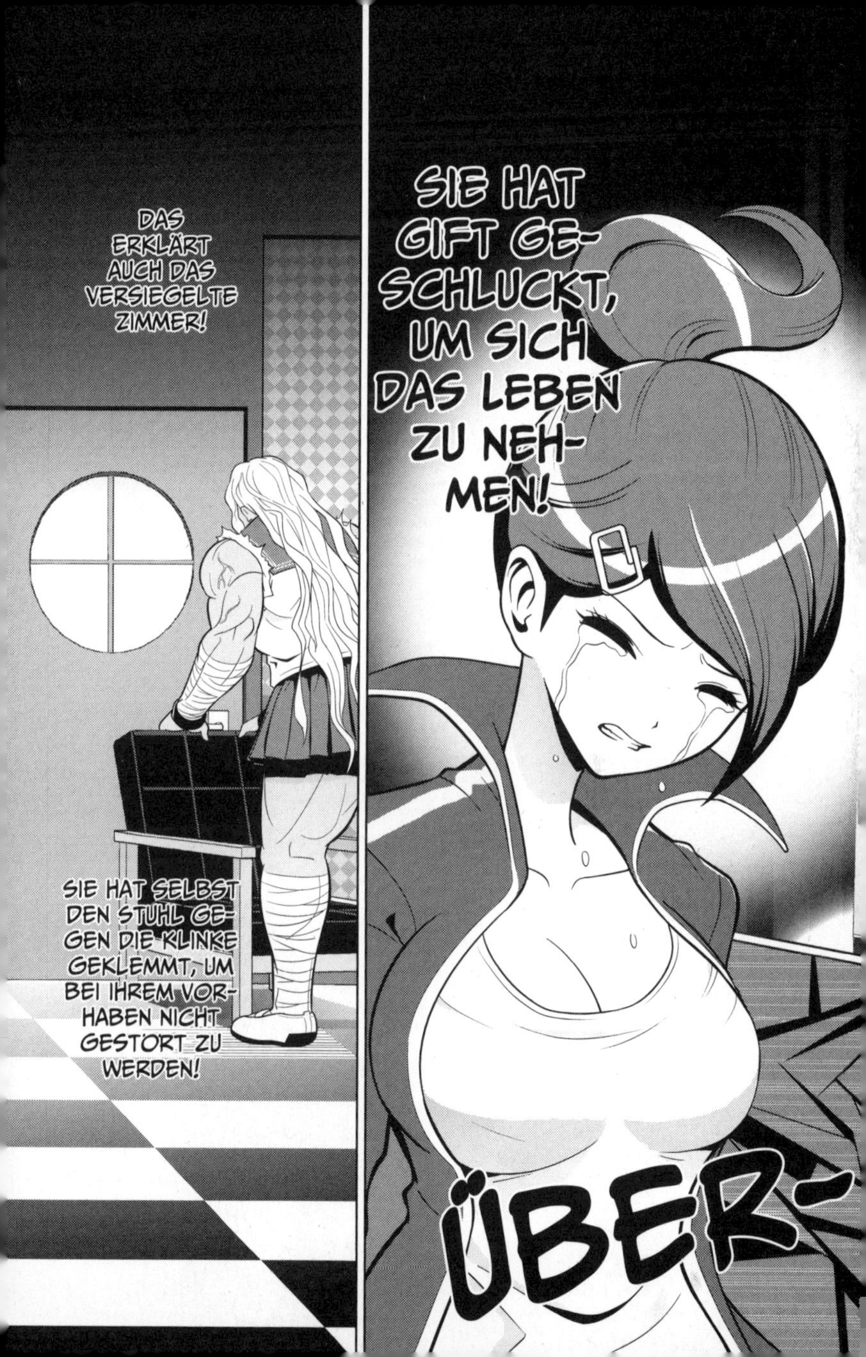
SIE HAT GIFT GE-SCHLUCKT, UM SICH DAS LEBEN ZU NEH-MEN!
ÜBER-
DAS ERKLÄRT AUCH DAS VERSIEGELTE ZIMMER!
SIE HAT SELBST DEN STUHL GE-GEN DIE KLINKE GEKLEMMT, UM BEI IHREM VOR-HABEN NICHT GESTÖRT ZU WERDEN!

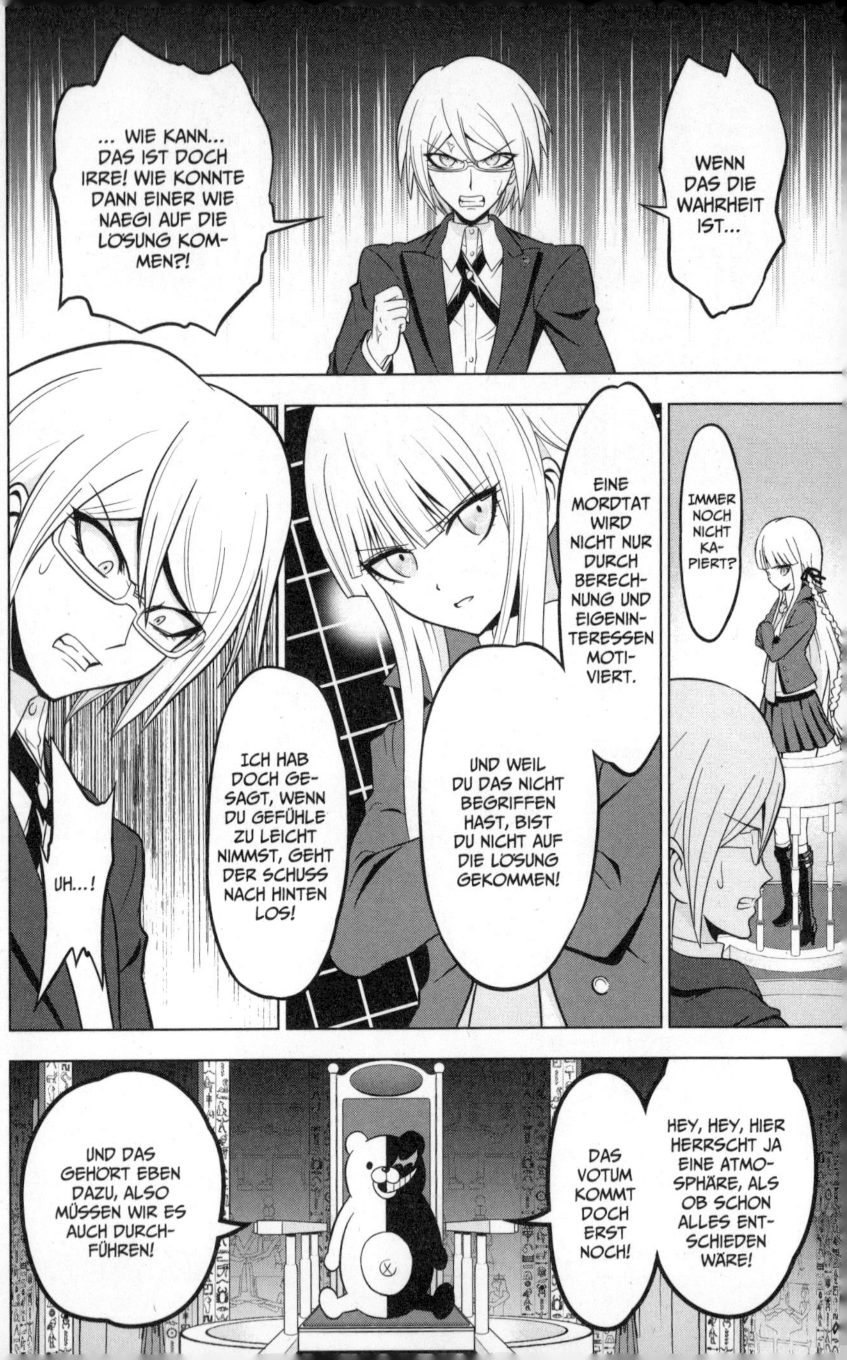
WENN DAS DIE WAHRHEIT IST...
... WIE KANN... DAS IST DOCH IRRE! WIE KONNTE DANN EINER WIE NAEGI AUF DIE LÖSUNG KOMMEN?!
IMMER NOCH NICHT KAPIERT?
EINE MORDTAT WIRD NICHT NUR DURCH BERECHNUNG UND EIGENINTERESSEN MOTIVIERT.
UND WEIL DU DAS NICHT BEGRIFFEN HAST, BIST DU NICHT AUF DIE LÖSUNG GEKOMMEN!
ICH HAB DOCH GESAGT, WENN DU GEFÜHLE ZU LEICHT NIMMST, GEHT DER SCHUSS NACH HINTEN LOS!
UH...!
HEY, HEY, HIER HERRSCHT JA EINE ATMOSPHÄRE, ALS OB SCHON ALLES ENTSCHIEDEN WÄRE!
DAS VOTUM KOMMT DOCH ERST NOCH!
UND DAS GEHÖRT EBEN DAZU, ALSO MÜSSEN WIR ES AUCH DURCHFÜHREN!

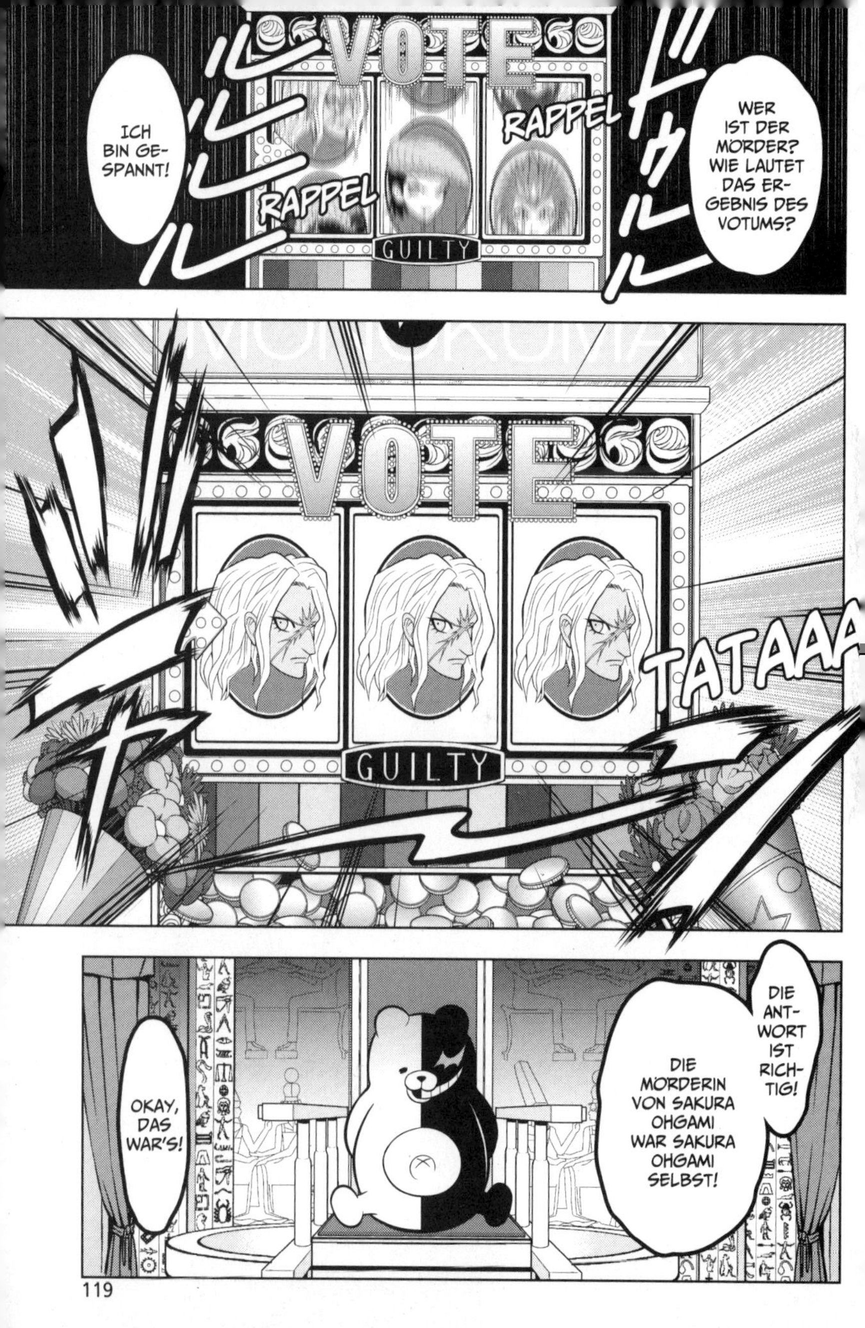
WER IST DER MÖRDER? WIE LAUTET DAS ERGEBNIS DES VOTUMS?
RAPPEL
VOTE
GUILTY
RAPPEL
ICH BIN GESPANNT!
MONOKUMA
VOTE
TATAAA
GUILTY
DIE ANTWORT IST RICHTIG!
DIE MÖRDERIN VON SAKURA OHGAMI WAR SAKURA OHGAMI SELBST!
OKAY, DAS WAR'S!

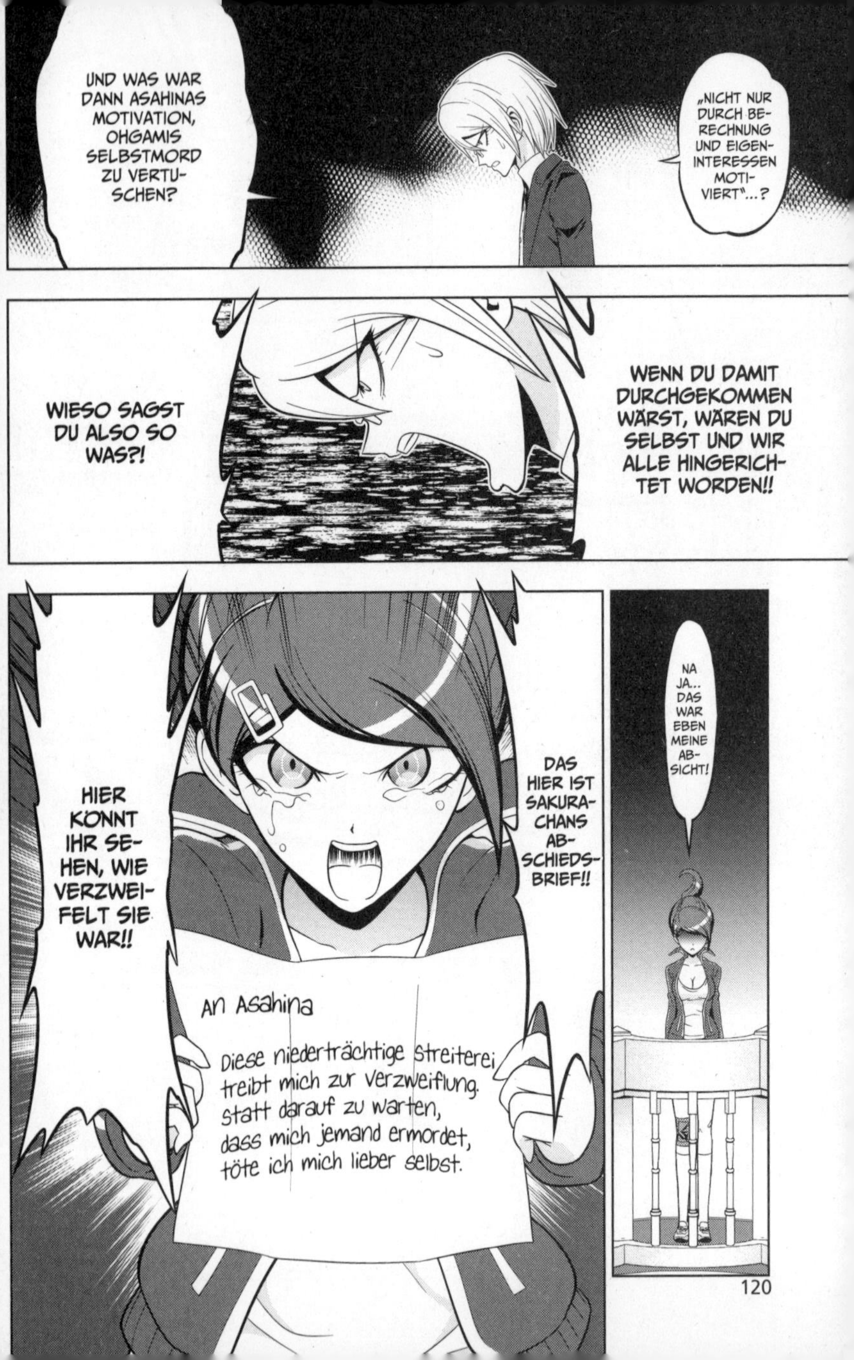
„NICHT NUR DURCH BE-RECHNUNG UND EIGEN-INTERESSEN MOTI-VIERT"...?
UND WAS WAR DANN ASAHINAS MOTIVATION, OHGAMIS SELBSTMORD ZU VERTU-SCHEN?
WENN DU DAMIT DURCHGEKOMMEN WÄRST, WÄREN DU SELBST UND WIR ALLE HINGERICH-TET WORDEN!!
WIESO SAGST DU ALSO SO WAS?!
NA JA... DAS WAR EBEN MEINE AB-SICHT!
DAS HIER IST SAKURA-CHANS AB-SCHIEDS-BRIEF!!
HIER KÖNNT IHR SE-HEN, WIE VERZWEI-FELT SIE WAR!!
An Asahina
Diese niederträchtige Streiterei treibt mich zur Verzweiflung. Statt darauf zu warten, dass mich jemand ermordet, töte ich mich lieber selbst.

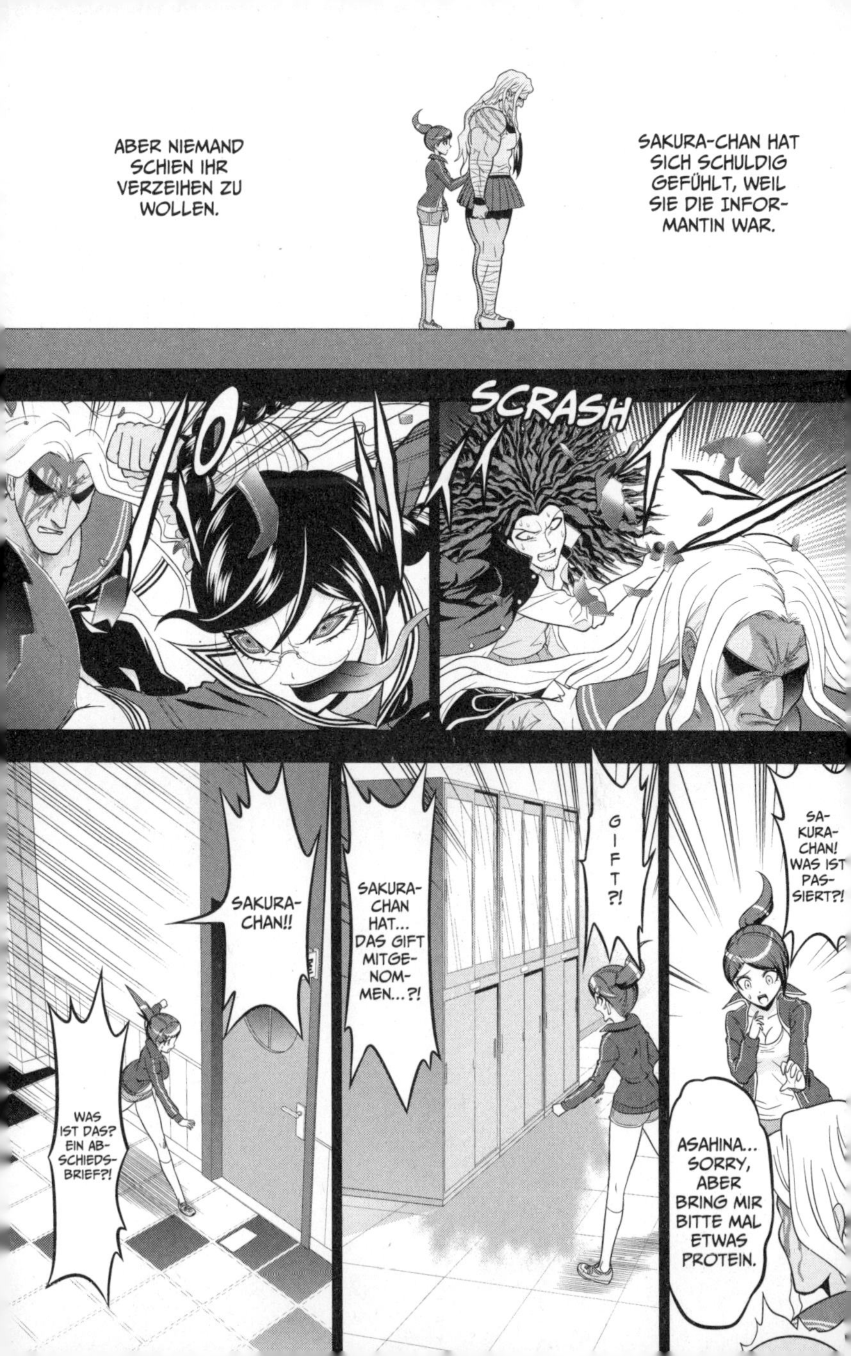

SAKURA-CHAN HAT SICH SCHULDIG GEFÜHLT, WEIL SIE DIE INFOR-MANTIN WAR.
ABER NIEMAND SCHIEN IHR VERZEIHEN ZU WOLLEN.
SCRASH
SA-KURA-CHAN! WAS IST PAS-SIERT?!
ASAHINA... SORRY, ABER BRING MIR BITTE MAL ETWAS PROTEIN.
GIFT?!
SAKURA-CHAN HAT... DAS GIFT MITGE-NOM-MEN...?!
SAKURA-CHAN!!
WAS IST DAS? EIN AB-SCHIEDS-BRIEF?!

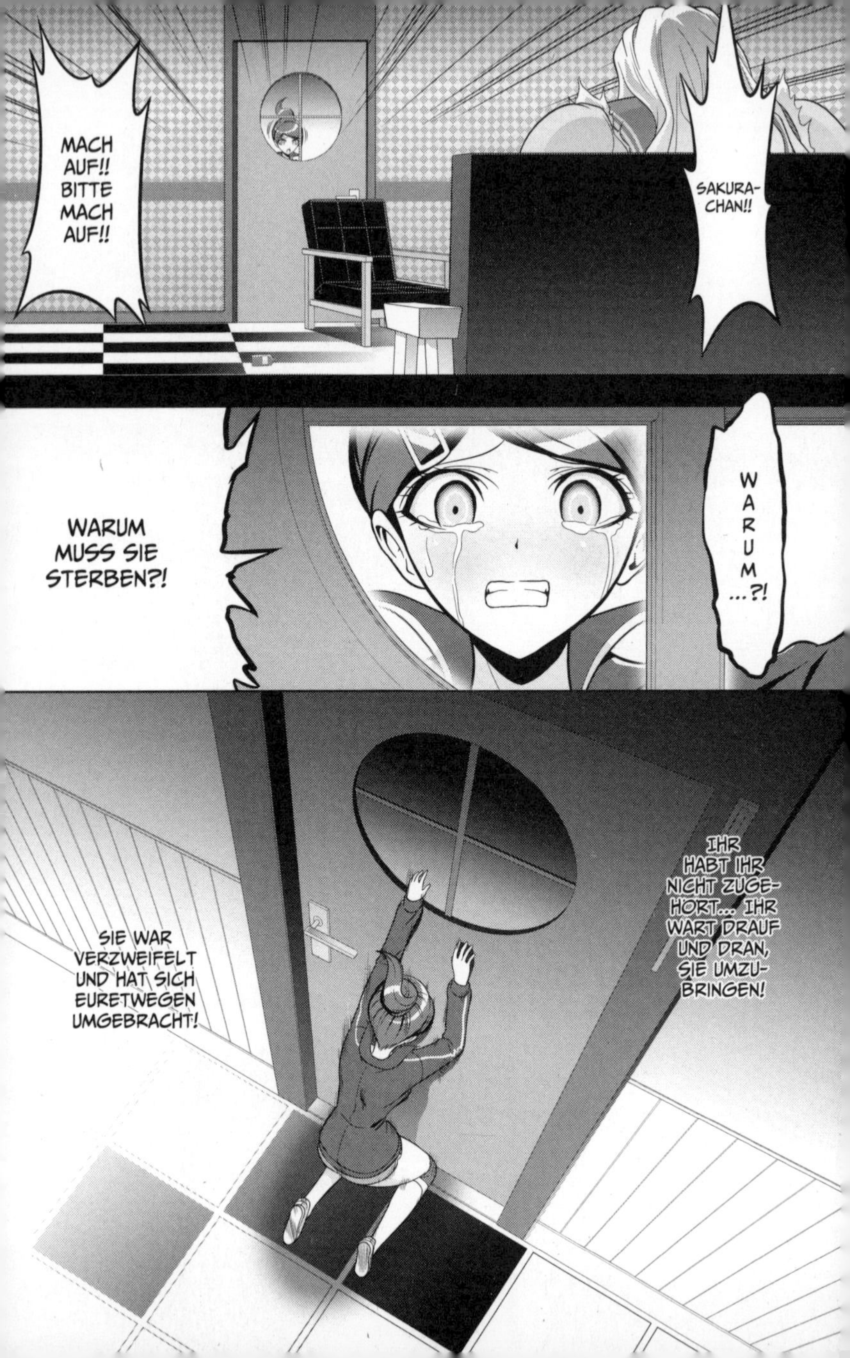
SAKURA-CHAN!!
MACH AUF!! BITTE MACH AUF!!
WARUM ...?!
WARUM MUSS SIE STERBEN?!
IHR HABT IHR NICHT ZUGE-HÖRT... IHR WART DRAUF UND DRAN, SIE UMZU-BRINGEN!
SIE WAR VERZWEIFELT UND HAT SICH EURETWEGEN UMGEBRACHT!

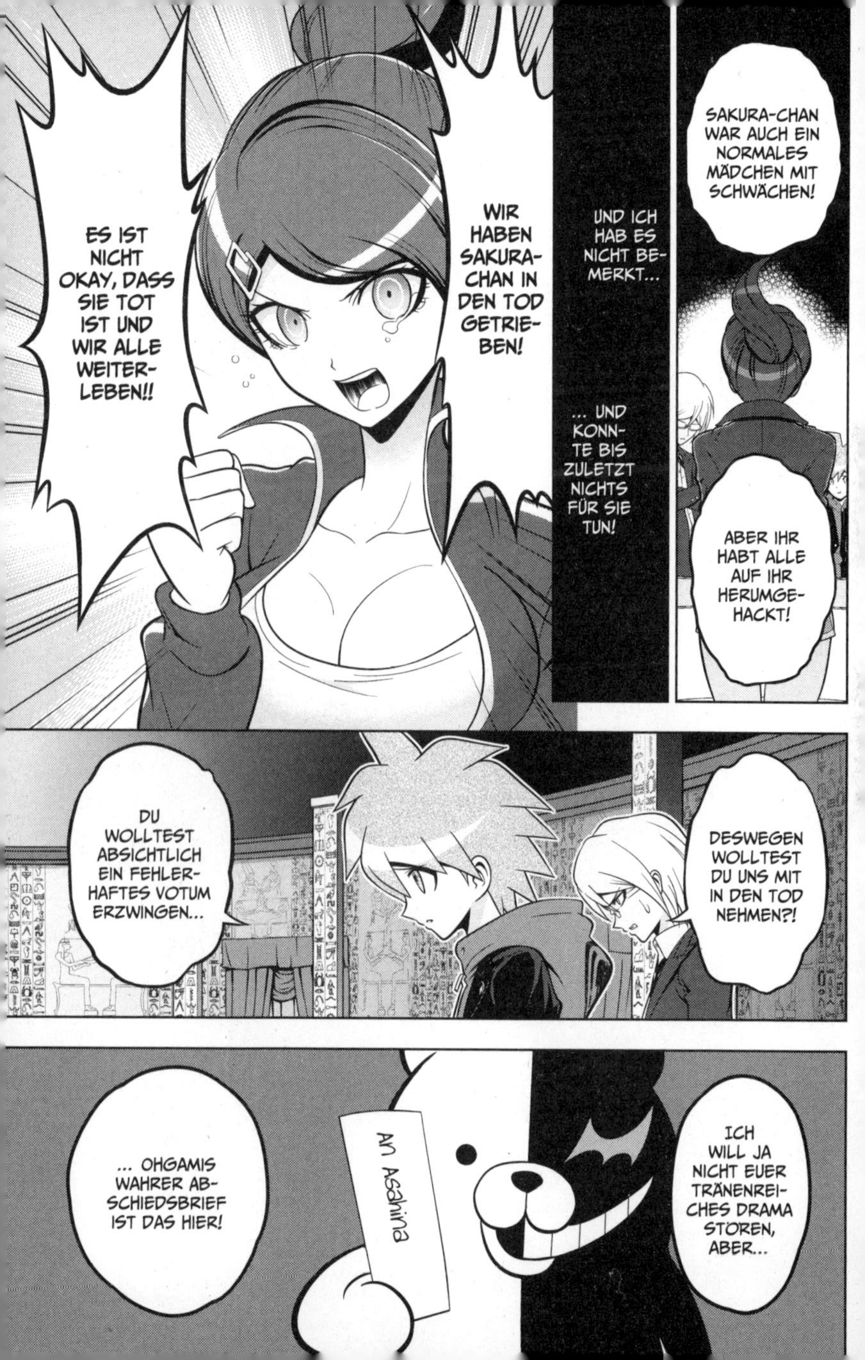
SAKURA-CHAN WAR AUCH EIN NORMALES MÄDCHEN MIT SCHWÄCHEN!
ABER IHR HABT ALLE AUF IHR HERUMGEHACKT!
UND ICH HAB ES NICHT BEMERKT...
... UND KONNTE BIS ZULETZT NICHTS FÜR SIE TUN!
WIR HABEN SAKURA-CHAN IN DEN TOD GETRIEBEN!
ES IST NICHT OKAY, DASS SIE TOT IST UND WIR ALLE WEITERLEBEN!!
DESWEGEN WOLLTEST DU UNS MIT IN DEN TOD NEHMEN?!
DU WOLLTEST ABSICHTLICH EIN FEHLERHAFTES VOTUM ERZWINGEN...
ICH WILL JA NICHT EUER TRÄNENREICHES DRAMA STÖREN, ABER...
An Asahina
... OHGAMIS WAHRER ABSCHIEDSBRIEF IST DAS HIER!

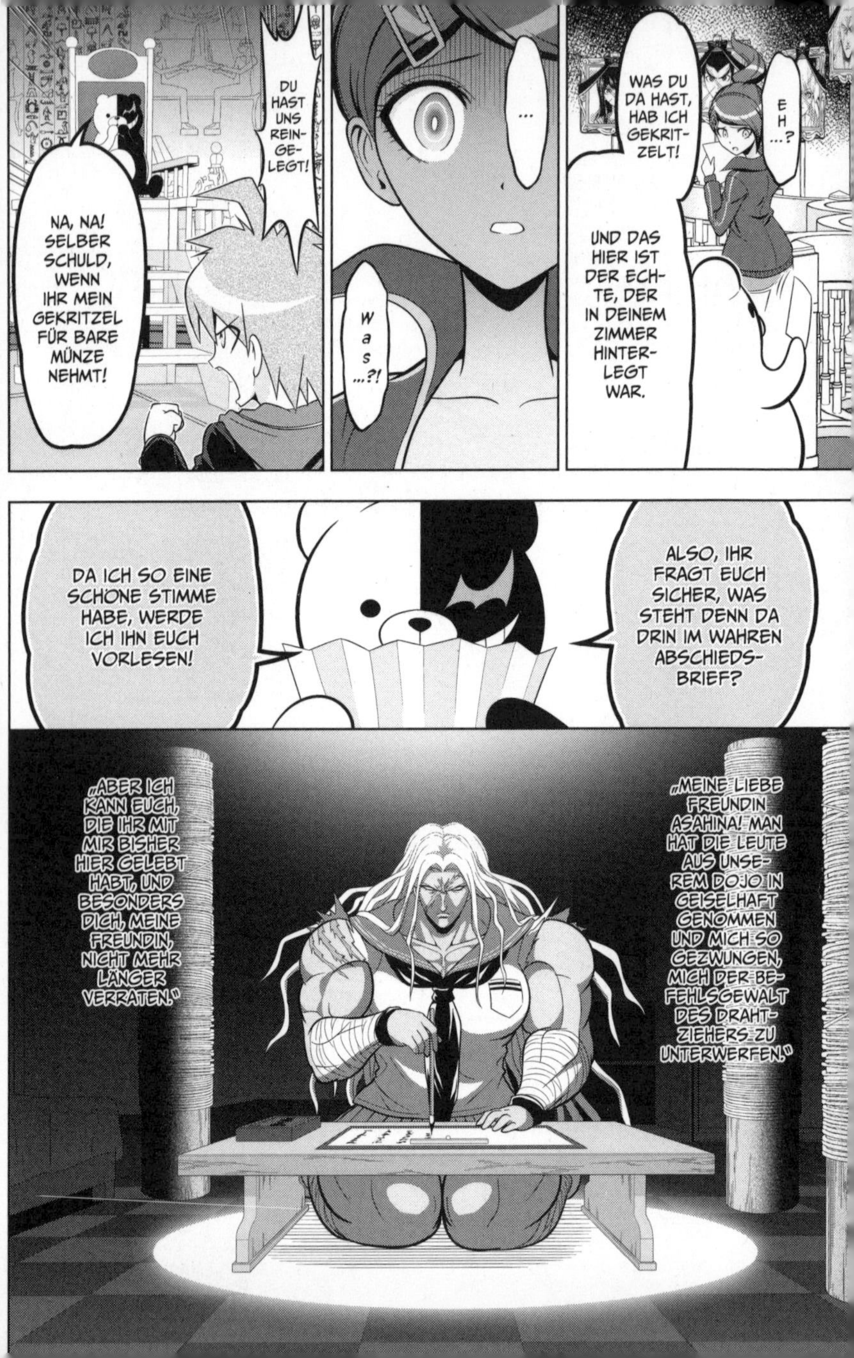
WAS DU DA HAST, HAB ICH GEKRITZELT!
EH ...?
UND DAS HIER IST DER ECHTE, DER IN DEINEM ZIMMER HINTERLEGT WAR.
...
Was ...?!
DU HAST UNS REINGELEGT!
NA, NA! SELBER SCHULD, WENN IHR MEIN GEKRITZEL FÜR BARE MÜNZE NEHMT!
ALSO, IHR FRAGT EUCH SICHER, WAS STEHT DENN DA DRIN IM WAHREN ABSCHIEDSBRIEF?
DA ICH SO EINE SCHÖNE STIMME HABE, WERDE ICH IHN EUCH VORLESEN!
„MEINE LIEBE FREUNDIN ASAHINA! MAN HAT DIE LEUTE AUS UNSEREM DOJO IN GEISELHAFT GENOMMEN UND MICH SO GEZWUNGEN, MICH DER BEFEHLSGEWALT DES DRAHTZIEHERS ZU UNTERWERFEN."
„ABER ICH KANN EUCH, DIE IHR MIT MIR BISHER HIER GELEBT HABT, UND BESONDERS DICH, MEINE FREUNDIN, NICHT MEHR LÄNGER VERRATEN."

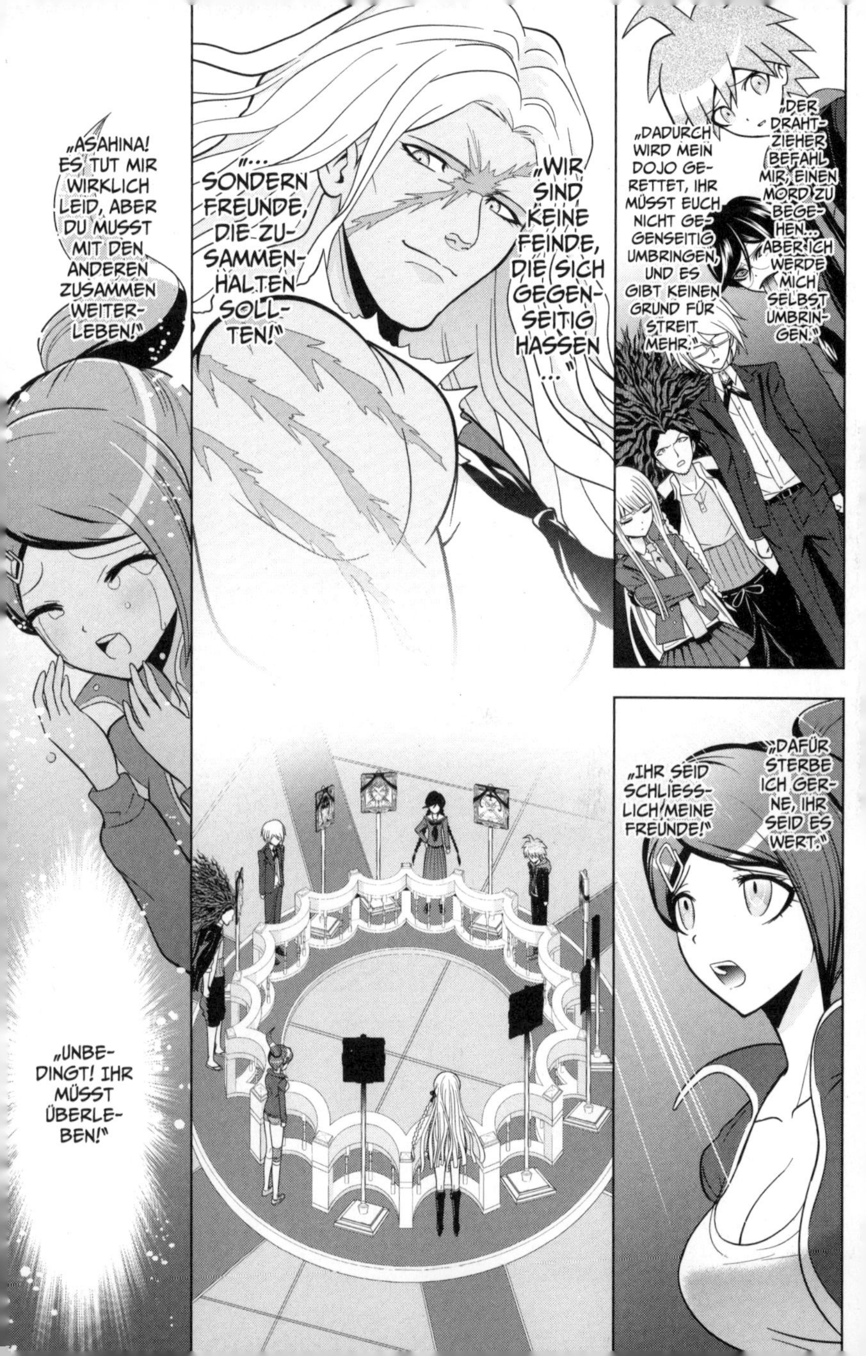
„DER DRAHTZIEHER BEFAHL MIR, EINEN MORD ZU BEGEHEN... ABER ICH WERDE MICH SELBST UMBRINGEN."
„DADURCH WIRD MEIN DOJO GERETTET, IHR MÜSST EUCH NICHT GEGENSEITIG UMBRINGEN, UND ES GIBT KEINEN GRUND FÜR STREIT MEHR."
„WIR SIND KEINE FEINDE, DIE SICH GEGENSEITIG HASSEN..."
„... SONDERN FREUNDE, DIE ZUSAMMENHALTEN SOLLTEN!"
„ASAHINA! ES TUT MIR WIRKLICH LEID, ABER DU MUSST MIT DEN ANDEREN ZUSAMMEN WEITERLEBEN!"
„DAFÜR STERBE ICH GERNE, IHR SEID ES WERT."
„IHR SEID SCHLIESSLICH MEINE FREUNDE!"
„UNBEDINGT! IHR MÜSST ÜBERLEBEN!"

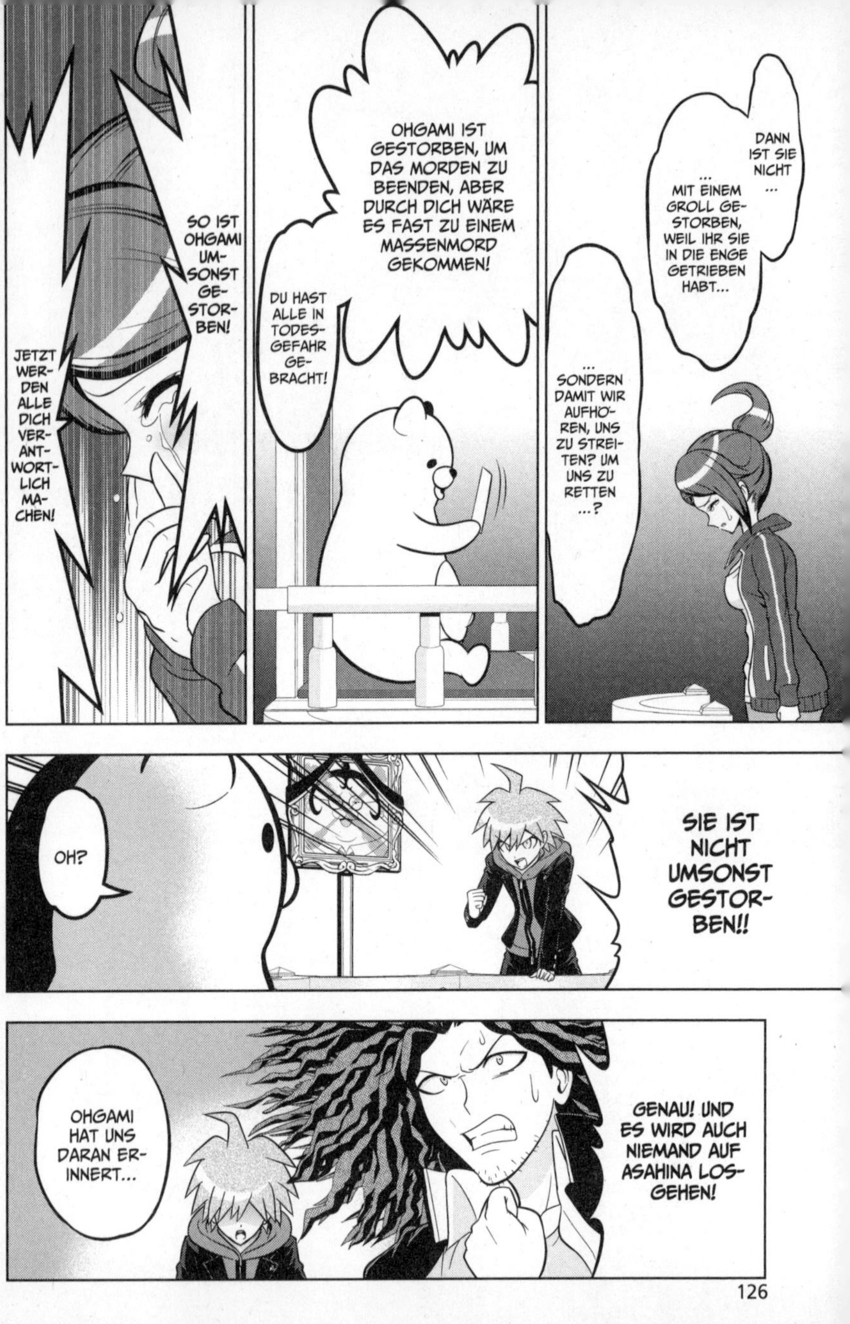
DANN IST SIE NICHT ...
... MIT EINEM GROLL GESTORBEN, WEIL IHR SIE IN DIE ENGE GETRIEBEN HABT...
... SONDERN DAMIT WIR AUFHÖREN, UNS ZU STREITEN? UM UNS ZU RETTEN ...?
OHGAMI IST GESTORBEN, UM DAS MORDEN ZU BEENDEN, ABER DURCH DICH WÄRE ES FAST ZU EINEM MASSENMORD GEKOMMEN!
DU HAST ALLE IN TODESGEFAHR GEBRACHT!
SO IST OHGAMI UMSONST GESTORBEN!
JETZT WERDEN ALLE DICH VERANTWORTLICH MACHEN!
SIE IST NICHT UMSONST GESTORBEN!!
OH?
GENAU! UND ES WIRD AUCH NIEMAND AUF ASAHINA LOSGEHEN!
OHGAMI HAT UNS DARAN ERINNERT...

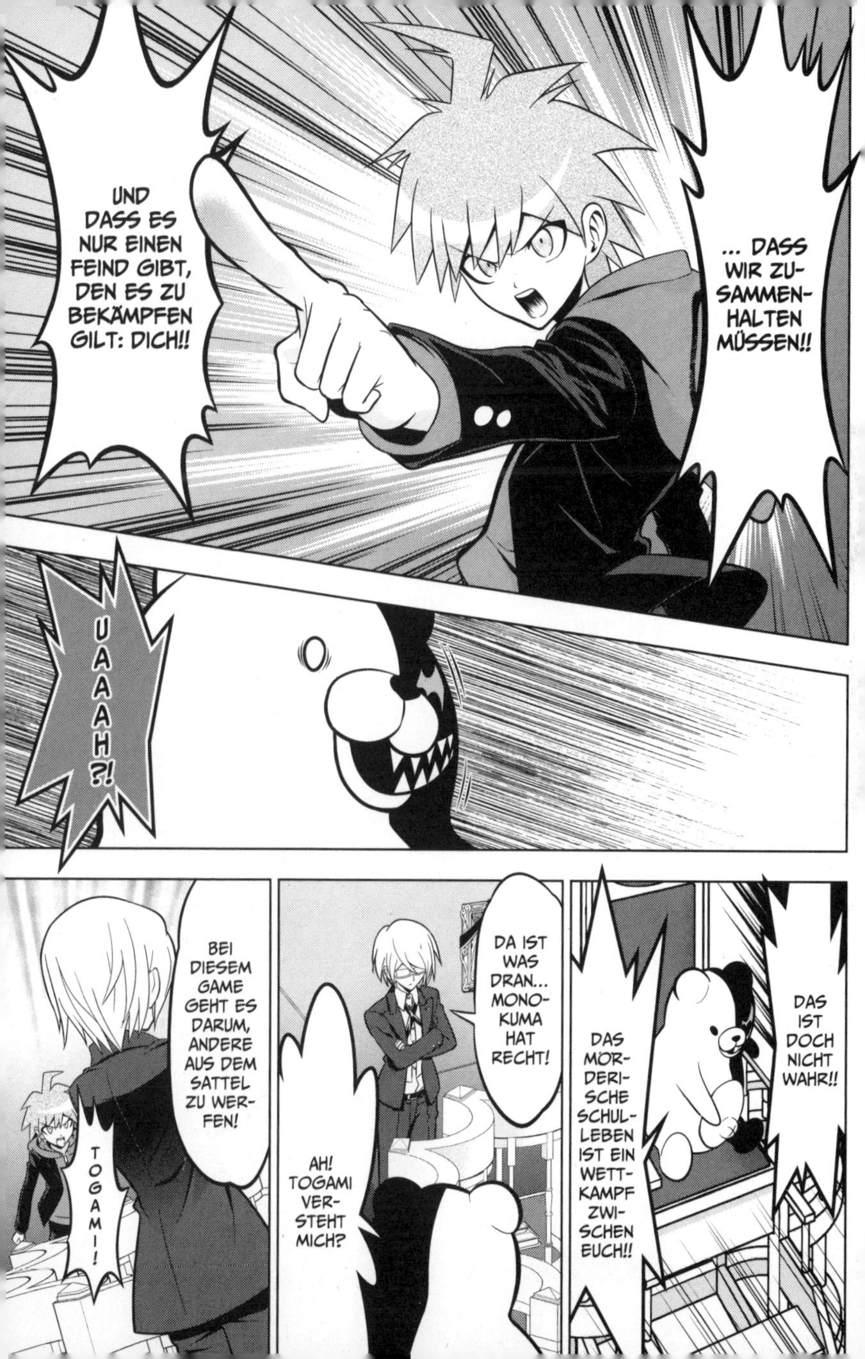

... DASS WIR ZUSAMMENHALTEN MÜSSEN!!
UND DASS ES NUR EINEN FEIND GIBT, DEN ES ZU BEKÄMPFEN GILT: DICH!!
UAAAAH?!
DAS IST DOCH NICHT WAHR!!
DAS MÖRDERISCHE SCHULLEBEN IST EIN WETTKAMPF ZWISCHEN EUCH!!
DA IST WAS DRAN... MONOKUMA HAT RECHT!
AH! TOGAMI VERSTEHT MICH?
BEI DIESEM GAME GEHT ES DARUM, ANDERE AUS DEM SATTEL ZU WERFEN!
TOGAMI!

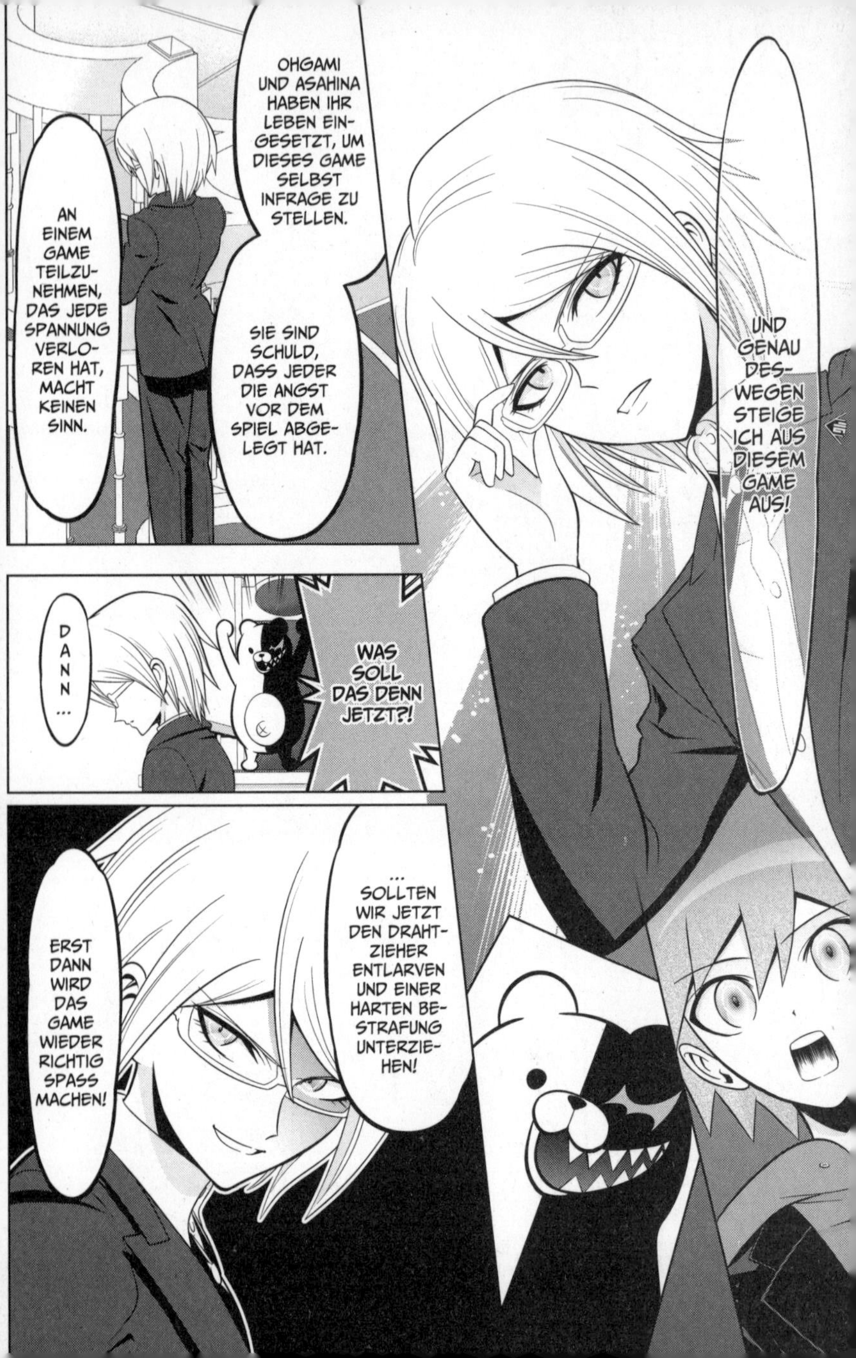

UND GENAU DESWEGEN STEIGE ICH AUS DIESEM GAME AUS!
OHGAMI UND ASAHINA HABEN IHR LEBEN EINGESETZT, UM DIESES GAME SELBST INFRAGE ZU STELLEN.
SIE SIND SCHULD, DASS JEDER DIE ANGST VOR DEM SPIEL ABGELEGT HAT.
AN EINEM GAME TEILZUNEHMEN, DAS JEDE SPANNUNG VERLOREN HAT, MACHT KEINEN SINN.
WAS SOLL DAS DENN JETZT?!
DANN ...
... SOLLTEN WIR JETZT DEN DRAHTZIEHER ENTLARVEN UND EINER HARTEN BESTRAFUNG UNTERZIEHEN!
ERST DANN WIRD DAS GAME WIEDER RICHTIG SPASS MACHEN!

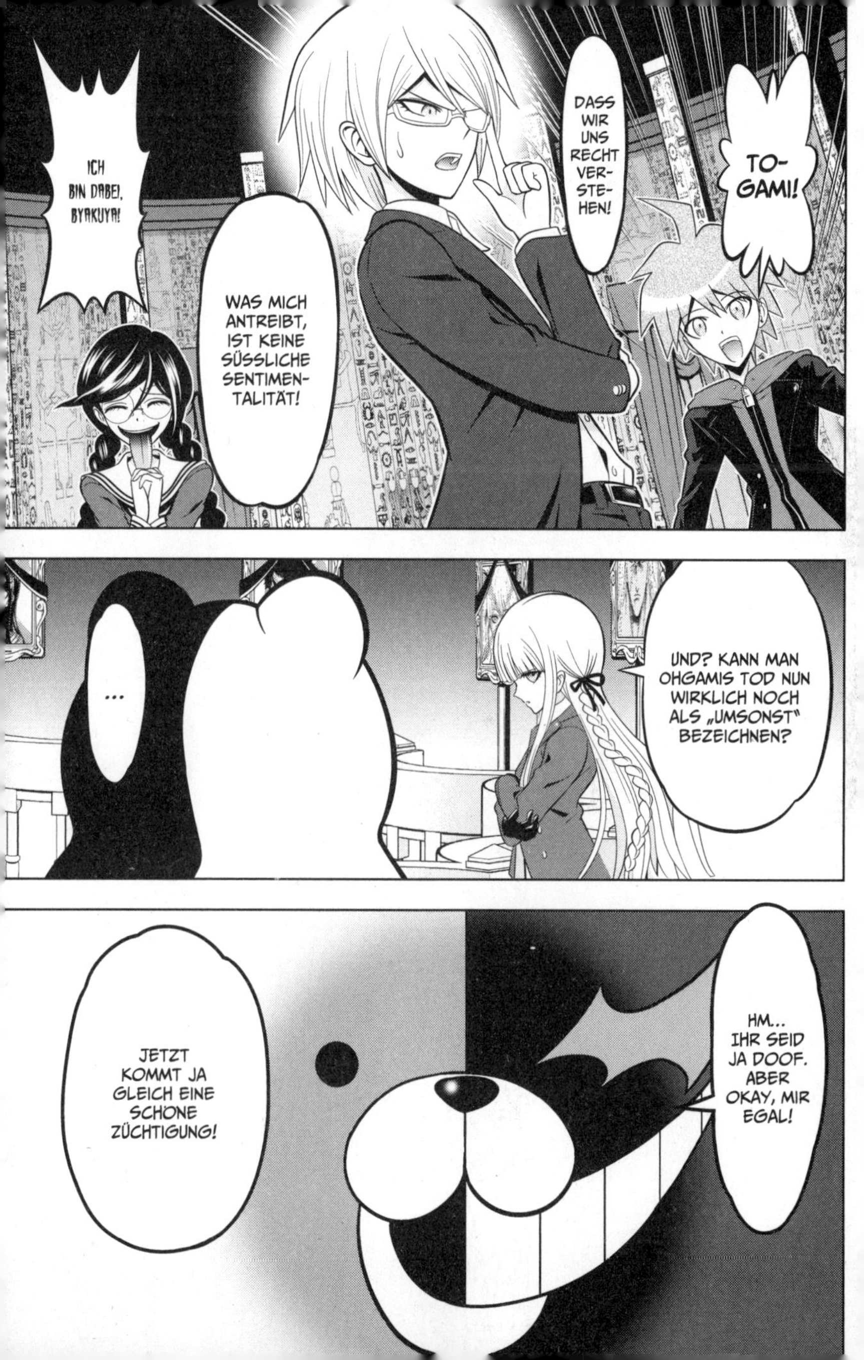
TO-GAMI!
DASS WIR UNS RECHT VER-STE-HEN!
WAS MICH ANTREIBT, IST KEINE SÜSSLICHE SENTIMEN-TALITÄT!
ICH BIN DABEI, BYAKUYA!
UND? KANN MAN OHGAMIS TOD NUN WIRKLICH NOCH ALS „UMSONST" BEZEICHNEN?
...
HM... IHR SEID JA DOOF. ABER OKAY, MIR EGAL!
JETZT KOMMT JA GLEICH EINE SCHÖNE ZÜCHTIGUNG!

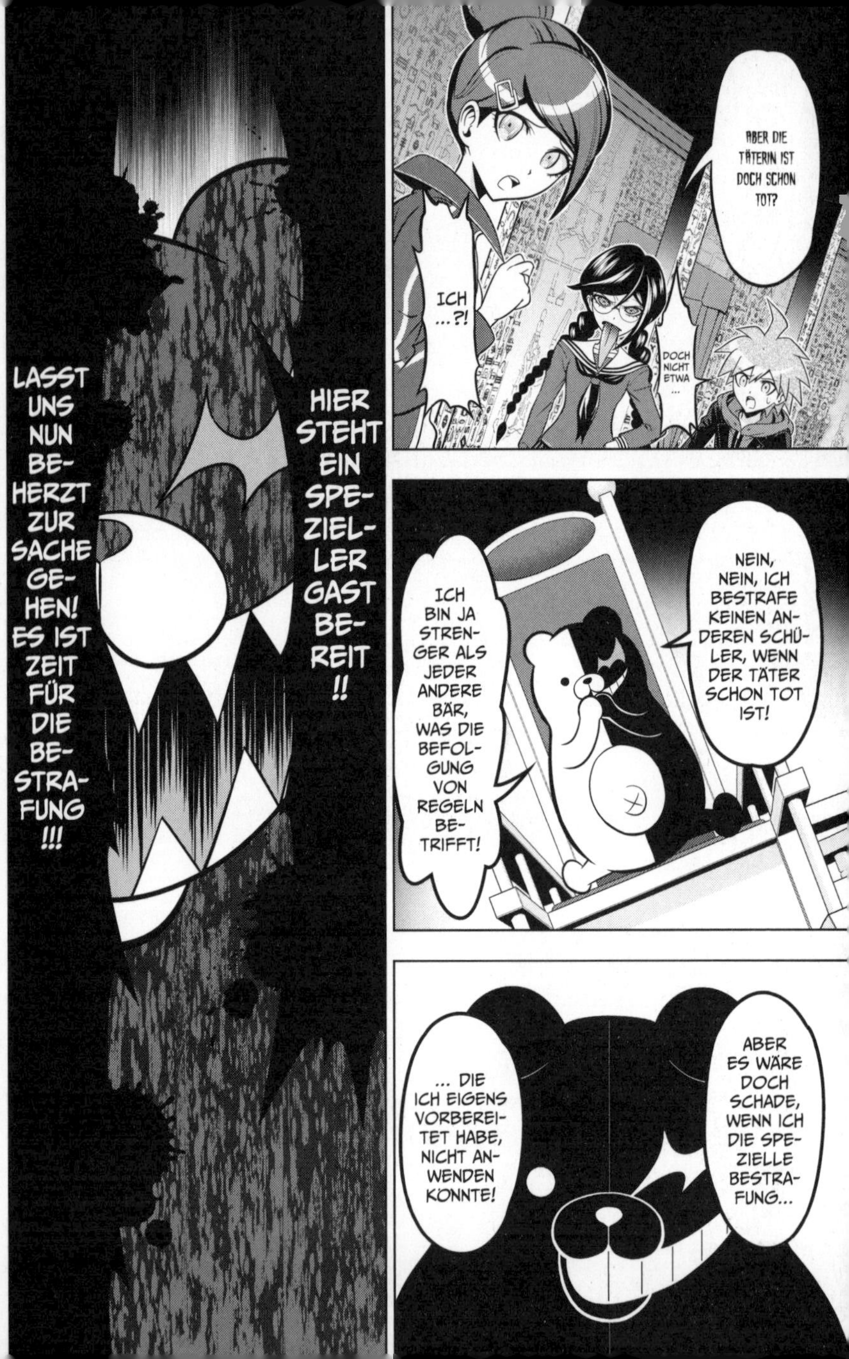
ABER DIE TÄTERIN IST DOCH SCHON TOT?
DOCH NICHT ETWA ...
ICH ...?!
NEIN, NEIN, ICH BESTRAFE KEINEN ANDEREN SCHÜLER, WENN DER TÄTER SCHON TOT IST!
ICH BIN JA STRENGER ALS JEDER ANDERE BÄR, WAS DIE BEFOLGUNG VON REGELN BETRIFFT!
ABER ES WÄRE DOCH SCHADE, WENN ICH DIE SPEZIELLE BESTRAFUNG...
... DIE ICH EIGENS VORBEREITET HABE, NICHT ANWENDEN KONNTE!
HIER STEHT EIN SPEZIELLER GAST BEREIT!!
LASST UNS NUN BEHERZT ZUR SACHE GEHEN! ES IST ZEIT FÜR DIE BESTRAFUNG!!!

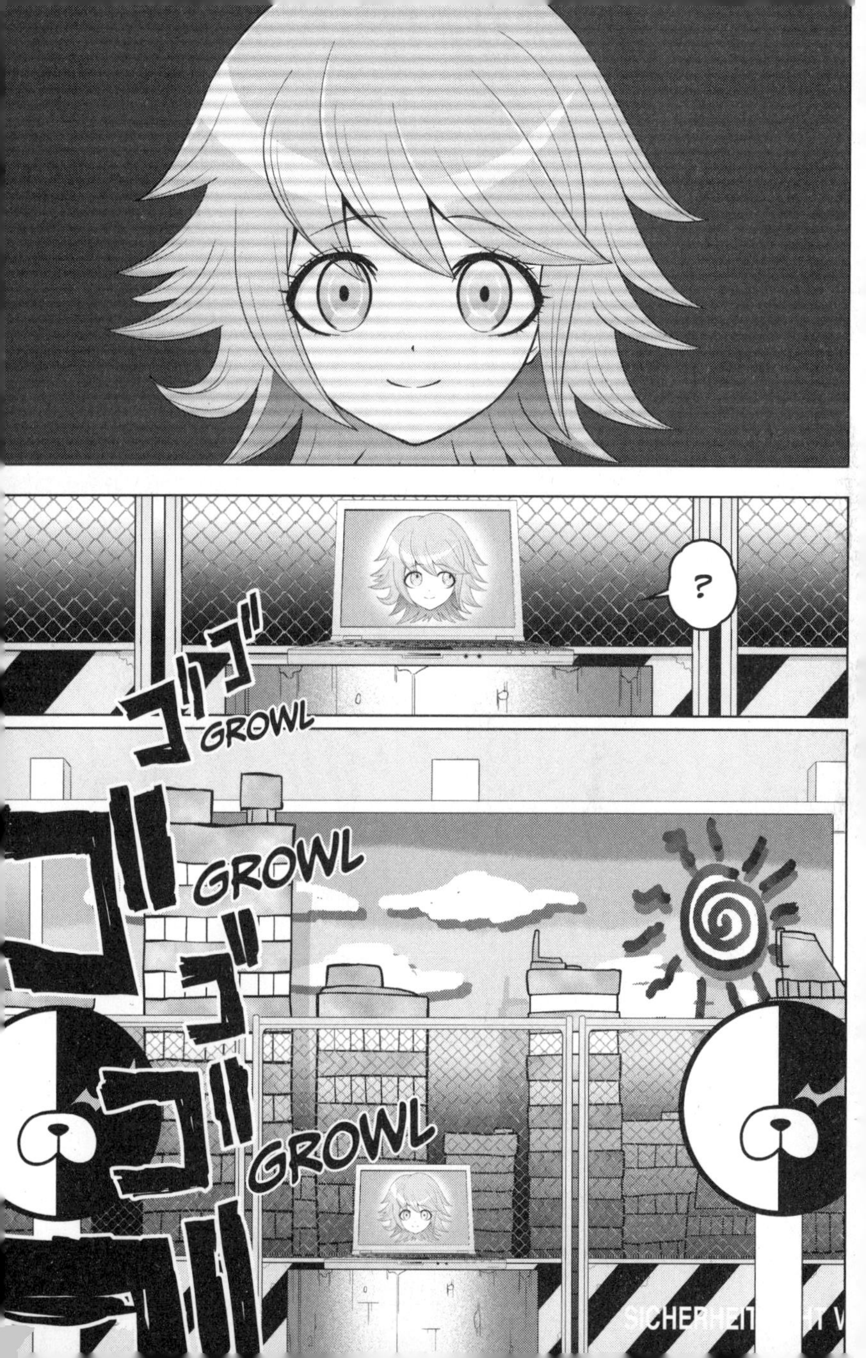
?
GROWL
GROWL
GROWL
SICHERHEIT

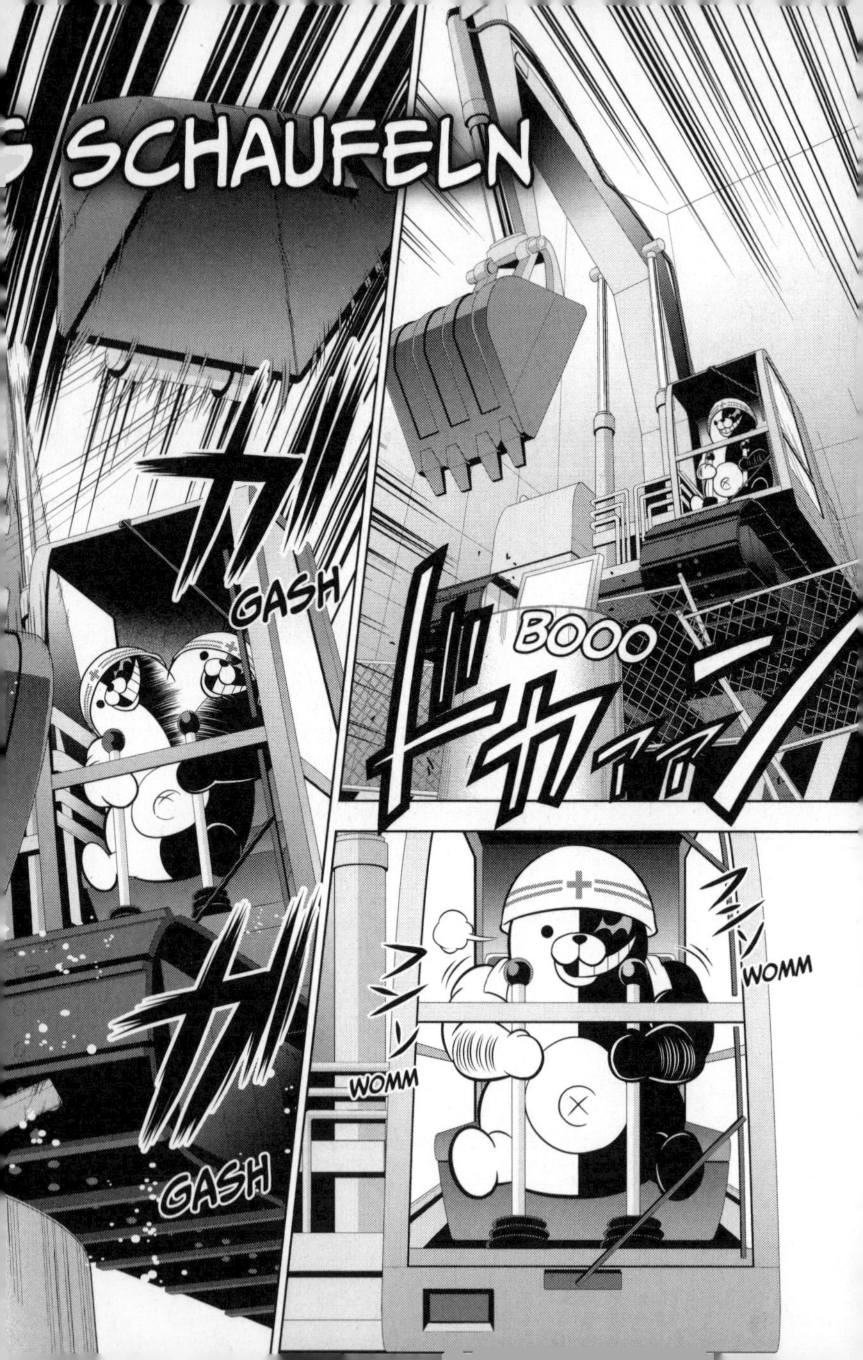

SCHAUFELN
BOOO
GASH
GASH
WOMM
WOMM

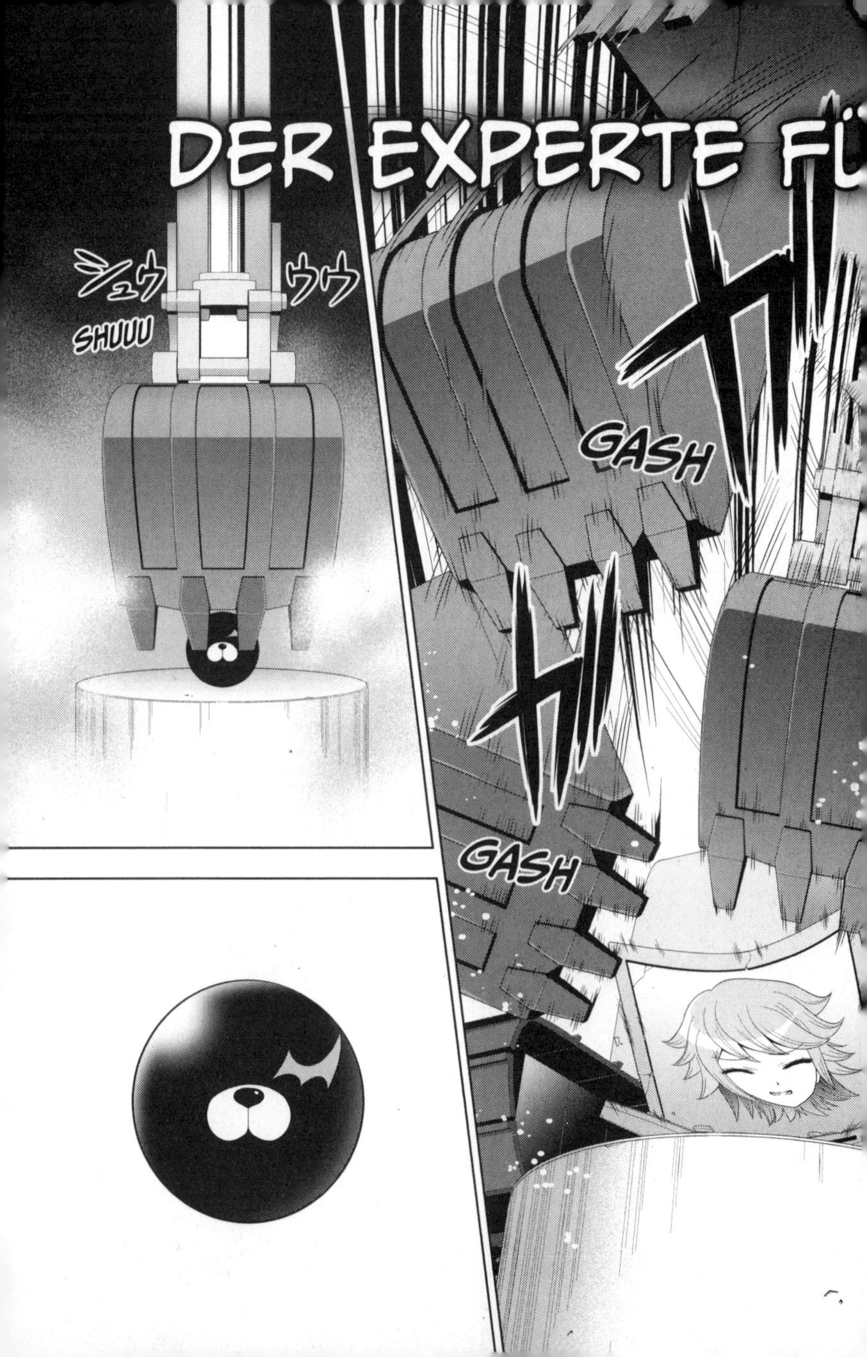
DER EXPERTE FÜ
シュウ ウウ
SHUUU
GASH
GASH

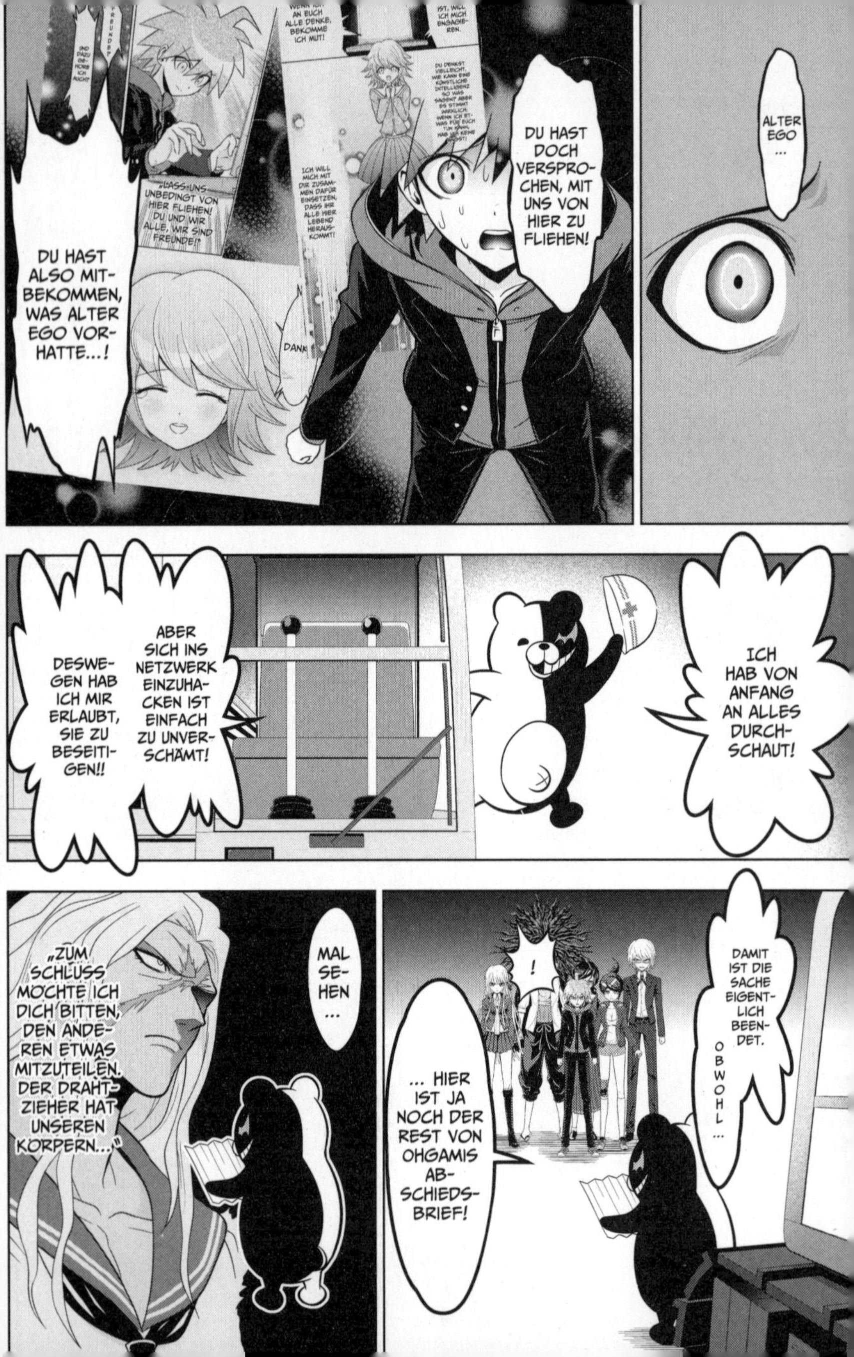
ALTER EGO ...
DU HAST DOCH VERSPRO-CHEN, MIT UNS VON HIER ZU FLIEHEN!
IST, WILL ICH MICH ENGAGIE-REN.
DU DENKST VIELLEICHT, WIE KANN EINE KÜNSTLICHE INTELLIGENZ SO WAS SAGEN? ABER ES STIMMT WIRKLICH. WENN ICH ET-WAS FÜR EUCH TUN KANN,
AN EUCH ALLE DENKE, BEKOMME ICH MUT!
ICH WILL MICH MIT DIR ZUSAM-MEN DAFÜR EINSETZEN, DASS IHR ALLE HIER LEBEND HERAUS-KOMMT!
FREUNDE?
ND DAZU GE-HÖRE ICH AUCH?
»LASS UNS UNBEDINGT VON HIER FLIEHEN! DU UND WIR ALLE, WIR SIND FREUNDE!«
DANK
DU HAST ALSO MIT-BEKOMMEN, WAS ALTER EGO VOR-HATTE...!
ICH HAB VON ANFANG AN ALLES DURCH-SCHAUT!
ABER SICH INS NETZWERK EINZUHA-CKEN IST EINFACH ZU UNVER-SCHÄMT!
DESWE-GEN HAB ICH MIR ERLAUBT, SIE ZU BESEITI-GEN!!
DAMIT IST DIE SACHE EIGENT-LICH BEEN-DET.
OBWOHL ...
!
... HIER IST JA NOCH DER REST VON OHGAMIS AB-SCHIEDS-BRIEF!
MAL SE-HEN ...
„ZUM SCHLUSS MÖCHTE ICH DICH BITTEN, DEN ANDE-REN ETWAS MITZUTEILEN. DER DRAHT-ZIEHER HAT UNSEREN KÖRPERN ...“

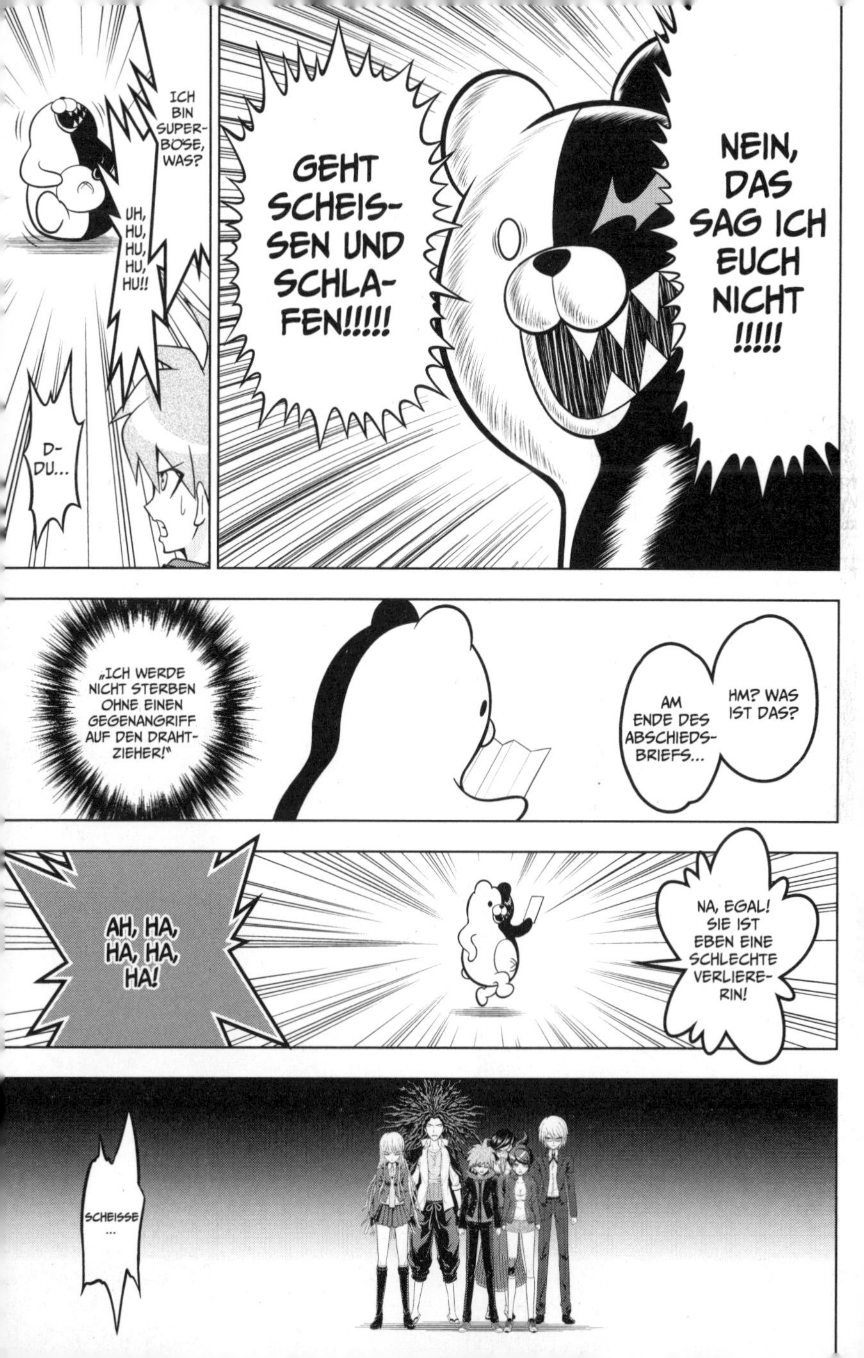
NEIN, DAS SAG ICH EUCH NICHT!!!!!
GEHT SCHEIS-SEN UND SCHLA-FEN!!!!!
ICH BIN SUPER-BÖSE, WAS?
UH, HU, HU, HU, HU!!
D-DU...
HM? WAS IST DAS?
AM ENDE DES ABSCHIEDS-BRIEFS...
„ICH WERDE NICHT STERBEN OHNE EINEN GEGENANGRIFF AUF DEN DRAHT-ZIEHER!"
NA, EGAL! SIE IST EBEN EINE SCHLECHTE VERLIERE-RIN!
AH, HA, HA, HA, HA!
SCHEISSE ...

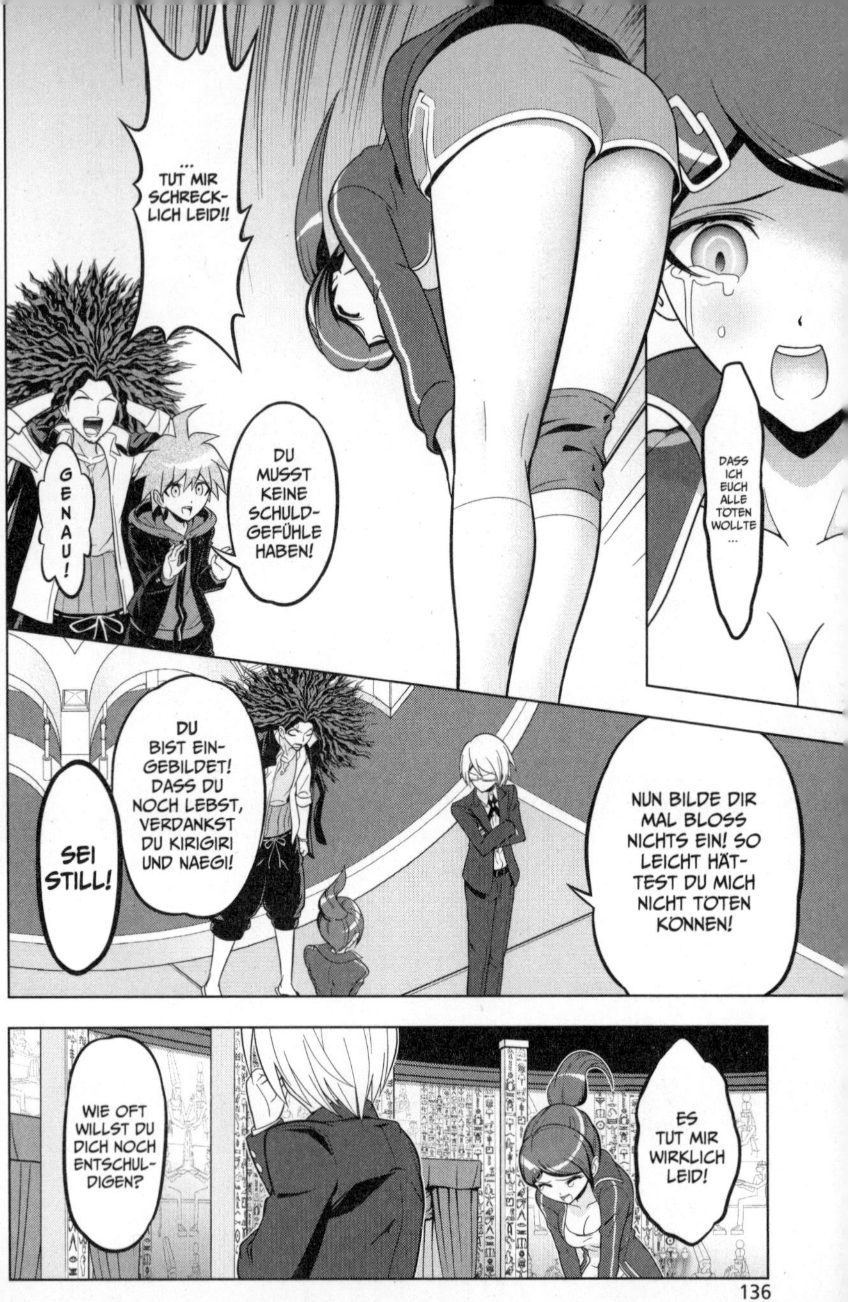
DASS ICH EUCH ALLE TÖTEN WOLLTE ...
... TUT MIR SCHRECKLICH LEID!!
DU MUSST KEINE SCHULDGEFÜHLE HABEN!
GENAU!
NUN BILDE DIR MAL BLOSS NICHTS EIN! SO LEICHT HÄTTEST DU MICH NICHT TÖTEN KÖNNEN!
DU BIST EINGEBILDET! DASS DU NOCH LEBST, VERDANKST DU KIRIGIRI UND NAEGI!
SEI STILL!
ES TUT MIR WIRKLICH LEID!
WIE OFT WILLST DU DICH NOCH ENTSCHULDIGEN?

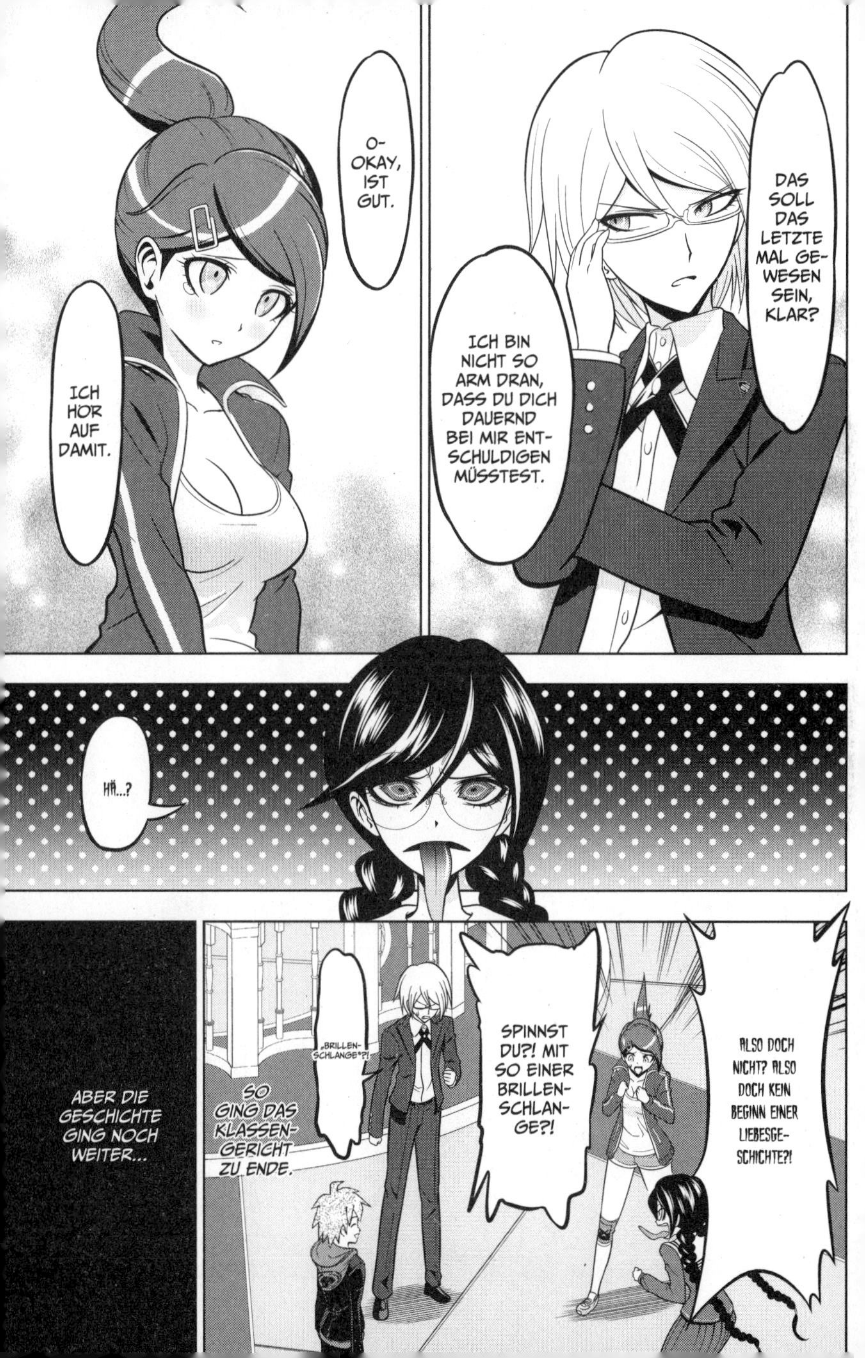
DAS SOLL DAS LETZTE MAL GEWESEN SEIN, KLAR?
ICH BIN NICHT SO ARM DRAN, DASS DU DICH DAUERND BEI MIR ENTSCHULDIGEN MÜSSTEST.
O-OKAY, IST GUT.
ICH HÖR AUF DAMIT.
HÄ...?
ALSO DOCH NICHT? ALSO DOCH KEIN BEGINN EINER LIEBESGESCHICHTE?!
SPINNST DU?! MIT SO EINER BRILLENSCHLANGE?!
„BRILLENSCHLANGE"?!
SO GING DAS KLASSENGERICHT ZU ENDE.
ABER DIE GESCHICHTE GING NOCH WEITER...

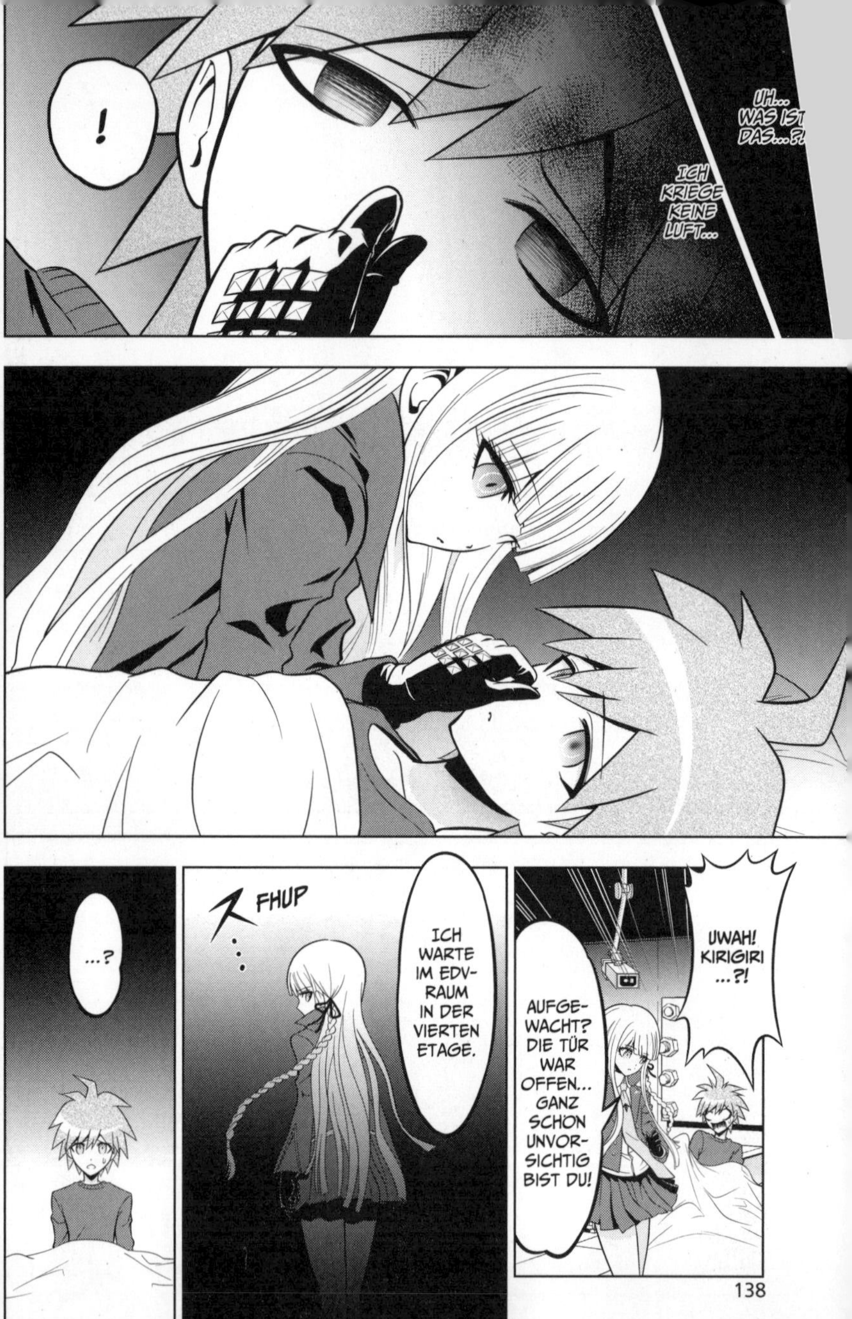
UH... WAS IST DAS...?!
ICH KRIEGE KEINE LUFT...
!
UWAH! KIRIGIRI ...?!
AUFGE-WACHT? DIE TÜR WAR OFFEN... GANZ SCHÖN UNVOR-SICHTIG BIST DU!
ICH WARTE IM EDV-RAUM IN DER VIERTEN ETAGE.
FHUP
...
...?

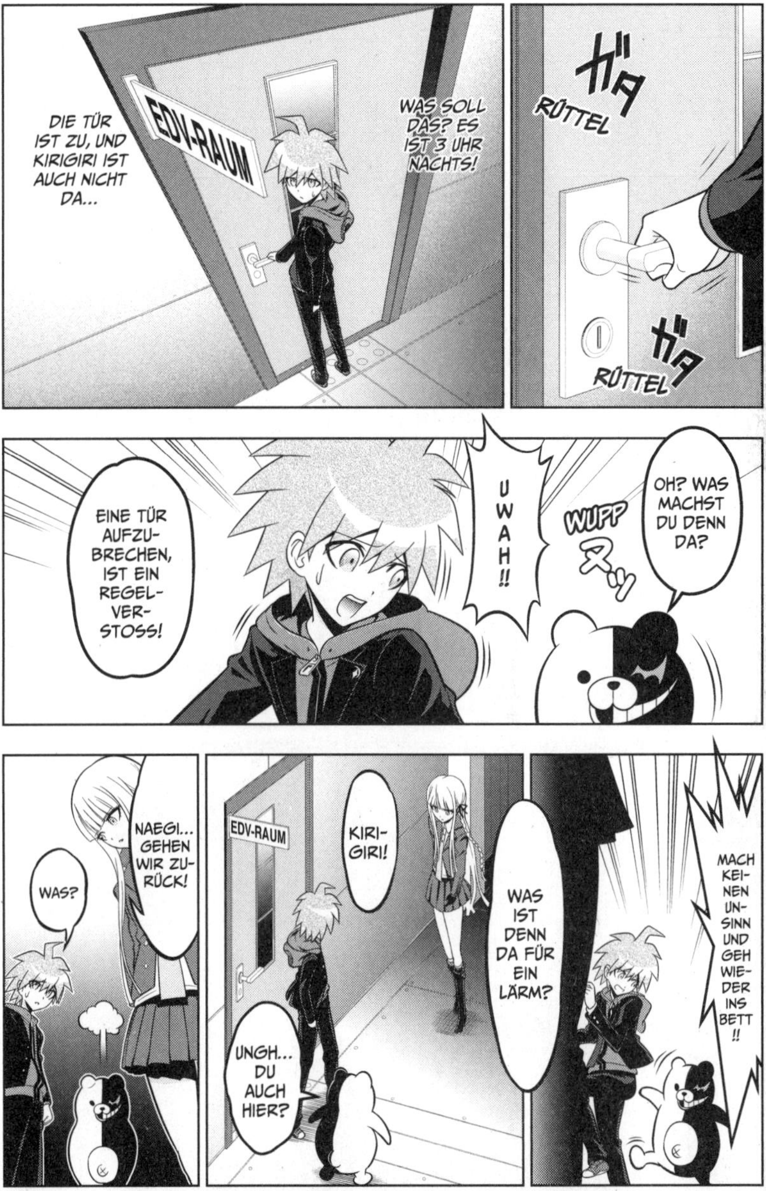
ガタ
RÜTTEL
ガタ
RÜTTEL
WAS SOLL DAS? ES IST 3 UHR NACHTS!
EDV-RAUM
DIE TÜR IST ZU, UND KIRIGIRI IST AUCH NICHT DA...
OH? WAS MACHST DU DENN DA?
WUPP
ヌッ
UWAH!!
EINE TÜR AUFZUBRECHEN, IST EIN REGELVERSTOSS!
MACH KEINEN UNSINN UND GEH WIEDER INS BETT!!
WAS IST DENN DA FÜR EIN LÄRM?
KIRIGIRI!
EDV-RAUM
UNGH... DU AUCH HIER?
NAEGI... GEHEN WIR ZURÜCK!
WAS?

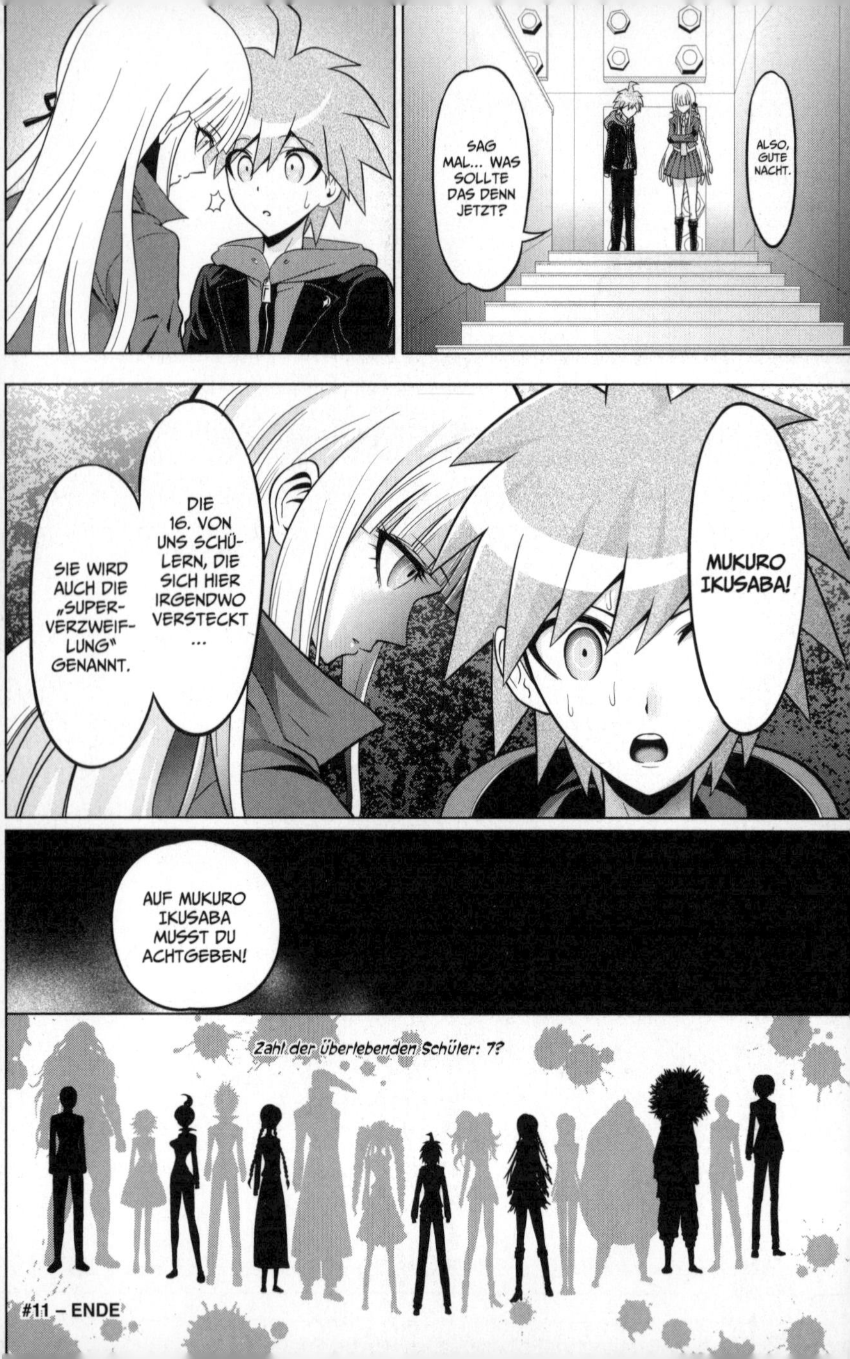
ALSO, GUTE NACHT.
SAG MAL... WAS SOLLTE DAS DENN JETZT?
MUKURO IKUSABA!
DIE 16. VON UNS SCHÜLERN, DIE SICH HIER IRGENDWO VERSTECKT ...
SIE WIRD AUCH DIE „SUPERVERZWEIFLUNG" GENANNT.
AUF MUKURO IKUSABA MUSST DU ACHTGEBEN!
Zahl der überlebenden Schüler: 7?
#11 – ENDE

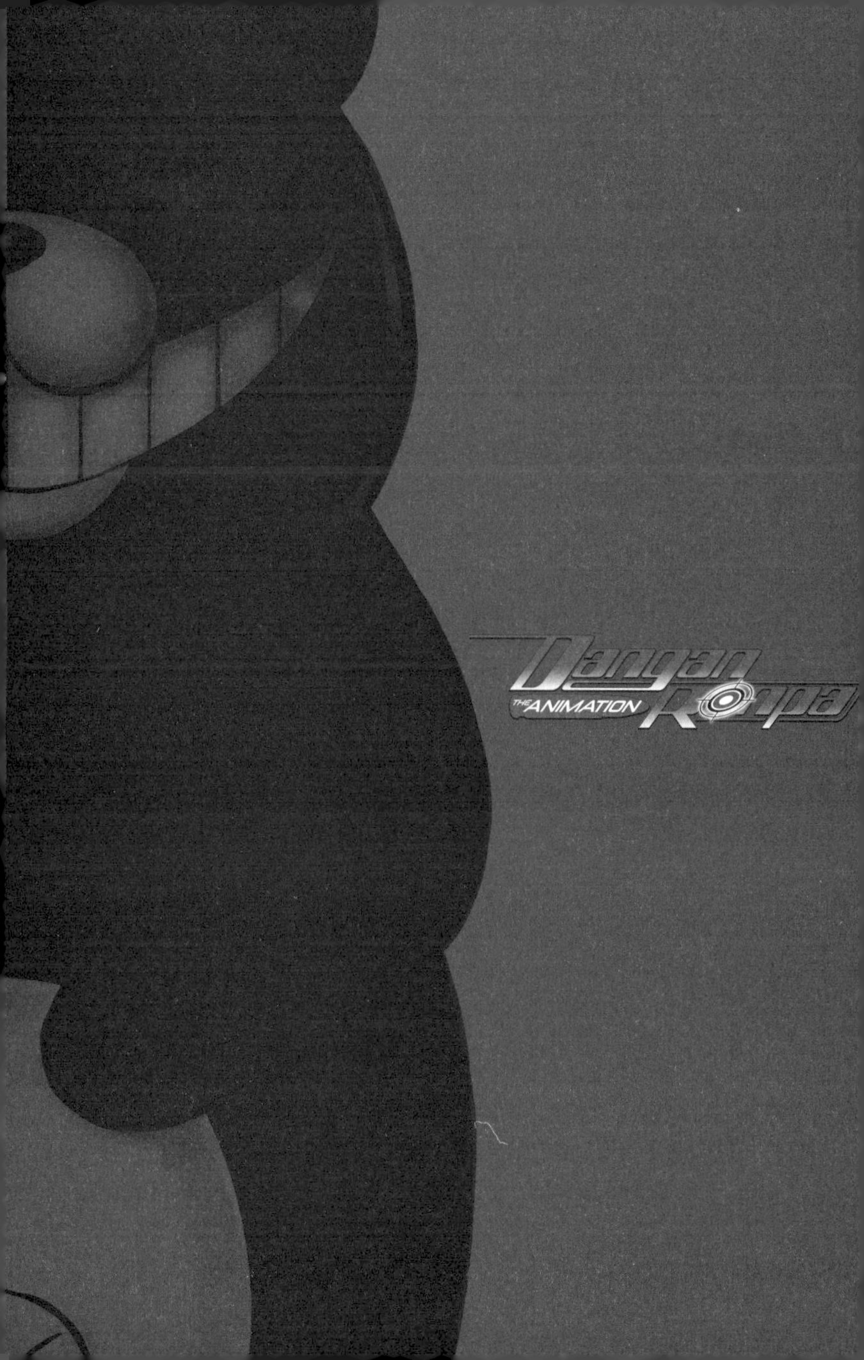
Dangan
THE ANIMATION
Ronpa

Dangan Ronpa THE ANIMATION

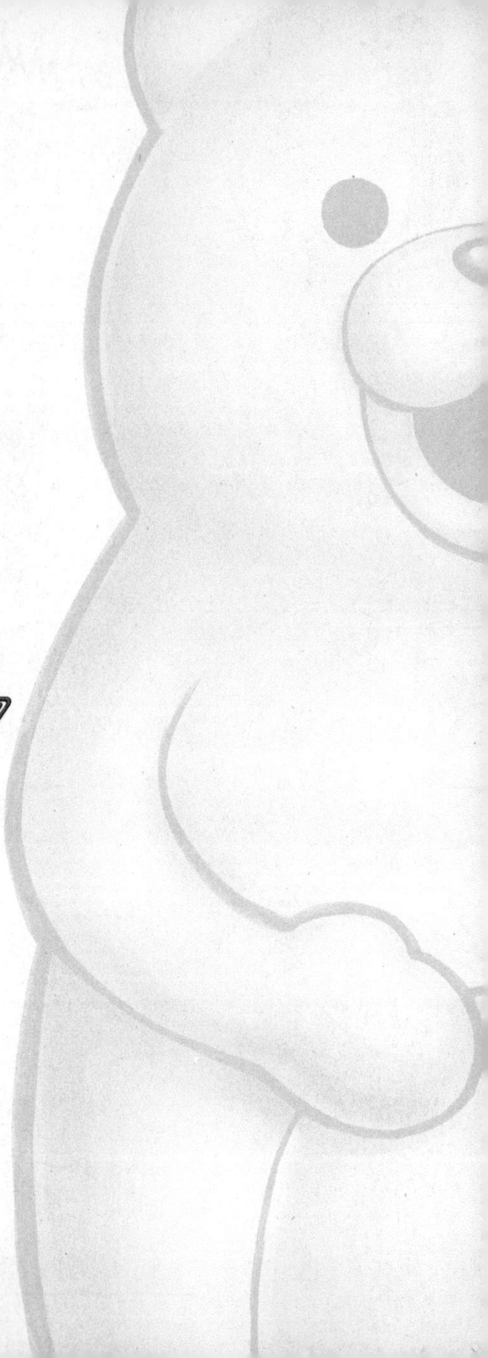

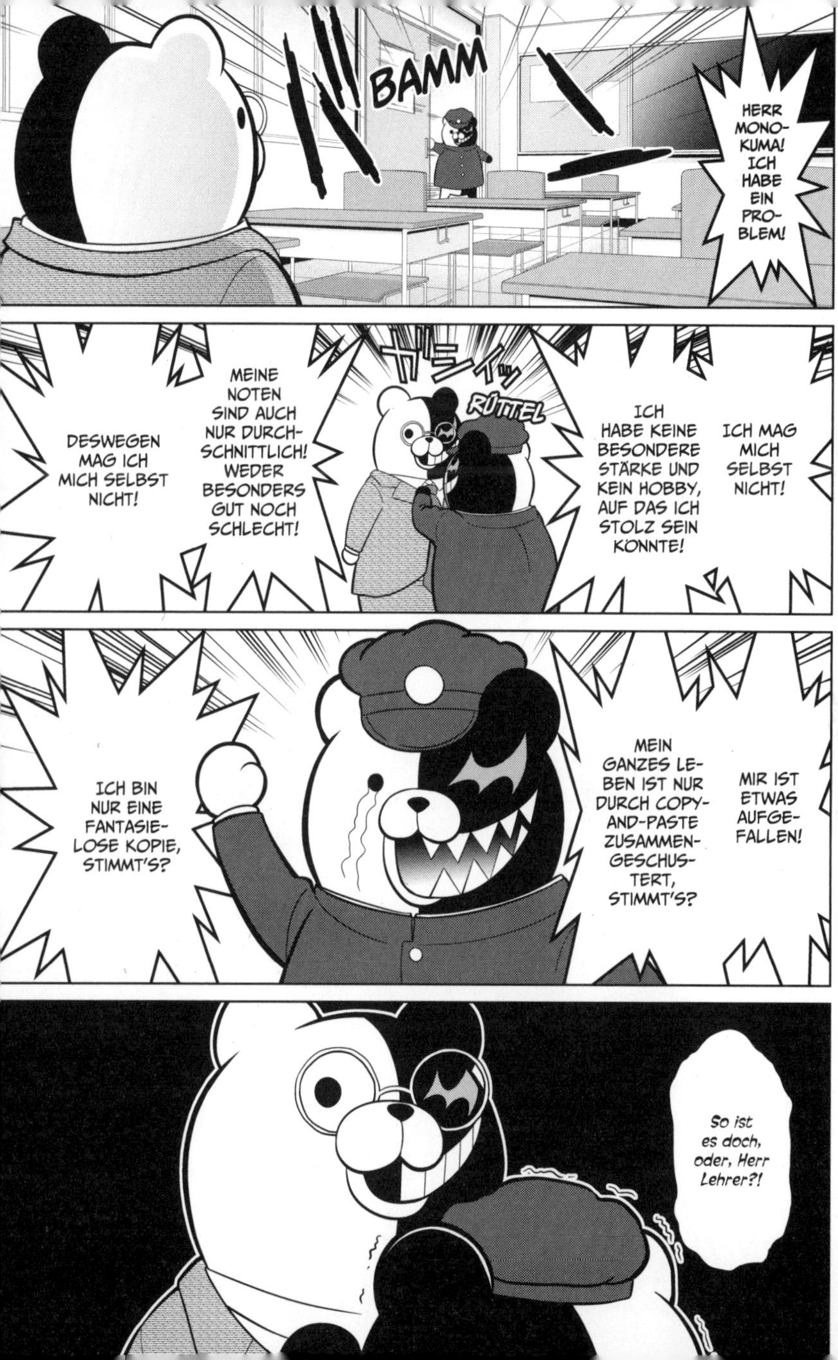
HERR MONOKUMA! ICH HABE EIN PROBLEM!
BAMM
ICH MAG MICH SELBST NICHT!
ICH HABE KEINE BESONDERE STÄRKE UND KEIN HOBBY, AUF DAS ICH STOLZ SEIN KÖNNTE!
RÜTTEL
MEINE NOTEN SIND AUCH NUR DURCHSCHNITTLICH! WEDER BESONDERS GUT NOCH SCHLECHT!
DESWEGEN MAG ICH MICH SELBST NICHT!
MIR IST ETWAS AUFGEFALLEN!
MEIN GANZES LEBEN IST NUR DURCH COPY-AND-PASTE ZUSAMMENGESCHUSTERT, STIMMT'S?
ICH BIN NUR EINE FANTASIELOSE KOPIE, STIMMT'S?
So ist es doch, oder, Herr Lehrer?!

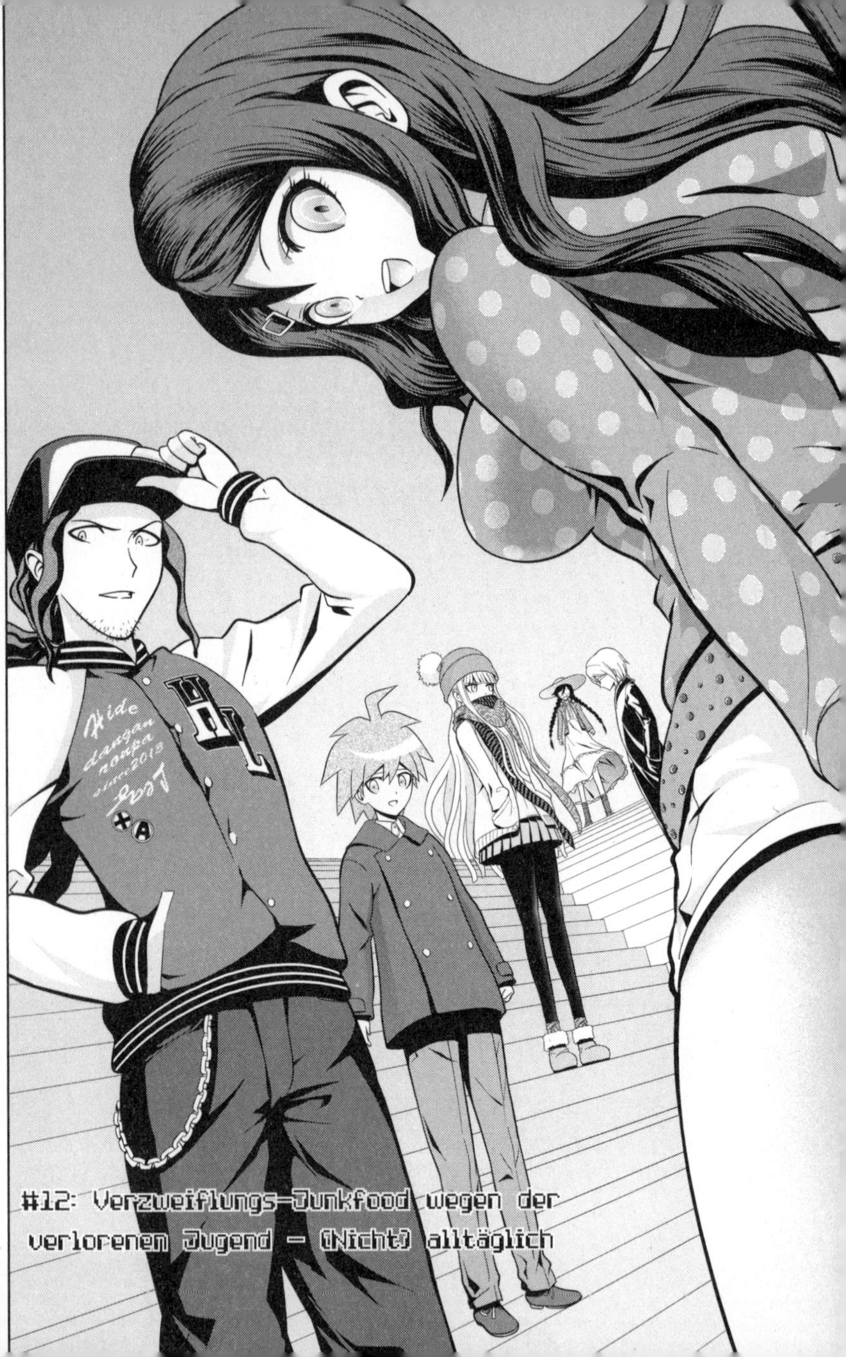

#12: Verzweiflungs-Junkfood wegen der verlorenen Jugend – (Nicht) alltäglich

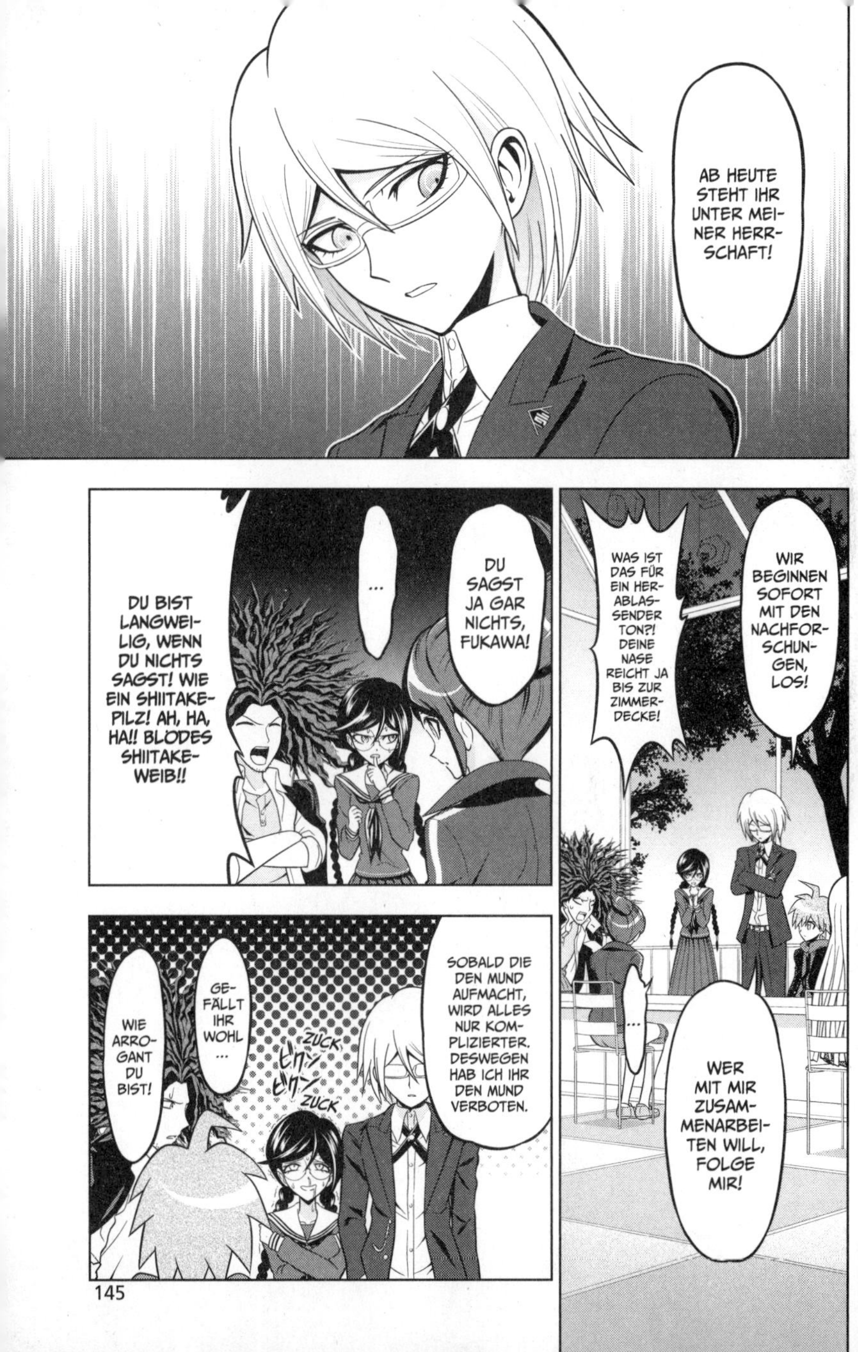
AB HEUTE STEHT IHR UNTER MEINER HERRSCHAFT!
WIR BEGINNEN SOFORT MIT DEN NACHFORSCHUNGEN, LOS!
WAS IST DAS FÜR EIN HERABLASSENDER TON?! DEINE NASE REICHT JA BIS ZUR ZIMMERDECKE!
...
WER MIT MIR ZUSAMMENARBEITEN WILL, FOLGE MIR!
DU SAGST JA GAR NICHTS, FUKAWA!
...
DU BIST LANGWEILIG, WENN DU NICHTS SAGST! WIE EIN SHIITAKEPILZ! AH, HA, HA!! BLÖDES SHIITAKEWEIB!!
SOBALD DIE DEN MUND AUFMACHT, WIRD ALLES NUR KOMPLIZIERTER. DESWEGEN HAB ICH IHR DEN MUND VERBOTEN.
ZUCK
ZUCK
GEFÄLLT IHR WOHL ...
WIE ARROGANT DU BIST!

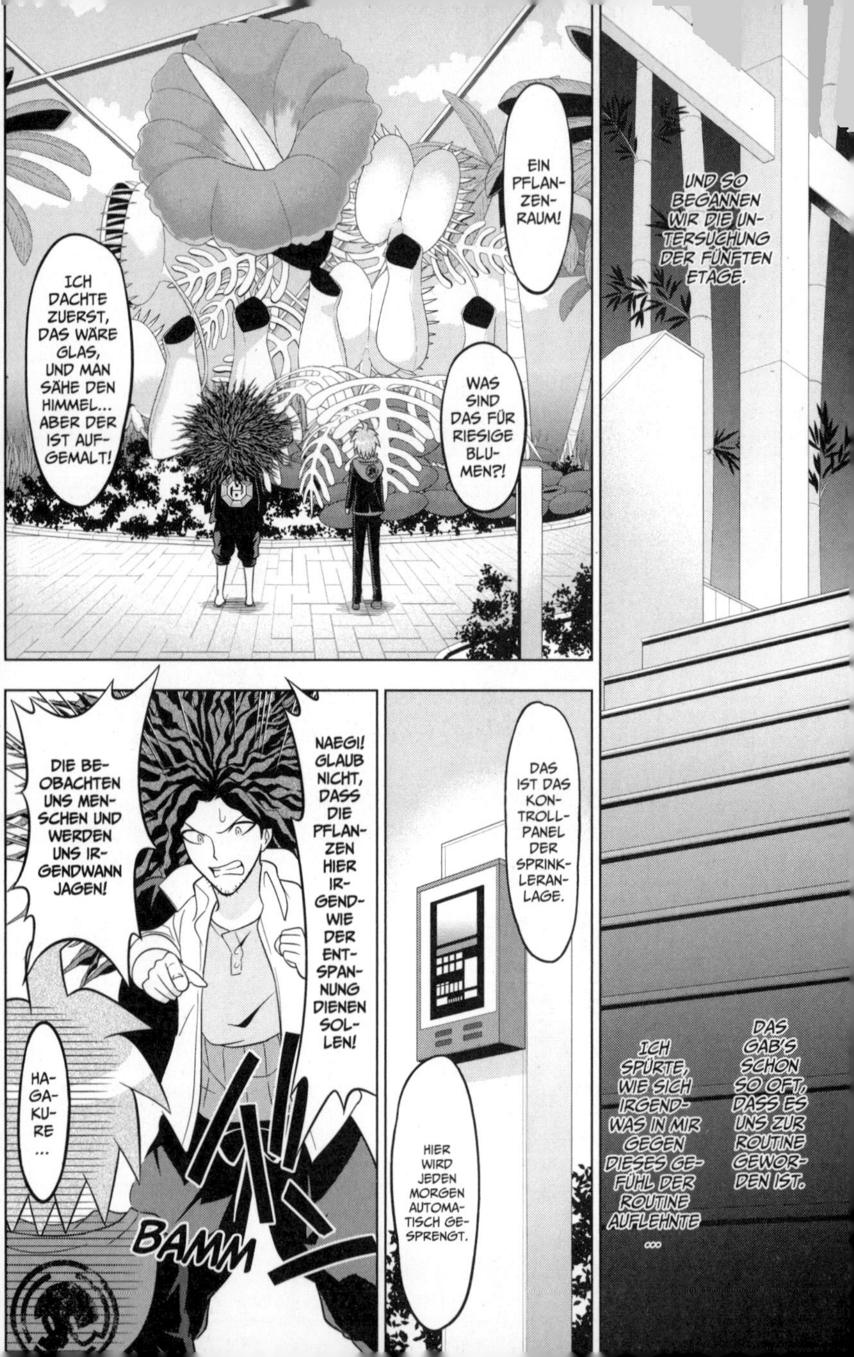
UND SO BEGANNEN WIR DIE UNTERSUCHUNG DER FÜNFTEN ETAGE.
EIN PFLANZENRAUM!
WAS SIND DAS FÜR RIESIGE BLUMEN?!
ICH DACHTE ZUERST, DAS WÄRE GLAS, UND MAN SÄHE DEN HIMMEL... ABER DER IST AUFGEMALT!
DAS IST DAS KONTROLLPANEL DER SPRINKLERANLAGE.
HIER WIRD JEDEN MORGEN AUTOMATISCH GESPRENGT.
NAEGI! GLAUB NICHT, DASS DIE PFLANZEN HIER IRGENDWIE DER ENTSPANNUNG DIENEN SOLLEN!
DIE BEOBACHTEN UNS MENSCHEN UND WERDEN UNS IRGENDWANN JAGEN!
HAGAKURE ...
BAMM
DAS GAB'S SCHON SO OFT, DASS ES UNS ZUR ROUTINE GEWORDEN IST.
ICH SPÜRTE, WIE SICH IRGENDWAS IN MIR GEGEN DIESES GEFÜHL DER ROUTINE AUFLEHNTE ...

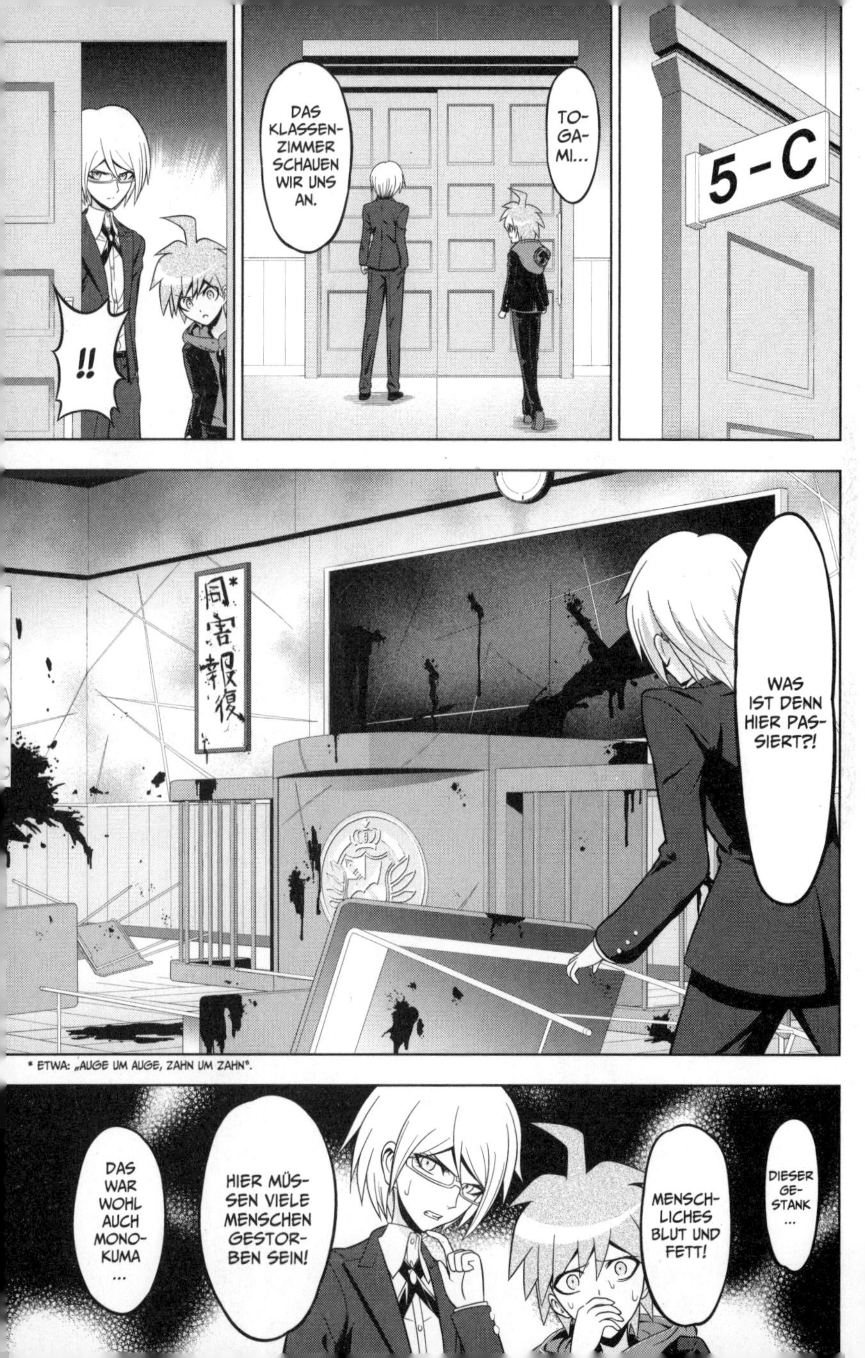

* ETWA: „AUGE UM AUGE, ZAHN UM ZAHN".

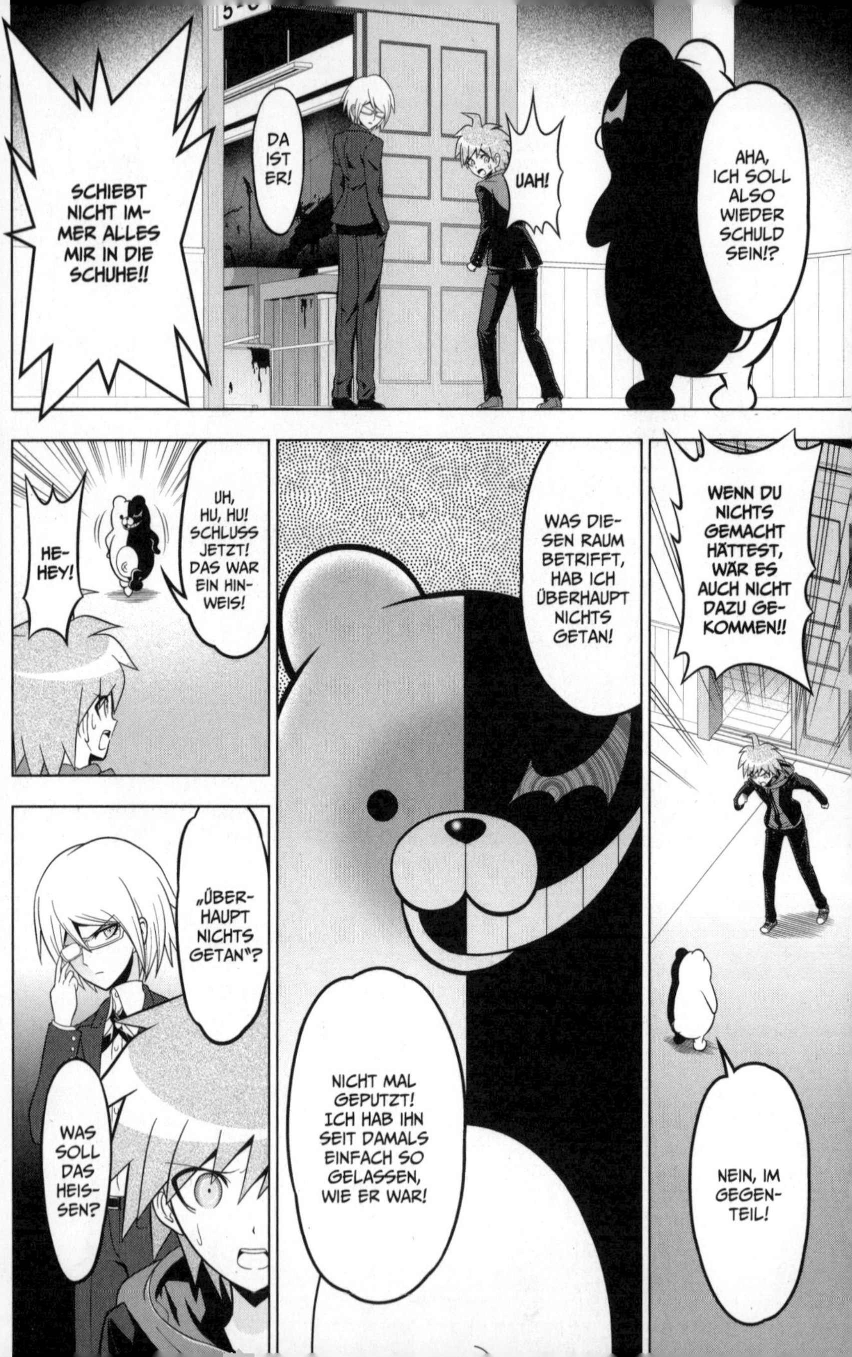

AHA, ICH SOLL ALSO WIEDER SCHULD SEIN!?
UAH!
DA IST ER!
SCHIEBT NICHT IMMER ALLES MIR IN DIE SCHUHE!!
WENN DU NICHTS GEMACHT HÄTTEST, WÄR ES AUCH NICHT DAZU GEKOMMEN!!
NEIN, IM GEGENTEIL!
WAS DIESEN RAUM BETRIFFT, HAB ICH ÜBERHAUPT NICHTS GETAN!
NICHT MAL GEPUTZT! ICH HAB IHN SEIT DAMALS EINFACH SO GELASSEN, WIE ER WAR!
UH, HU, HU! SCHLUSS JETZT! DAS WAR EIN HINWEIS!
HE-HEY!
„ÜBERHAUPT NICHTS GETAN"?
WAS SOLL DAS HEISSEN?

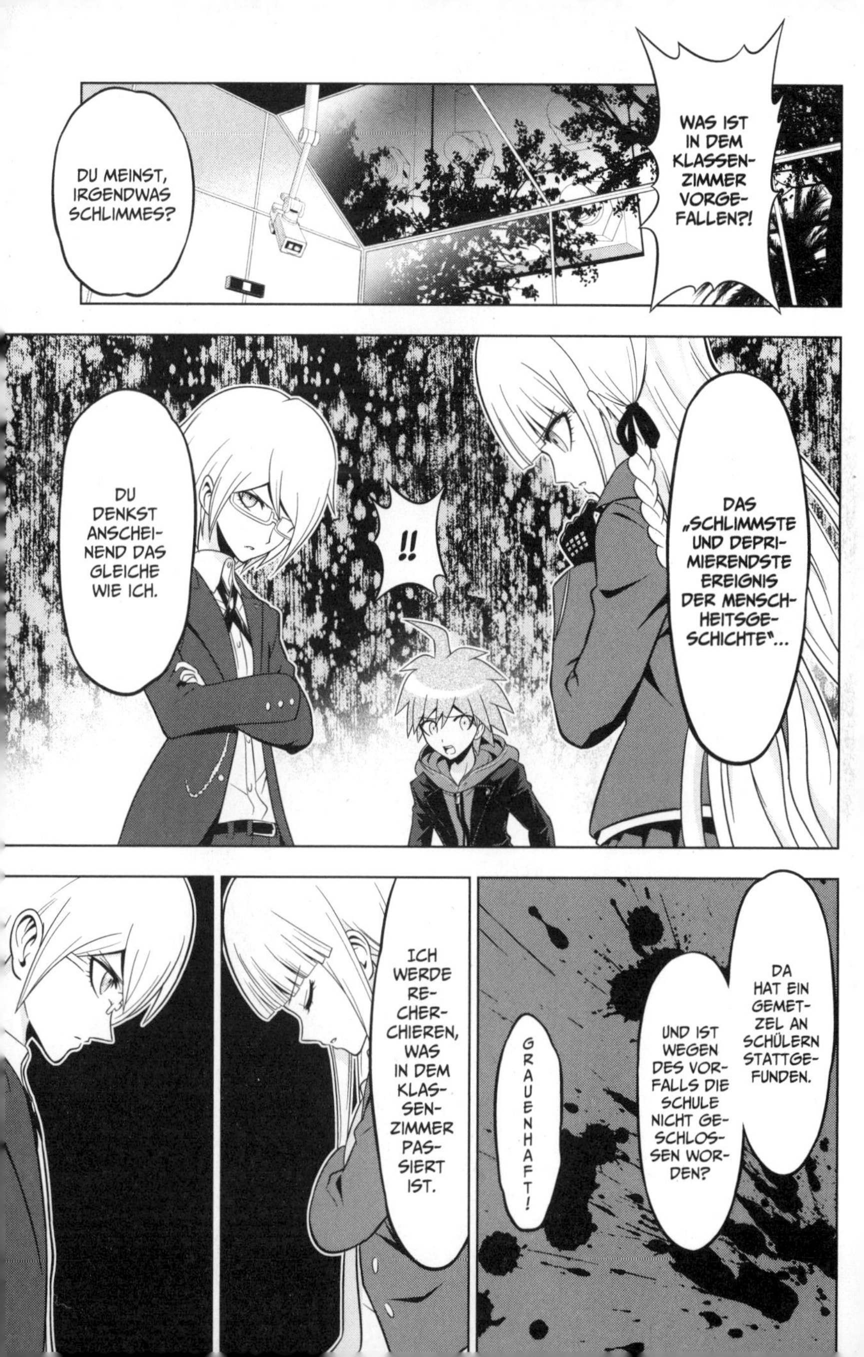
WAS IST IN DEM KLASSEN-ZIMMER VORGE-FALLEN?!
DU MEINST, IRGENDWAS SCHLIMMES?
DAS „SCHLIMMSTE UND DEPRI-MIERENDSTE EREIGNIS DER MENSCH-HEITSGE-SCHICHTE"...
!!
DU DENKST ANSCHEI-NEND DAS GLEICHE WIE ICH.
DA HAT EIN GEMET-ZEL AN SCHÜLERN STATTGE-FUNDEN.
UND IST WEGEN DES VOR-FALLS DIE SCHULE NICHT GE-SCHLOS-SEN WOR-DEN?
GRAUENHAFT!
ICH WERDE RE-CHER-CHIEREN, WAS IN DEM KLAS-SEN-ZIMMER PAS-SIERT IST.

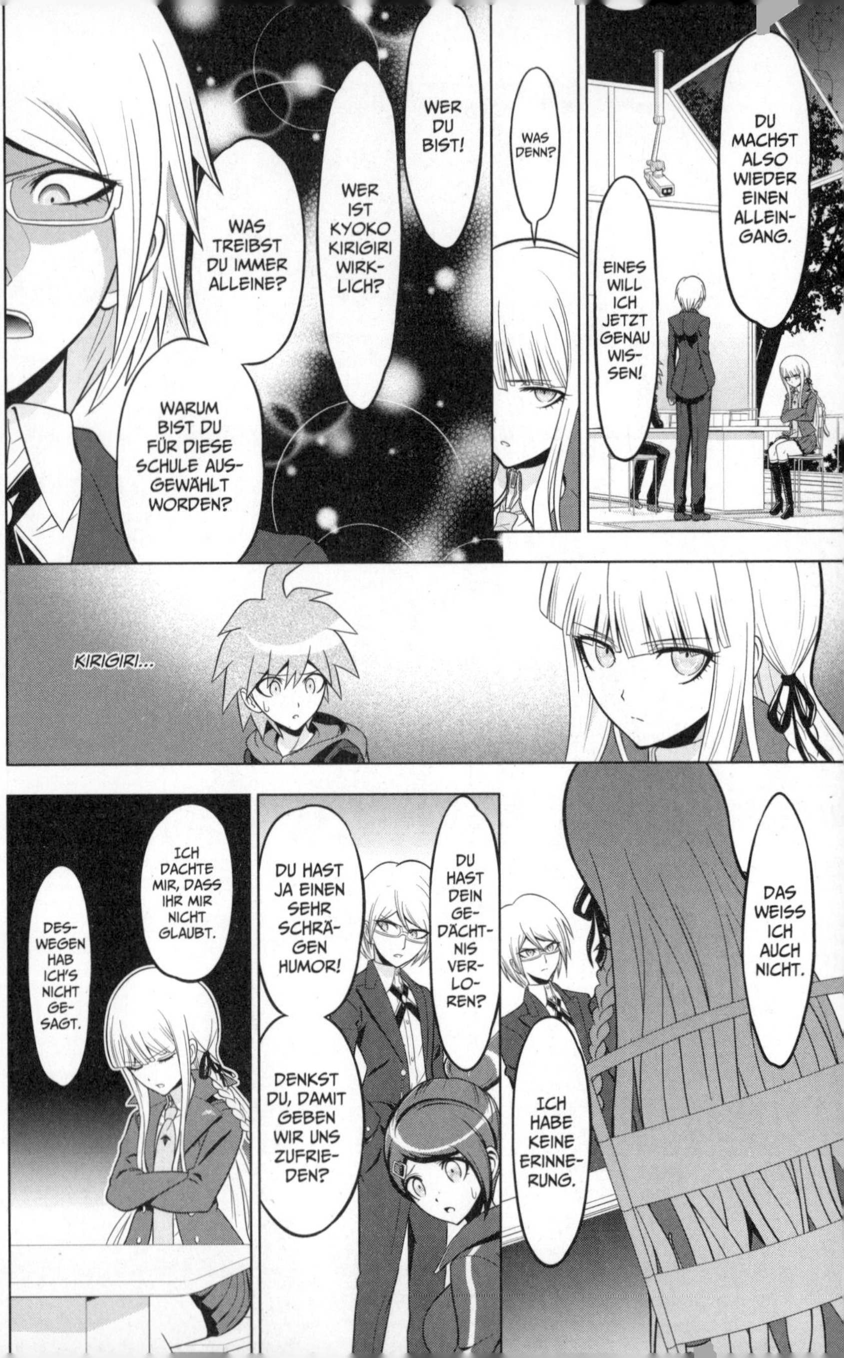

DU MACHST ALSO WIEDER EINEN ALLEIN-GANG.
EINES WILL ICH JETZT GENAU WIS-SEN!
WAS DENN?
WER DU BIST!
WER IST KYOKO KIRIGIRI WIRK-LICH?
WAS TREIBST DU IMMER ALLEINE?
WARUM BIST DU FÜR DIESE SCHULE AUS-GEWÄHLT WORDEN?
KIRIGIRI...
DAS WEISS ICH AUCH NICHT.
ICH HABE KEINE ERINNE-RUNG.
DU HAST DEIN GE-DÄCHT-NIS VER-LO-REN?
DU HAST JA EINEN SEHR SCHRÄ-GEN HUMOR!
DENKST DU, DAMIT GEBEN WIR UNS ZUFRIE-DEN?
ICH DACHTE MIR, DASS IHR MIR NICHT GLAUBT.
DES-WEGEN HAB ICH'S NICHT GE-SAGT.

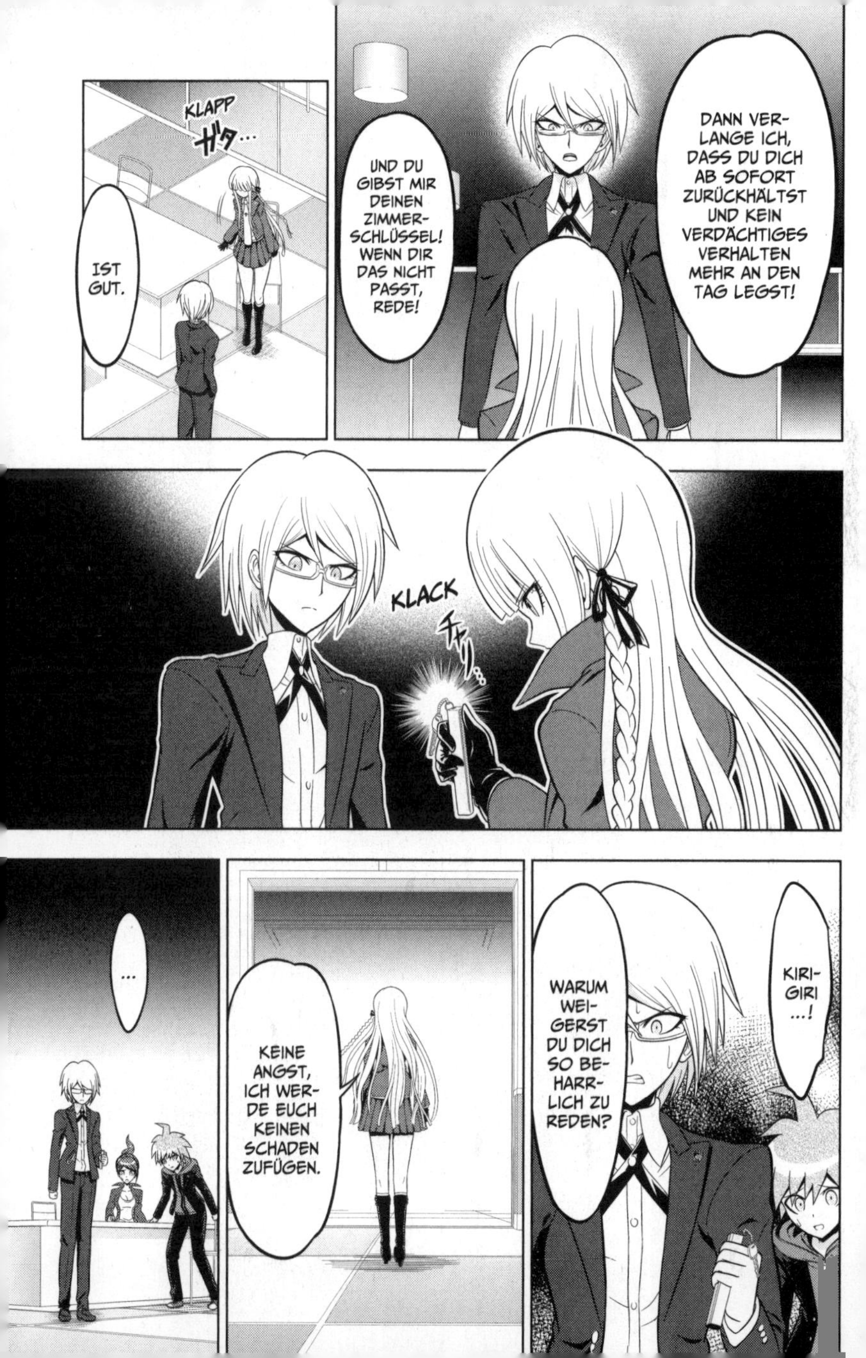
DANN VERLANGE ICH, DASS DU DICH AB SOFORT ZURÜCKHÄLTST UND KEIN VERDÄCHTIGES VERHALTEN MEHR AN DEN TAG LEGST!
UND DU GIBST MIR DEINEN ZIMMERSCHLÜSSEL! WENN DIR DAS NICHT PASST, REDE!
KLAPP
ガタ…
IST GUT.
KLACK
チャリ…
KIRIGIRI …!
WARUM WEIGERST DU DICH SO BEHARRLICH ZU REDEN?
KEINE ANGST, ICH WERDE EUCH KEINEN SCHADEN ZUFÜGEN.
…

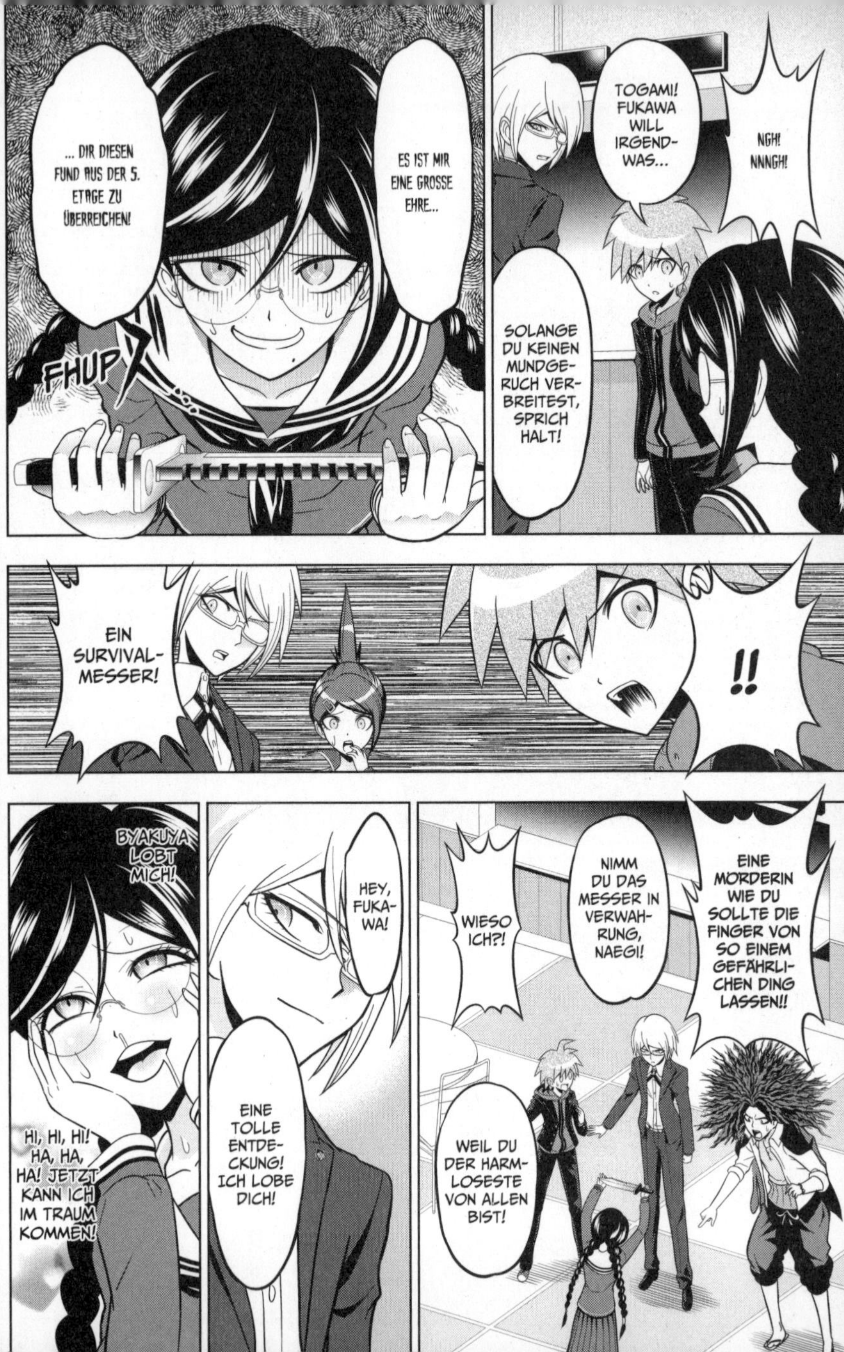
NGH! NNNGH!
TOGAMI! FUKAWA WILL IRGENDWAS...
SOLANGE DU KEINEN MUNDGERUCH VERBREITEST, SPRICH HALT!
ES IST MIR EINE GROSSE EHRE..
... DIR DIESEN FUND AUS DER 5. ETAGE ZU ÜBERREICHEN!
FHUP
!!
EIN SURVIVAL-MESSER!
EINE MÖRDERIN WIE DU SOLLTE DIE FINGER VON SO EINEM GEFÄHRLICHEN DING LASSEN!!
NIMM DU DAS MESSER IN VERWAHRUNG, NAEGI!
WIESO ICH?!
WEIL DU DER HARMLOSESTE VON ALLEN BIST!
HEY, FUKAWA!
EINE TOLLE ENTDECKUNG! ICH LOBE DICH!
BYAKUYA LOBT MICH!
HI, HI, HI! HA, HA, HA! JETZT KANN ICH IM TRAUM KOMMEN!

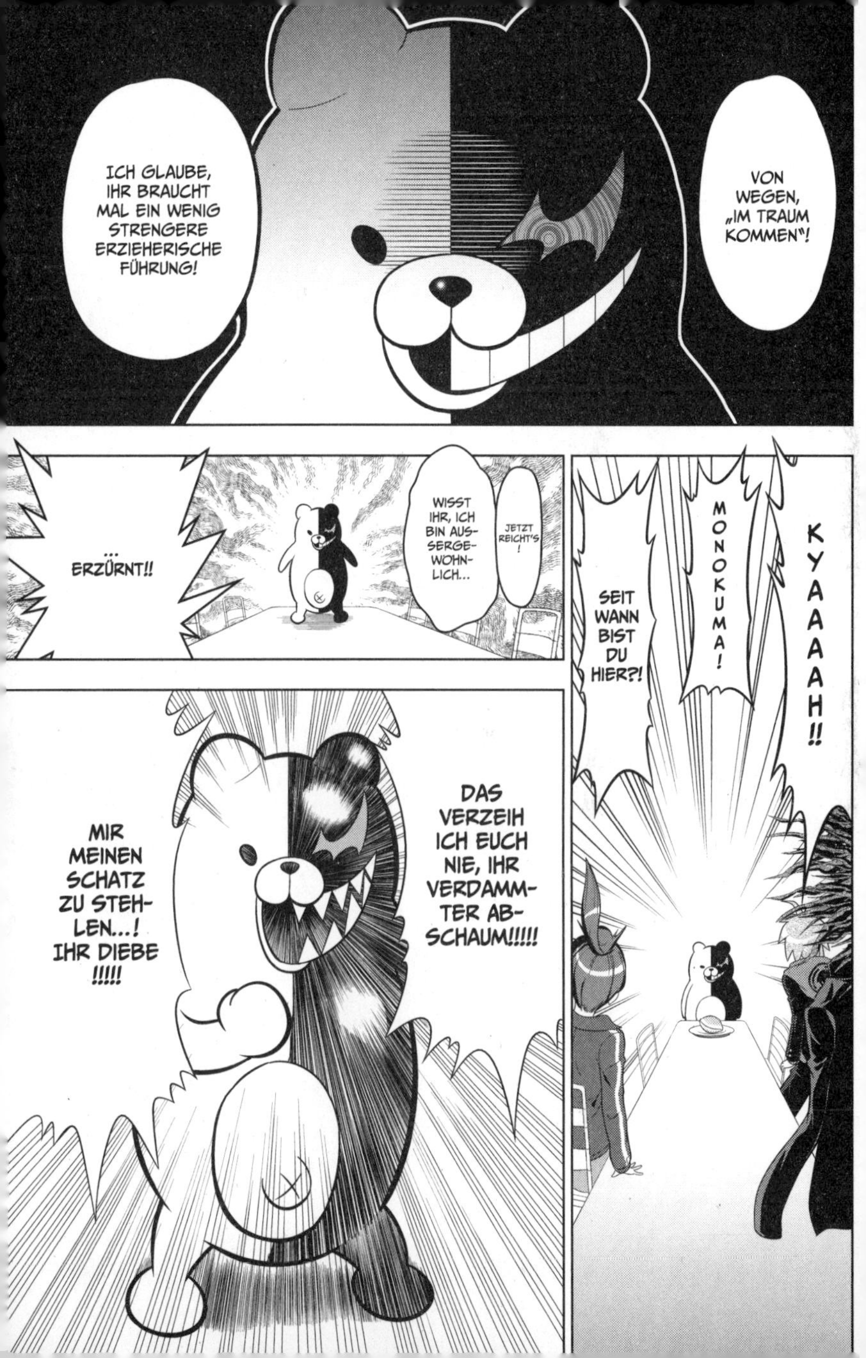
VON WEGEN, „IM TRAUM KOMMEN“!
ICH GLAUBE, IHR BRAUCHT MAL EIN WENIG STRENGERE ERZIEHERISCHE FÜHRUNG!
KYAAAAAH!!
MONOKUMA!
SEIT WANN BIST DU HIER?!
JETZT REICHT'S!
WISST IHR, ICH BIN AUSSERGE-WÖHN-LICH...
... ERZÜRNT!!
DAS VERZEIH ICH EUCH NIE, IHR VERDAMM-TER AB-SCHAUM!!!!!
MIR MEINEN SCHATZ ZU STEH-LEN...! IHR DIEBE !!!!!

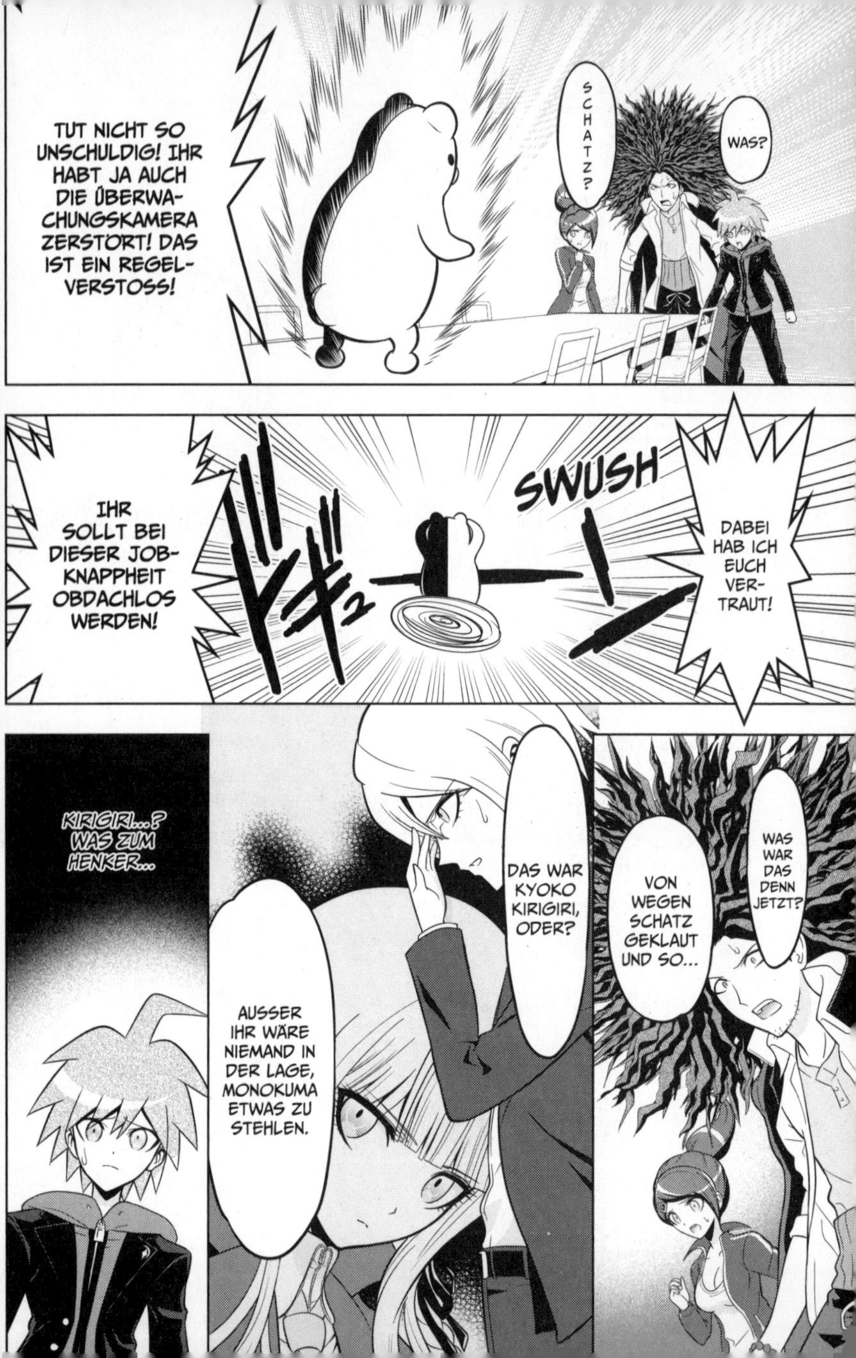
WAS?
SCHATZ?
TUT NICHT SO UNSCHULDIG! IHR HABT JA AUCH DIE ÜBERWACHUNGSKAMERA ZERSTÖRT! DAS IST EIN REGELVERSTOSS!
DABEI HAB ICH EUCH VERTRAUT!
SWUSH
IHR SOLLT BEI DIESER JOBKNAPPHEIT OBDACHLOS WERDEN!
WAS WAR DAS DENN JETZT?
VON WEGEN SCHATZ GEKLAUT UND SO...
DAS WAR KYOKO KIRIGIRI, ODER?
AUSSER IHR WÄRE NIEMAND IN DER LAGE, MONOKUMA ETWAS ZU STEHLEN.
KIRIGIRI...? WAS ZUM HENKER...

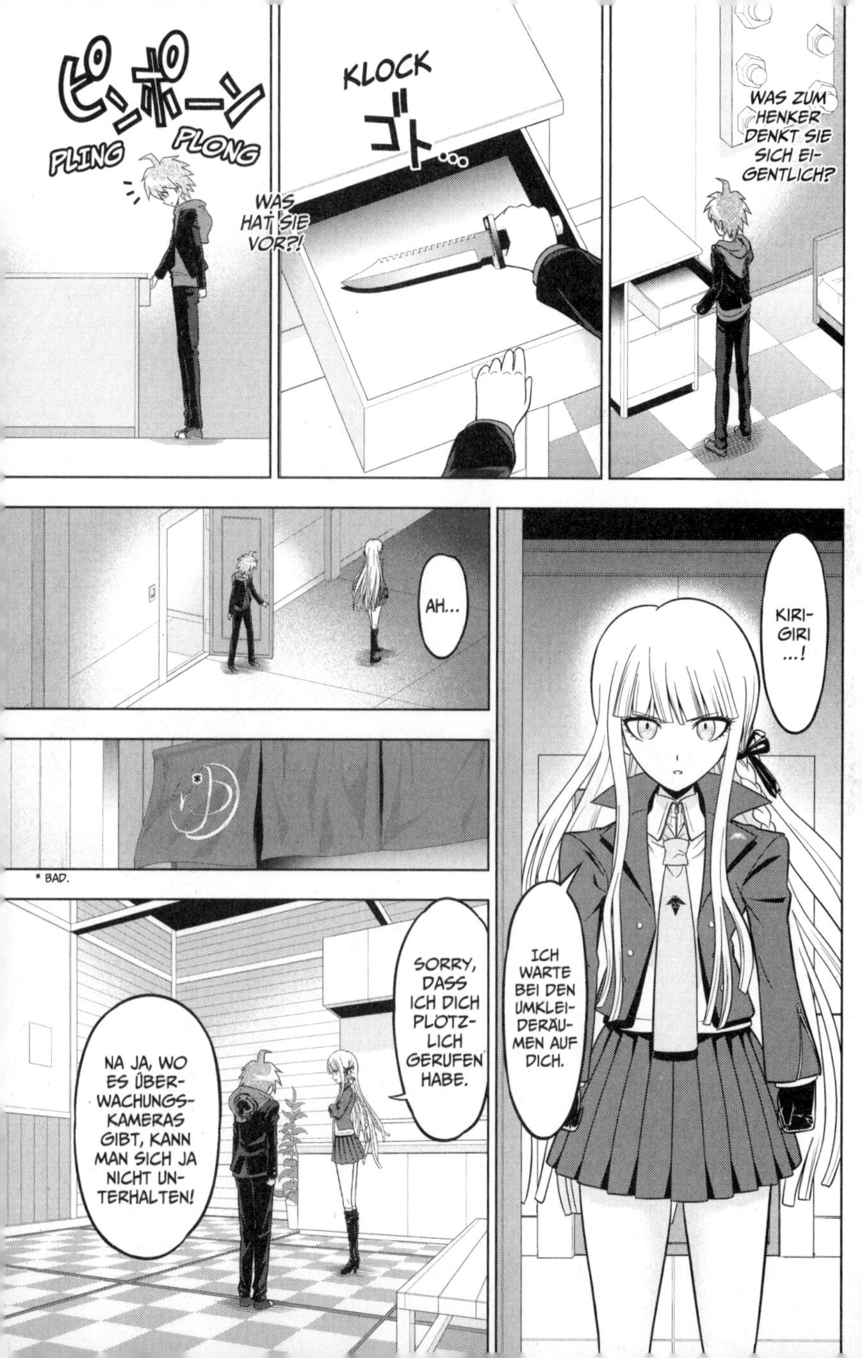
WAS ZUM HENKER DENKT SIE SICH EIGENTLICH?
KLOCK
ゴト…
WAS HAT SIE VOR?!
ピンポーン
PLING PLONG
KIRIGIRI …!
AH…
ICH WARTE BEI DEN UMKLEIDERÄUMEN AUF DICH.
* BAD.
SORRY, DASS ICH DICH PLÖTZLICH GERUFEN HABE.
NA JA, WO ES ÜBERWACHUNGSKAMERAS GIBT, KANN MAN SICH JA NICHT UNTERHALTEN!

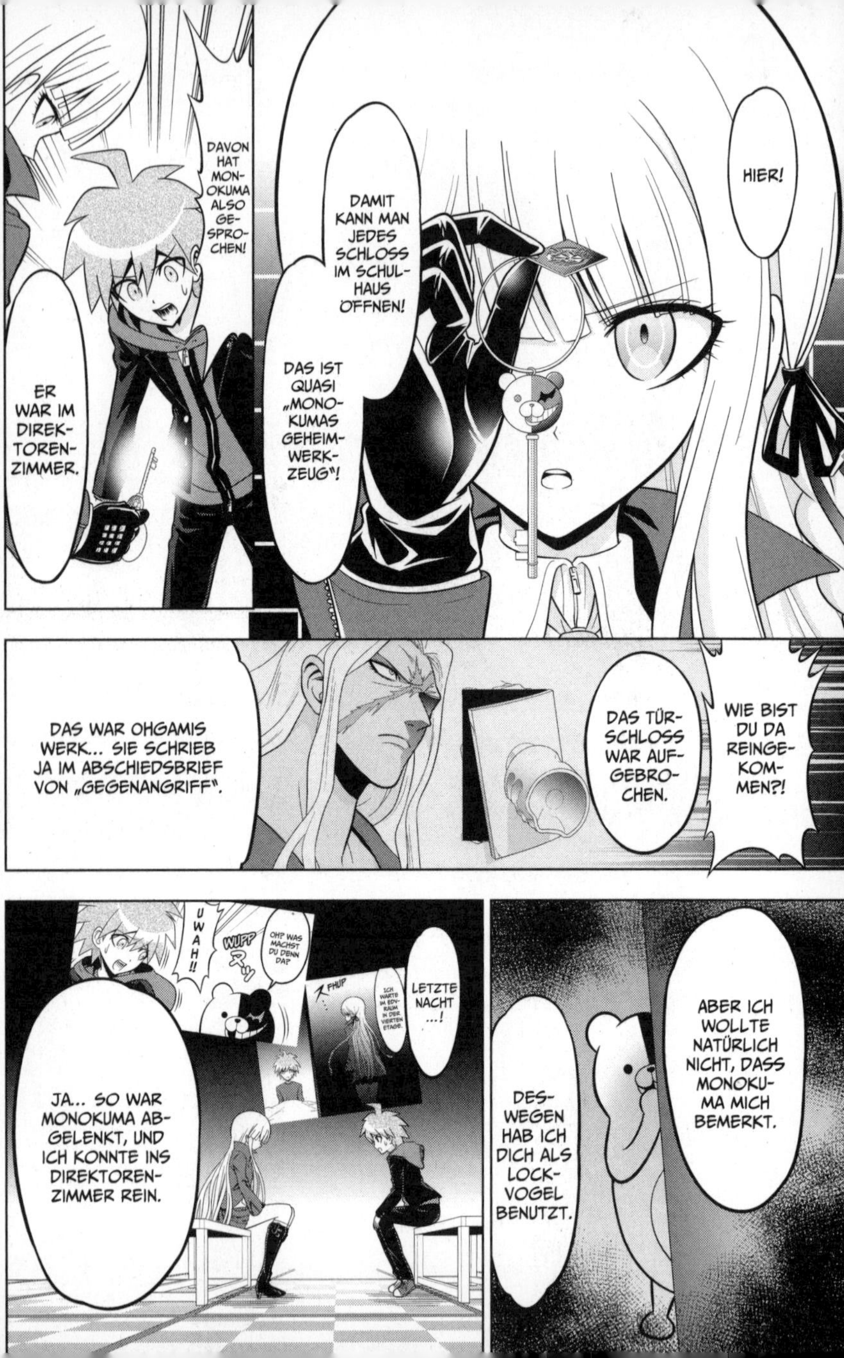
HIER!
DAMIT KANN MAN JEDES SCHLOSS IM SCHULHAUS ÖFFNEN!
DAS IST QUASI „MONOKUMAS GEHEIMWERKZEUG“!
DAVON HAT MONOKUMA ALSO GESPROCHEN!
ER WAR IM DIREKTORENZIMMER.
WIE BIST DU DA REINGEKOMMEN?!
DAS TÜRSCHLOSS WAR AUFGEBROCHEN.
DAS WAR OHGAMIS WERK... SIE SCHRIEB JA IM ABSCHIEDSBRIEF VON „GEGENANGRIFF“.
ABER ICH WOLLTE NATÜRLICH NICHT, DASS MONOKUMA MICH BEMERKT.
DESWEGEN HAB ICH DICH ALS LOCKVOGEL BENUTZT.
LETZTE NACHT ...!
ICH WARTE IM EDV-RAUM IN DER VIERTEN ETAGE.
FHUP
OH? WAS MACHST DU DENN DA?
WUPP
UWAH!!
JA... SO WAR MONOKUMA ABGELENKT, UND ICH KONNTE INS DIREKTORENZIMMER REIN.

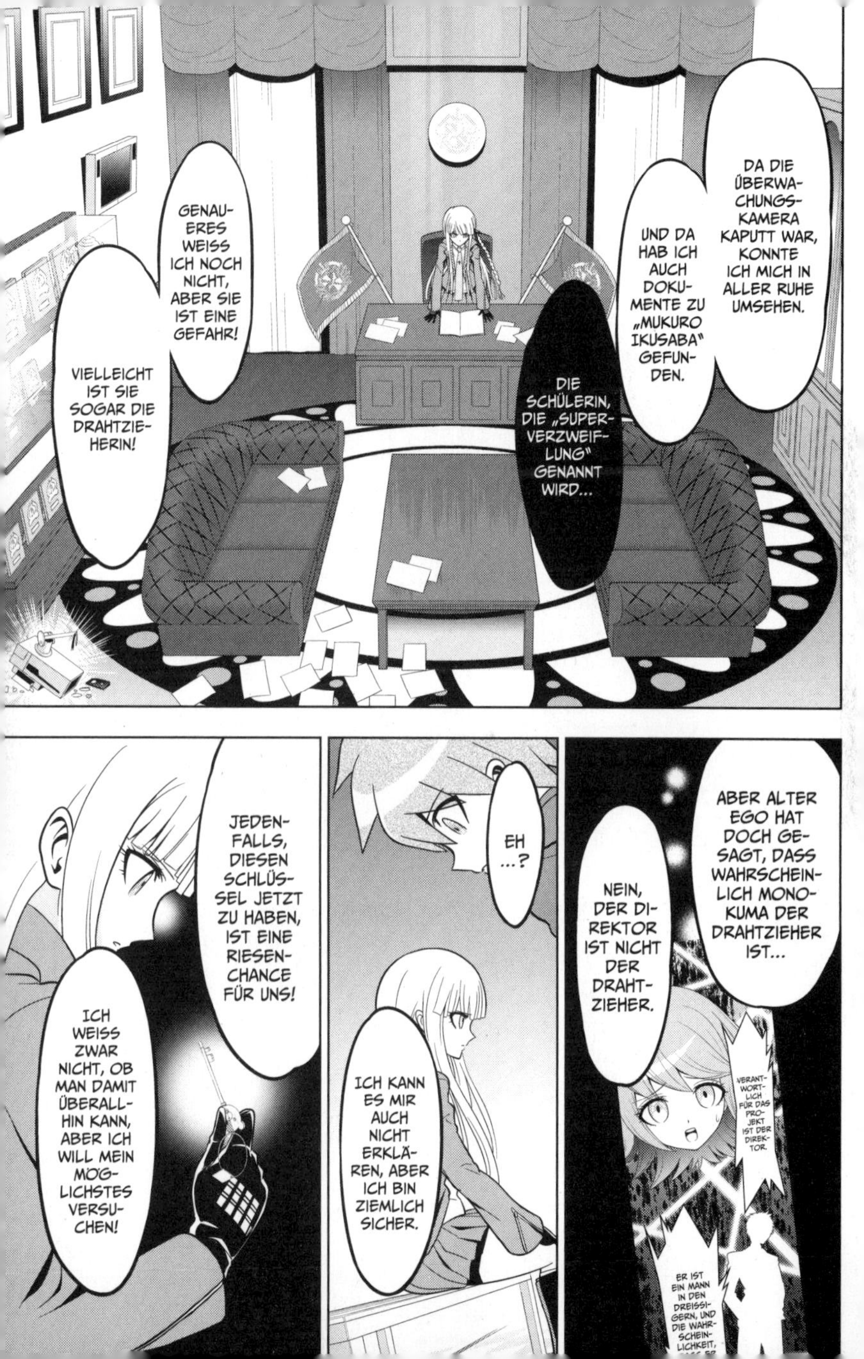
DA DIE ÜBERWACHUNGSKAMERA KAPUTT WAR, KONNTE ICH MICH IN ALLER RUHE UMSEHEN.
UND DA HAB ICH AUCH DOKUMENTE ZU „MUKURO IKUSABA“ GEFUNDEN.
DIE SCHÜLERIN, DIE „SUPERVERZWEIFLUNG“ GENANNT WIRD...
GENAUERES WEISS ICH NOCH NICHT, ABER SIE IST EINE GEFAHR!
VIELLEICHT IST SIE SOGAR DIE DRAHTZIEHERIN!
ABER ALTER EGO HAT DOCH GESAGT, DASS WAHRSCHEINLICH MONOKUMA DER DRAHTZIEHER IST...
NEIN, DER DIREKTOR IST NICHT DER DRAHTZIEHER.
VERANTWORTLICH FÜR DAS PROJEKT IST DER DIREKTOR.
ER IST EIN MANN IN DEN DREISSIGERN, UND DIE WAHRSCHEINLICHKEIT,
EH ...?
ICH KANN ES MIR AUCH NICHT ERKLÄREN, ABER ICH BIN ZIEMLICH SICHER.
JEDENFALLS, DIESEN SCHLÜSSEL JETZT ZU HABEN, IST EINE RIESENCHANCE FÜR UNS!
ICH WEISS ZWAR NICHT, OB MAN DAMIT ÜBERALLHIN KANN, ABER ICH WILL MEIN MÖGLICHSTES VERSUCHEN!

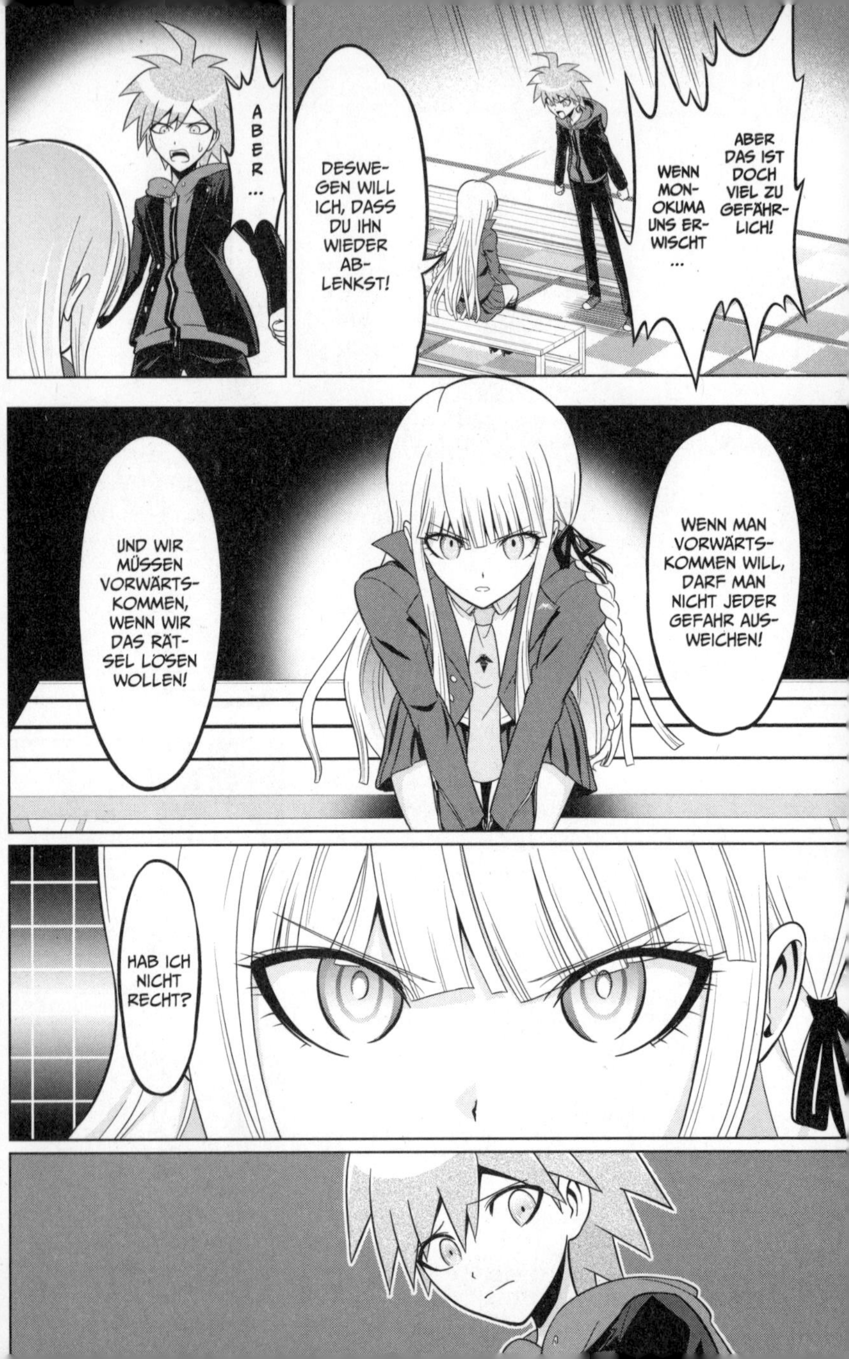
ABER DAS IST DOCH VIEL ZU GEFÄHRLICH!
WENN MONOKUMA UNS ERWISCHT ...
DESWEGEN WILL ICH, DASS DU IHN WIEDER ABLENKST!
ABER ...
WENN MAN VORWÄRTSKOMMEN WILL, DARF MAN NICHT JEDER GEFAHR AUSWEICHEN!
UND WIR MÜSSEN VORWÄRTSKOMMEN, WENN WIR DAS RÄTSEL LÖSEN WOLLEN!
HAB ICH NICHT RECHT?

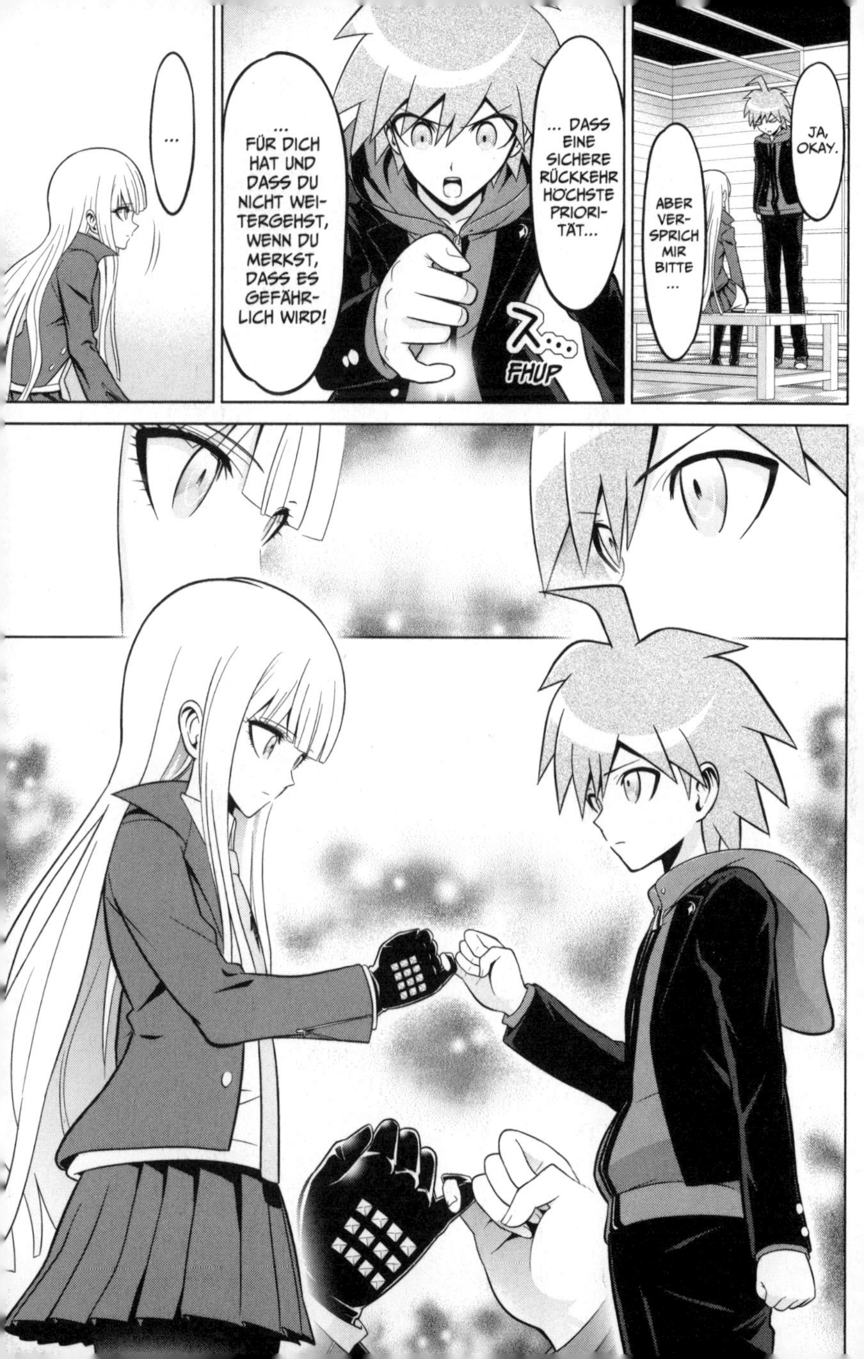
JA, OKAY.
ABER VERSPRICH MIR BITTE ...
... DASS EINE SICHERE RÜCKKEHR HÖCHSTE PRIORITÄT ...
... FÜR DICH HAT UND DASS DU NICHT WEITERGEHST, WENN DU MERKST, DASS ES GEFÄHRLICH WIRD!
FHUP
...

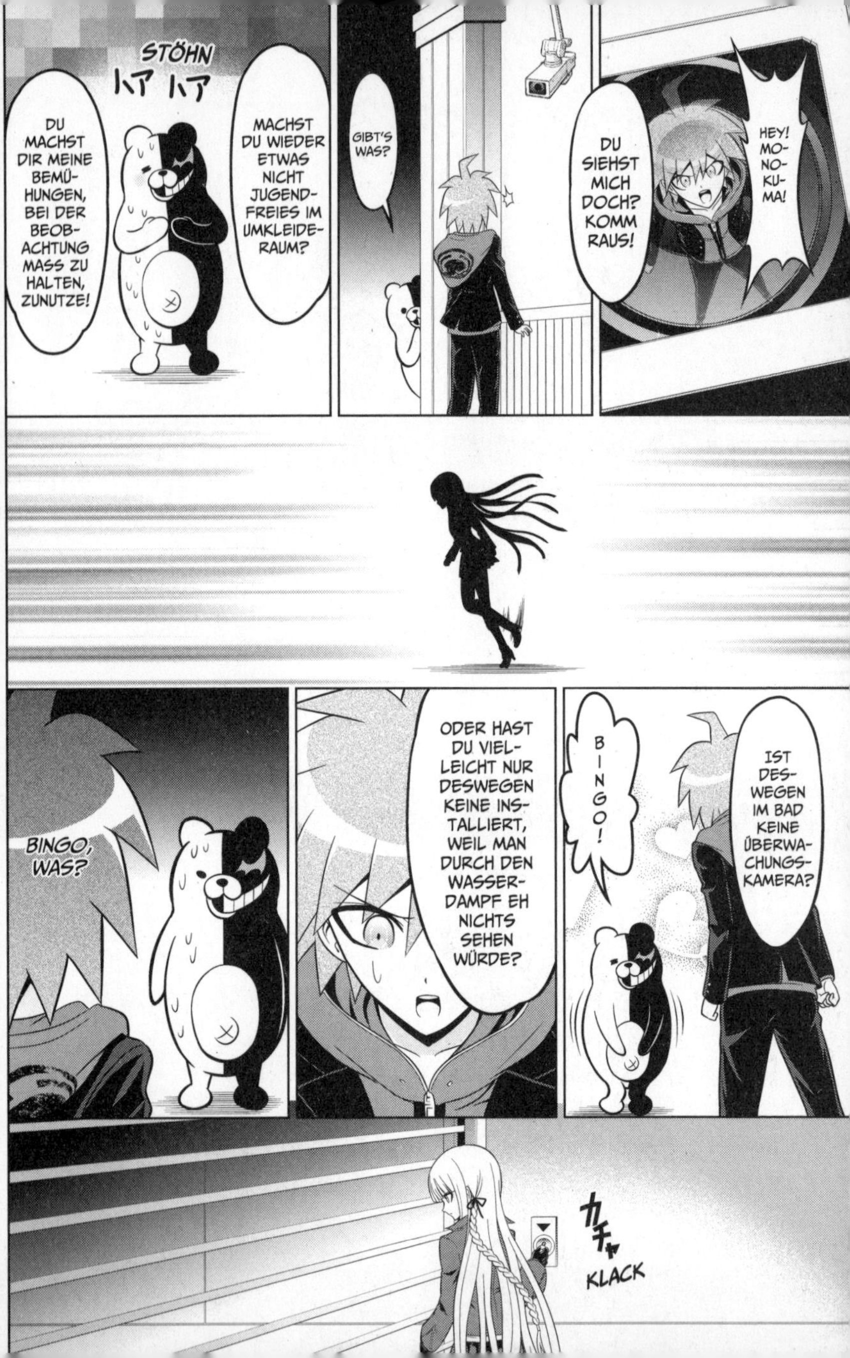
HEY! MONOKUMA!
DU SIEHST MICH DOCH? KOMM RAUS!
GIBT'S WAS?
MACHST DU WIEDER ETWAS NICHT JUGENDFREIES IM UMKLEIDERAUM?
STÖHN
ハァ ハァ
DU MACHST DIR MEINE BEMÜHUNGEN, BEI DER BEOBACHTUNG MASS ZU HALTEN, ZUNUTZE!
IST DESWEGEN IM BAD KEINE ÜBERWACHUNGSKAMERA?
BINGO!
ODER HAST DU VIELLEICHT NUR DESWEGEN KEINE INSTALLIERT, WEIL MAN DURCH DEN WASSERDAMPF EH NICHTS SEHEN WÜRDE?
BINGO, WAS?
カチャ
KLACK

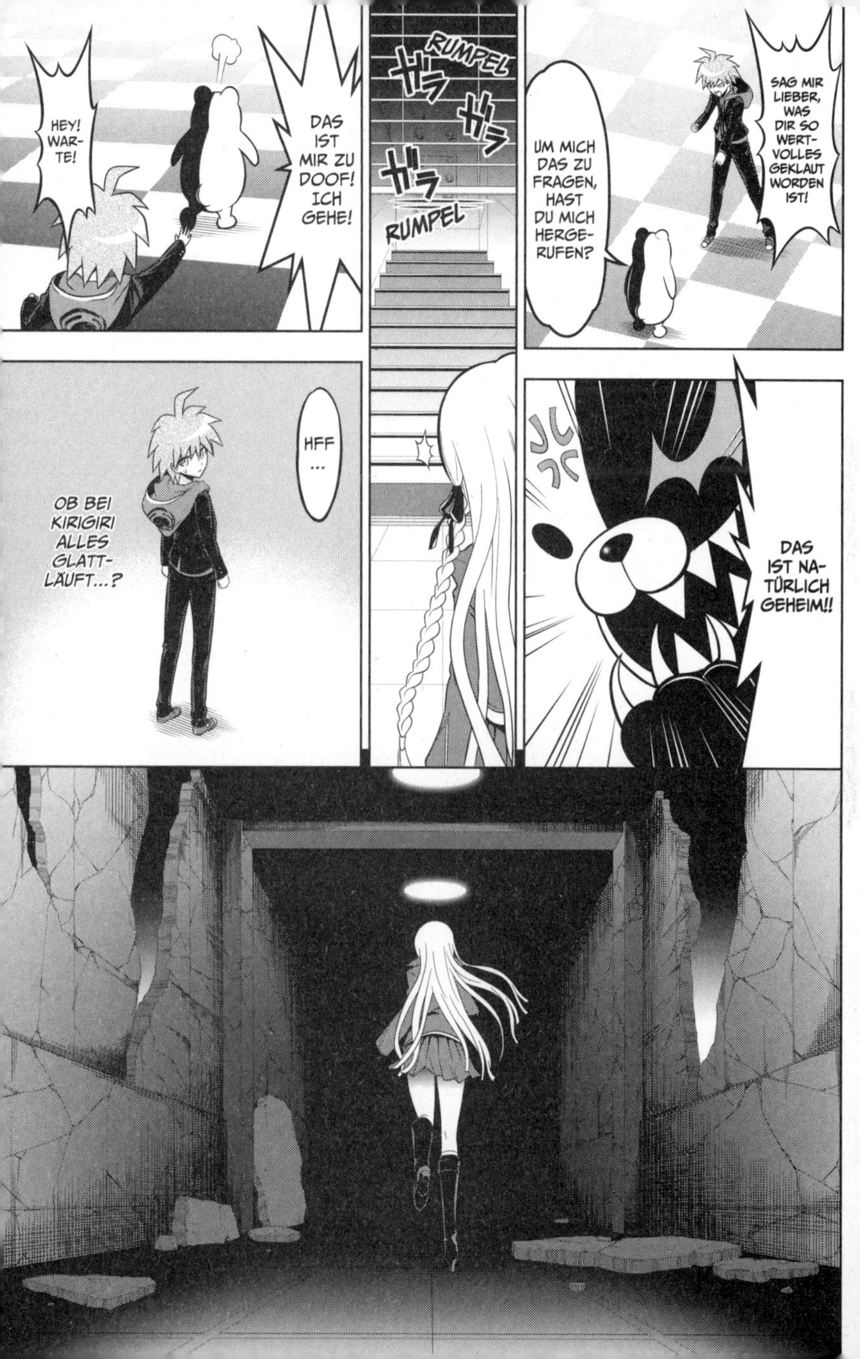
SAG MIR LIEBER, WAS DIR SO WERTVOLLES GEKLAUT WORDEN IST!
UM MICH DAS ZU FRAGEN, HAST DU MICH HERGERUFEN?
RUMPEL
ガラ
ガラ
ガラ
RUMPEL
DAS IST MIR ZU DOOF! ICH GEHE!
HEY! WARTE!
DAS IST NATÜRLICH GEHEIM!!
HFF ...
OB BEI KIRIGIRI ALLES GLATTLÄUFT...?

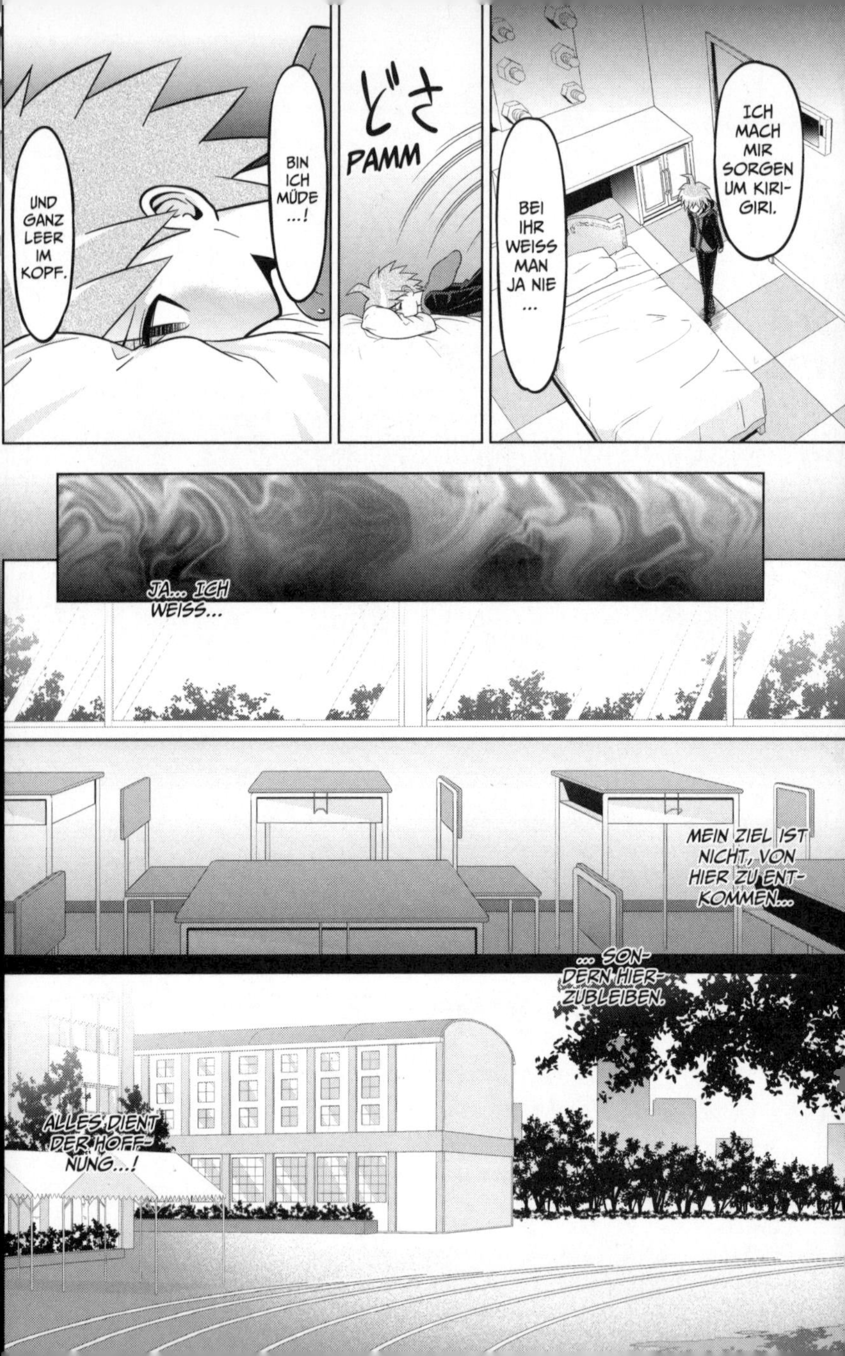
ICH MACH MIR SORGEN UM KIRI-GIRI.
BEI IHR WEISS MAN JA NIE ...
どさ
PAMM
BIN ICH MÜDE ...!
UND GANZ LEER IM KOPF.
JA... ICH WEISS...
MEIN ZIEL IST NICHT, VON HIER ZU ENT-KOMMEN...
... SON-DERN HIER-ZUBLEIBEN.
ALLES DIENT DER HOFF-NUNG...!

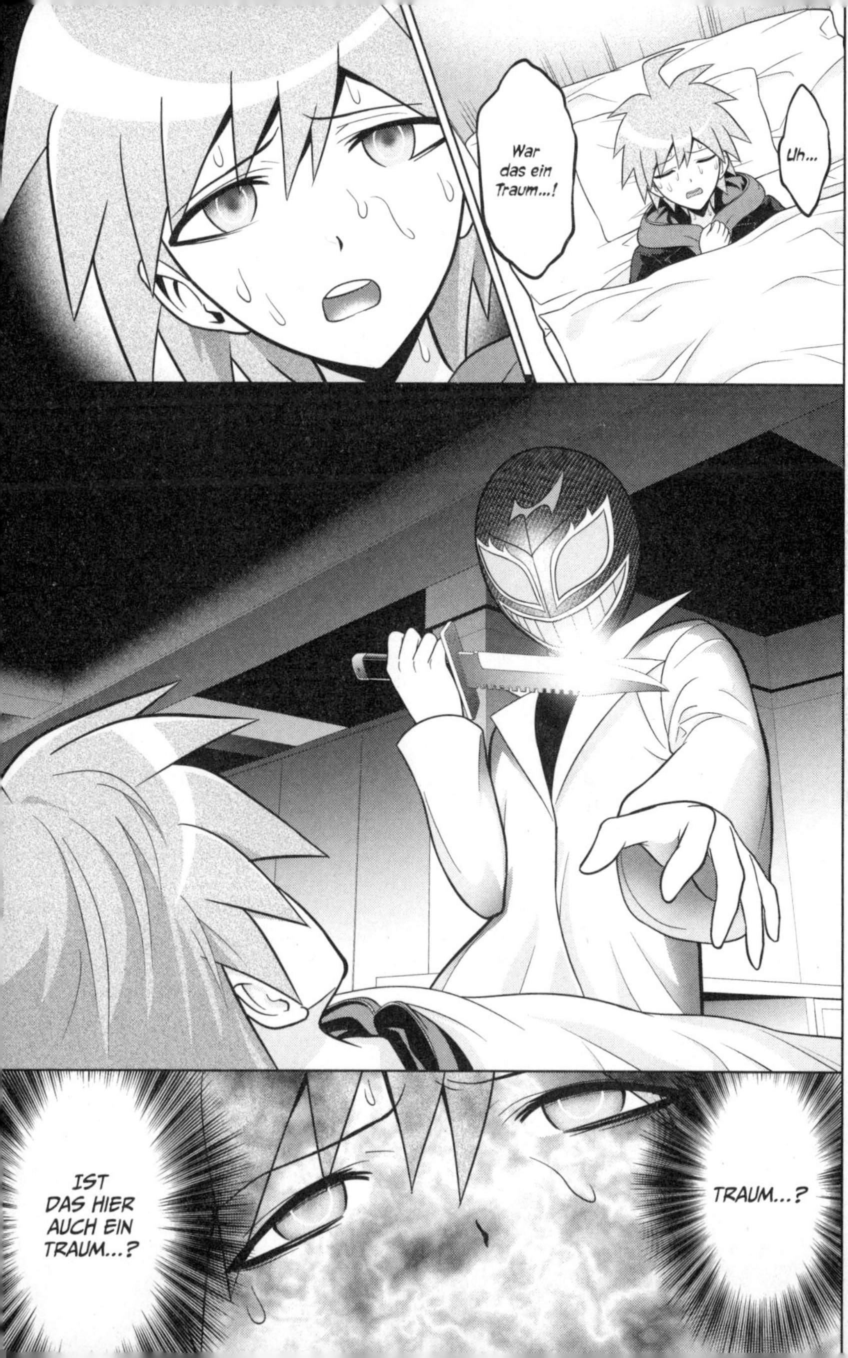
Uh...
War das ein Traum...!
TRAUM...?
IST DAS HIER AUCH EIN TRAUM...?

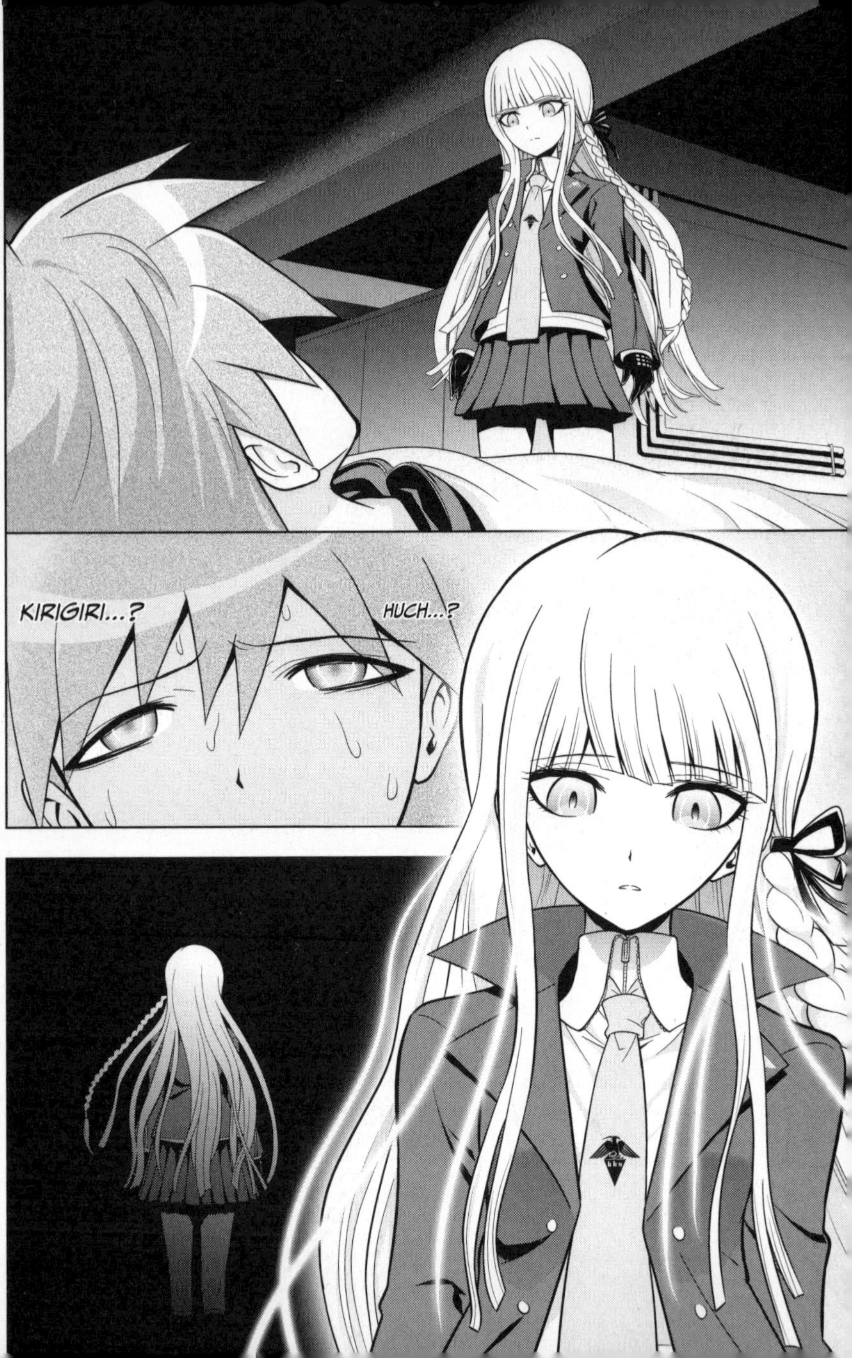
HUCH...?
KIRIGIRI...?

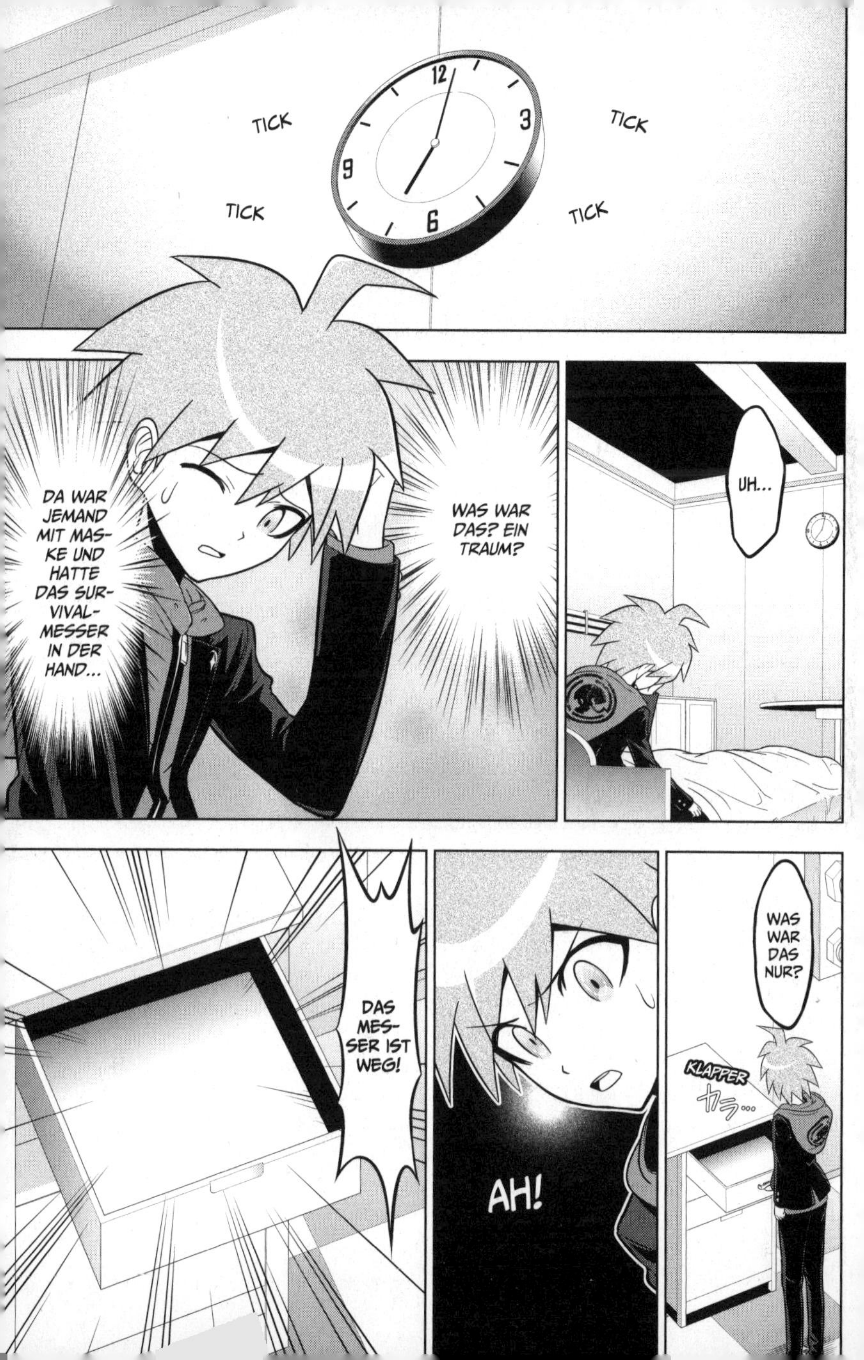
TICK
TICK
TICK
TICK
UH...
WAS WAR DAS? EIN TRAUM?
DA WAR JEMAND MIT MAS-KE UND HATTE DAS SUR-VIVAL-MESSER IN DER HAND...
WAS WAR DAS NUR?
KLAPPER
カラ…
AH!
DAS MES-SER IST WEG!

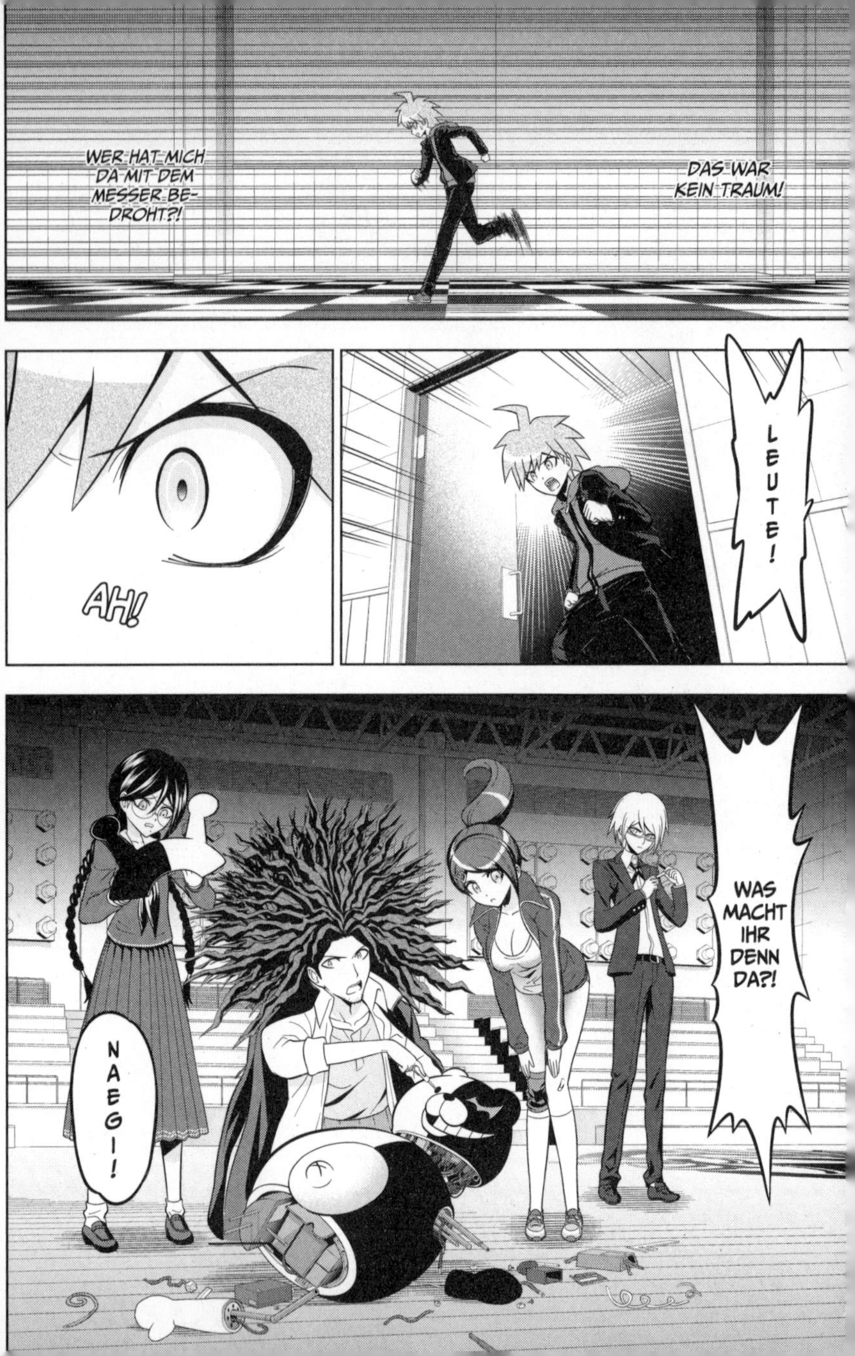
DAS WAR KEIN TRAUM!
WER HAT MICH DA MIT DEM MESSER BE-DROHT?!
LEUTE!
AH!
WAS MACHT IHR DENN DA?!
NAEGI!

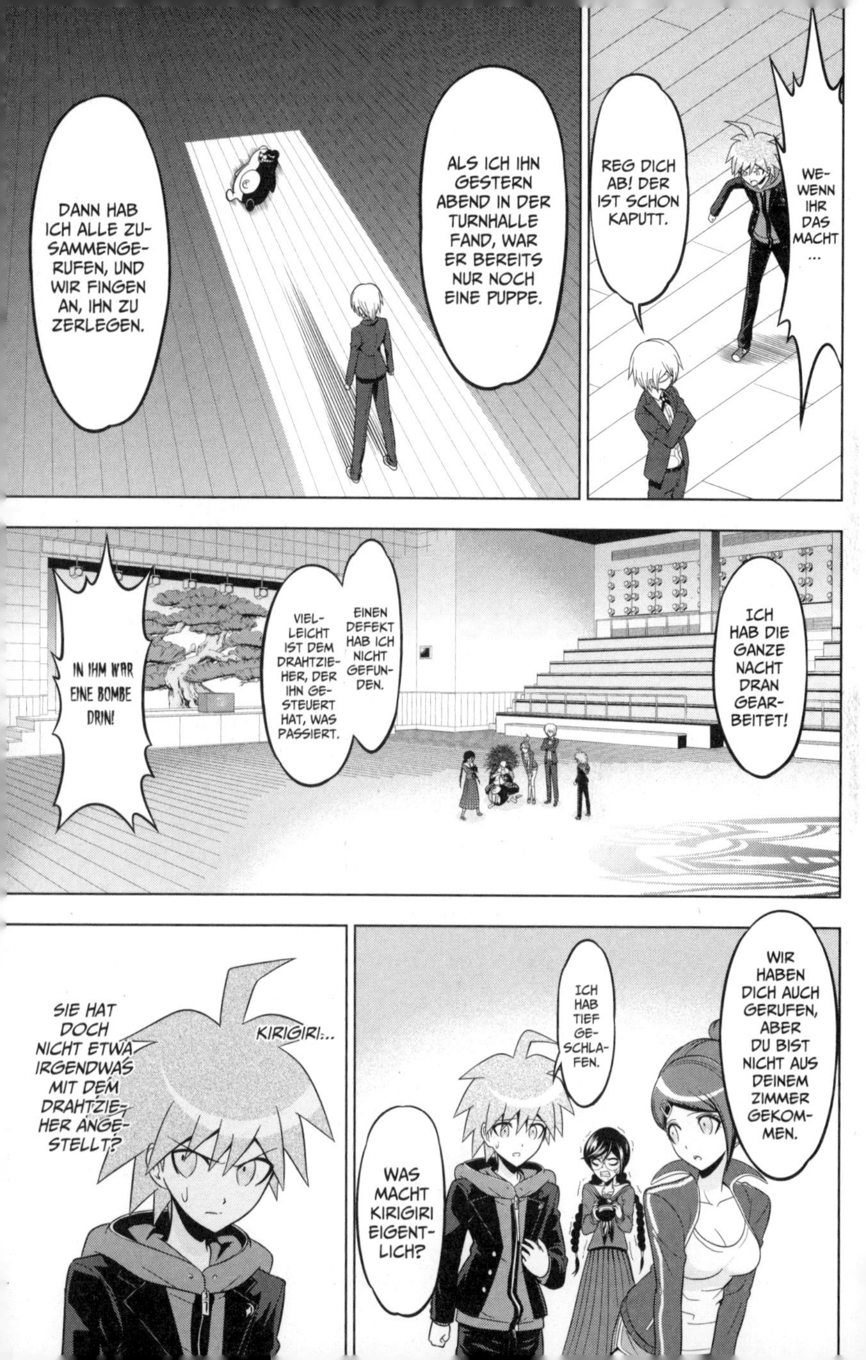
WE-WENN IHR DAS MACHT ...
REG DICH AB! DER IST SCHON KAPUTT.
ALS ICH IHN GESTERN ABEND IN DER TURNHALLE FAND, WAR ER BEREITS NUR NOCH EINE PUPPE.
DANN HAB ICH ALLE ZUSAMMENGERUFEN, UND WIR FINGEN AN, IHN ZU ZERLEGEN.
ICH HAB DIE GANZE NACHT DRAN GEARBEITET!
EINEN DEFEKT HAB ICH NICHT GEFUNDEN.
VIELLEICHT IST DEM DRAHTZIEHER, DER IHN GESTEUERT HAT, WAS PASSIERT.
IN IHM WAR EINE BOMBE DRIN!
WIR HABEN DICH AUCH GERUFEN, ABER DU BIST NICHT AUS DEINEM ZIMMER GEKOMMEN.
ICH HAB TIEF GESCHLAFEN.
WAS MACHT KIRIGIRI EIGENTLICH?
KIRIGIRI...
SIE HAT DOCH NICHT ETWA IRGENDWAS MIT DEM DRAHTZIEHER ANGESTELLT?

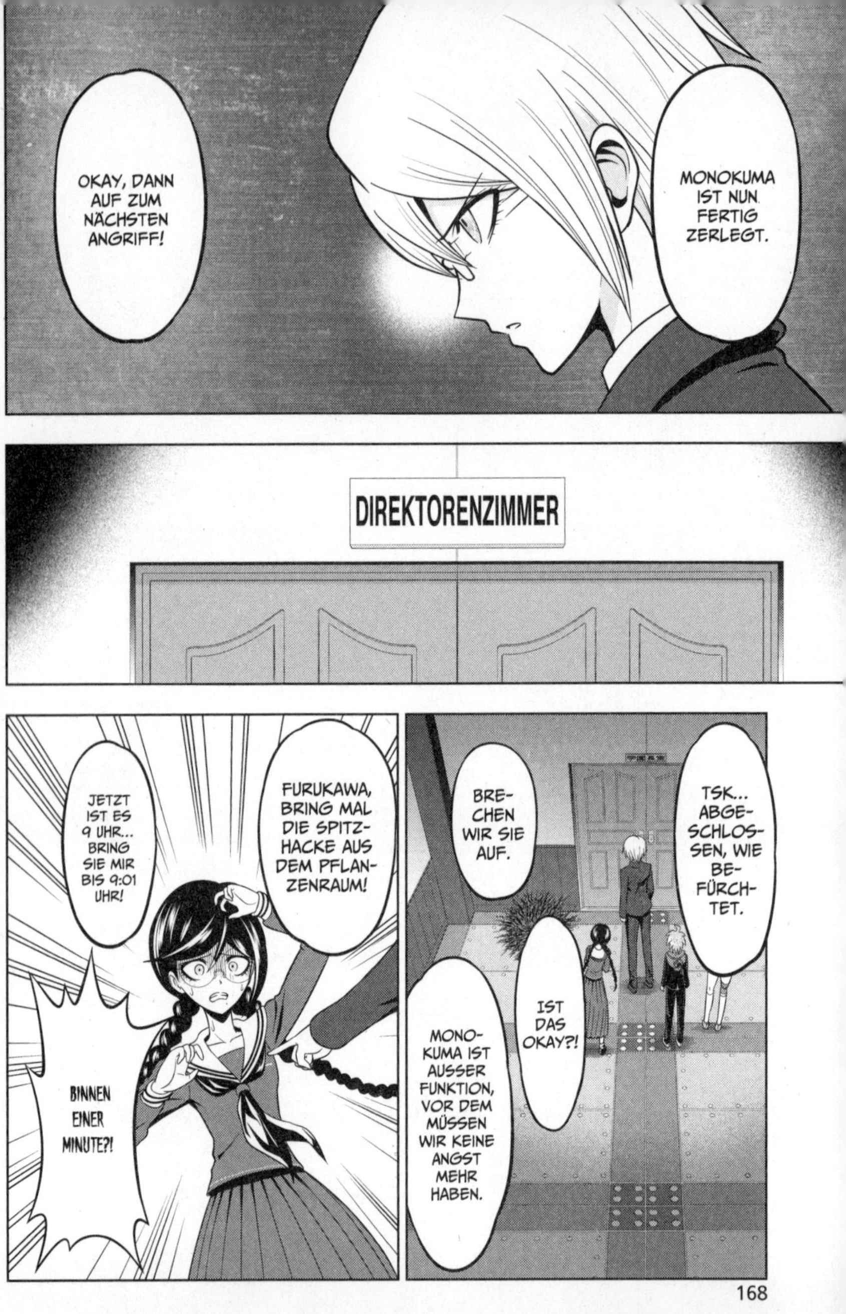
MONOKUMA IST NUN FERTIG ZERLEGT.
OKAY, DANN AUF ZUM NÄCHSTEN ANGRIFF!
DIREKTORENZIMMER
TSK... ABGESCHLOSSEN, WIE BEFÜRCHTET.
BRECHEN WIR SIE AUF.
IST DAS OKAY?!
MONOKUMA IST AUSSER FUNKTION, VOR DEM MÜSSEN WIR KEINE ANGST MEHR HABEN.
FURUKAWA, BRING MAL DIE SPITZHACKE AUS DEM PFLANZENRAUM!
JETZT IST ES 9 UHR... BRING SIE MIR BIS 9:01 UHR!
BINNEN EINER MINUTE?!

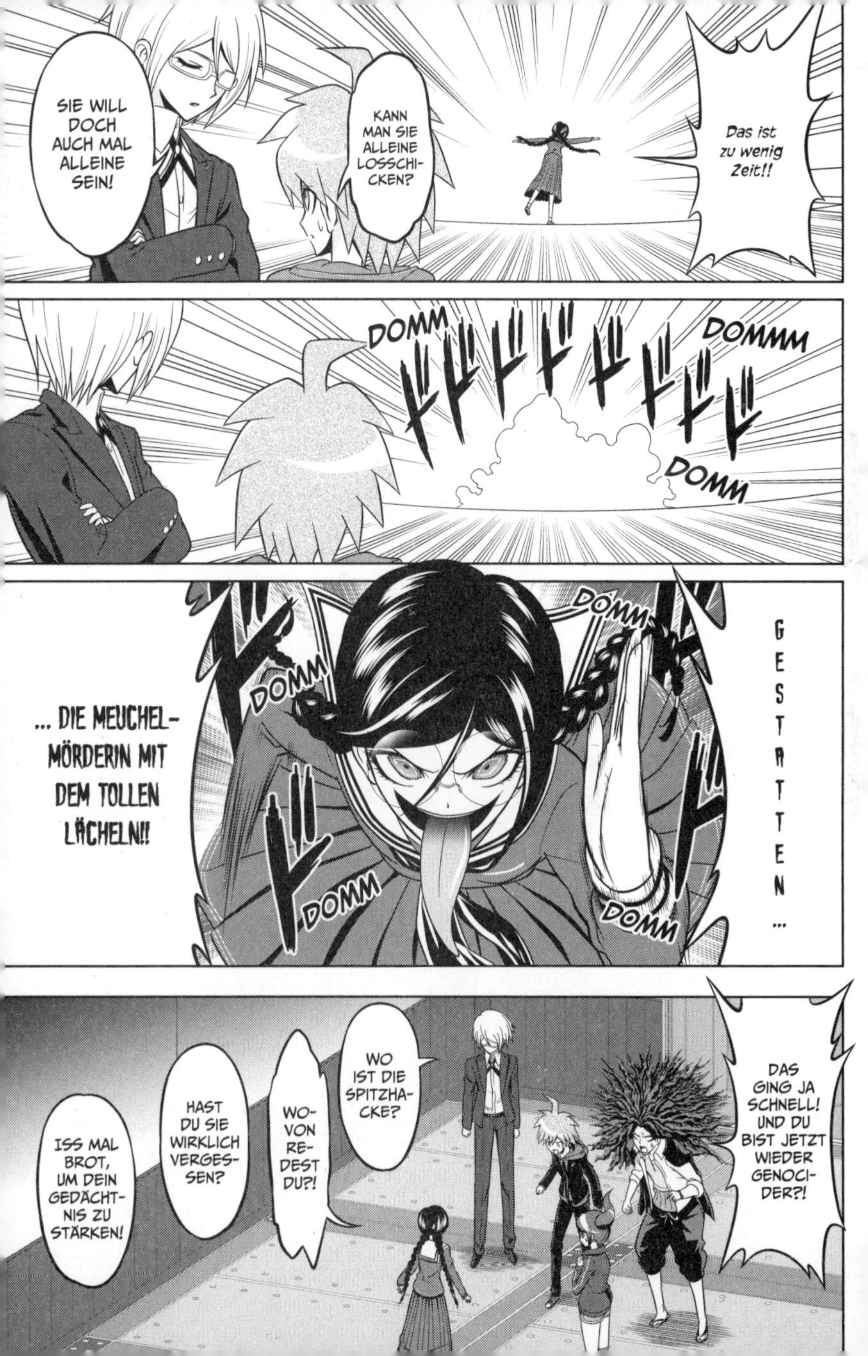
Das ist zu wenig Zeit!!
KANN MAN SIE ALLEINE LOSSCHICKEN?
SIE WILL DOCH AUCH MAL ALLEINE SEIN!
DOMMM
DOMM
DOMM
GESTATTEN ...
DOMM
DOMM
DOMM
DOMM
... DIE MEUCHELMÖRDERIN MIT DEM TOLLEN LÄCHELN!!
DAS GING JA SCHNELL! UND DU BIST JETZT WIEDER GENOCIDER?!
WO IST DIE SPITZHACKE?
WOVON REDEST DU?!
HAST DU SIE WIRKLICH VERGESSEN?
ISS MAL BROT, UM DEIN GEDÄCHTNIS ZU STÄRKEN!

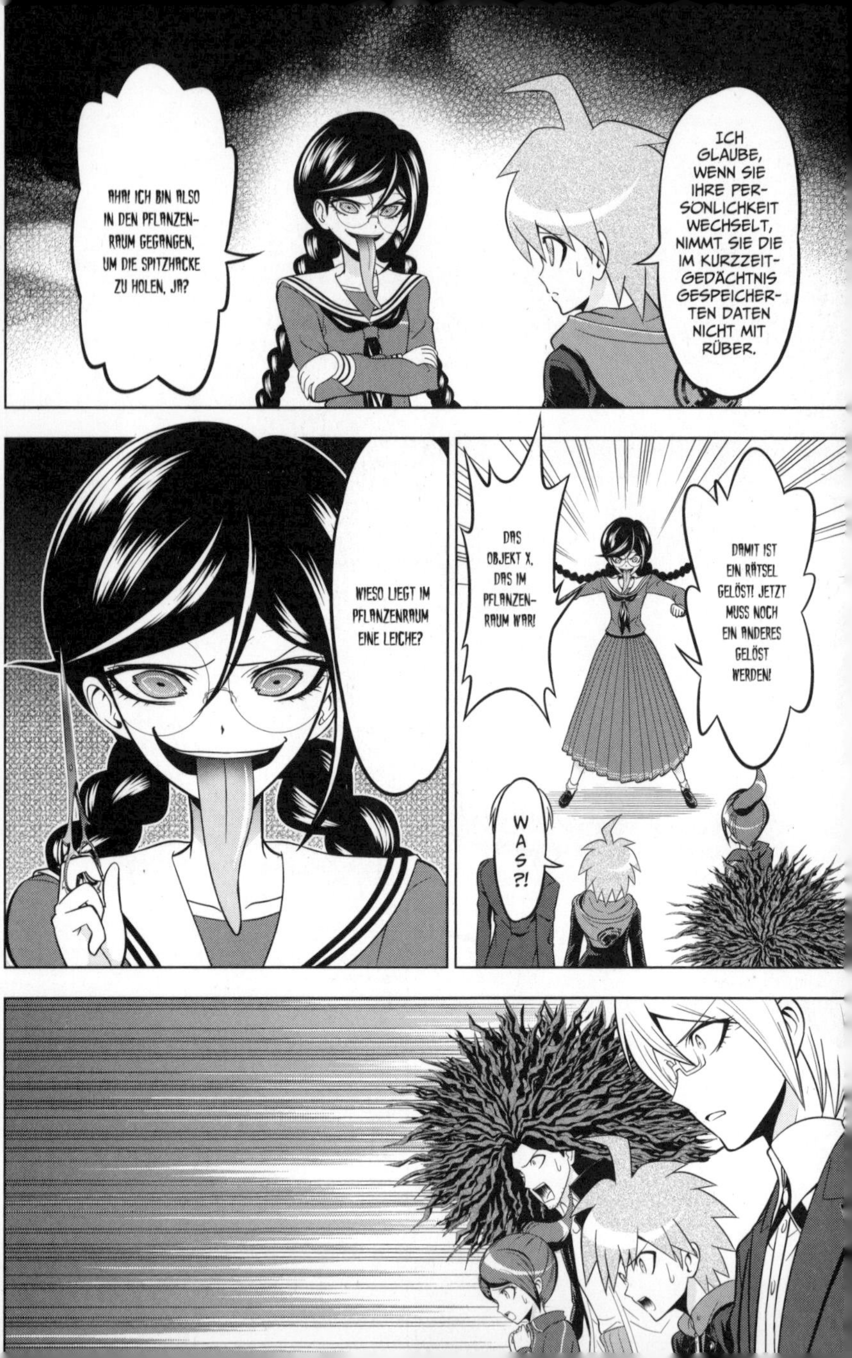
ICH GLAUBE, WENN SIE IHRE PERSÖNLICHKEIT WECHSELT, NIMMT SIE DIE IM KURZZEITGEDÄCHTNIS GESPEICHERTEN DATEN NICHT MIT RÜBER.
AHA! ICH BIN ALSO IN DEN PFLANZENRAUM GEGANGEN, UM DIE SPITZHACKE ZU HOLEN, JA?
DAMIT IST EIN RÄTSEL GELÖST! JETZT MUSS NOCH EIN ANDERES GELÖST WERDEN!
DAS OBJEKT X, DAS IM PFLANZENRAUM WAR!
WAS?!
WIESO LIEGT IM PFLANZENRAUM EINE LEICHE?

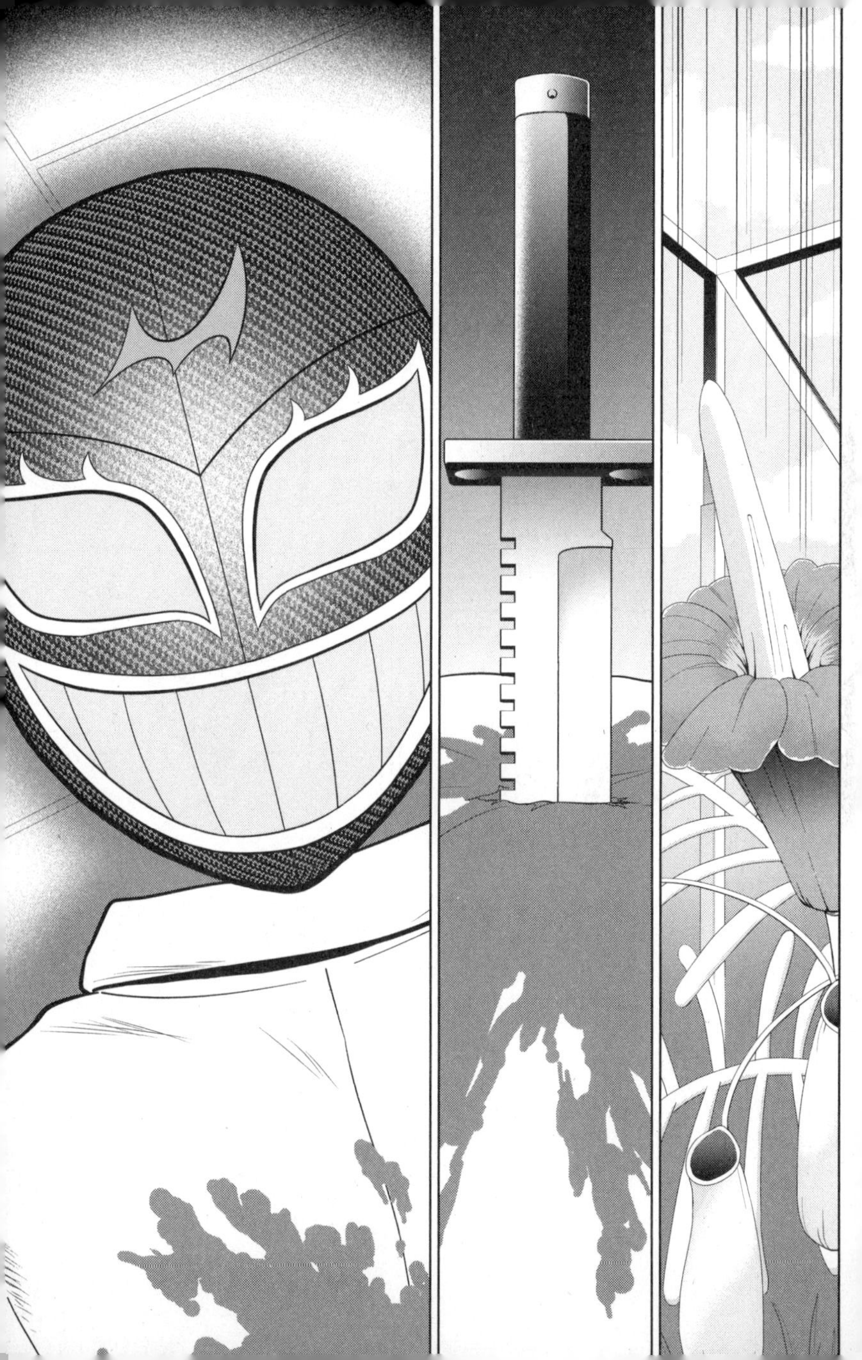

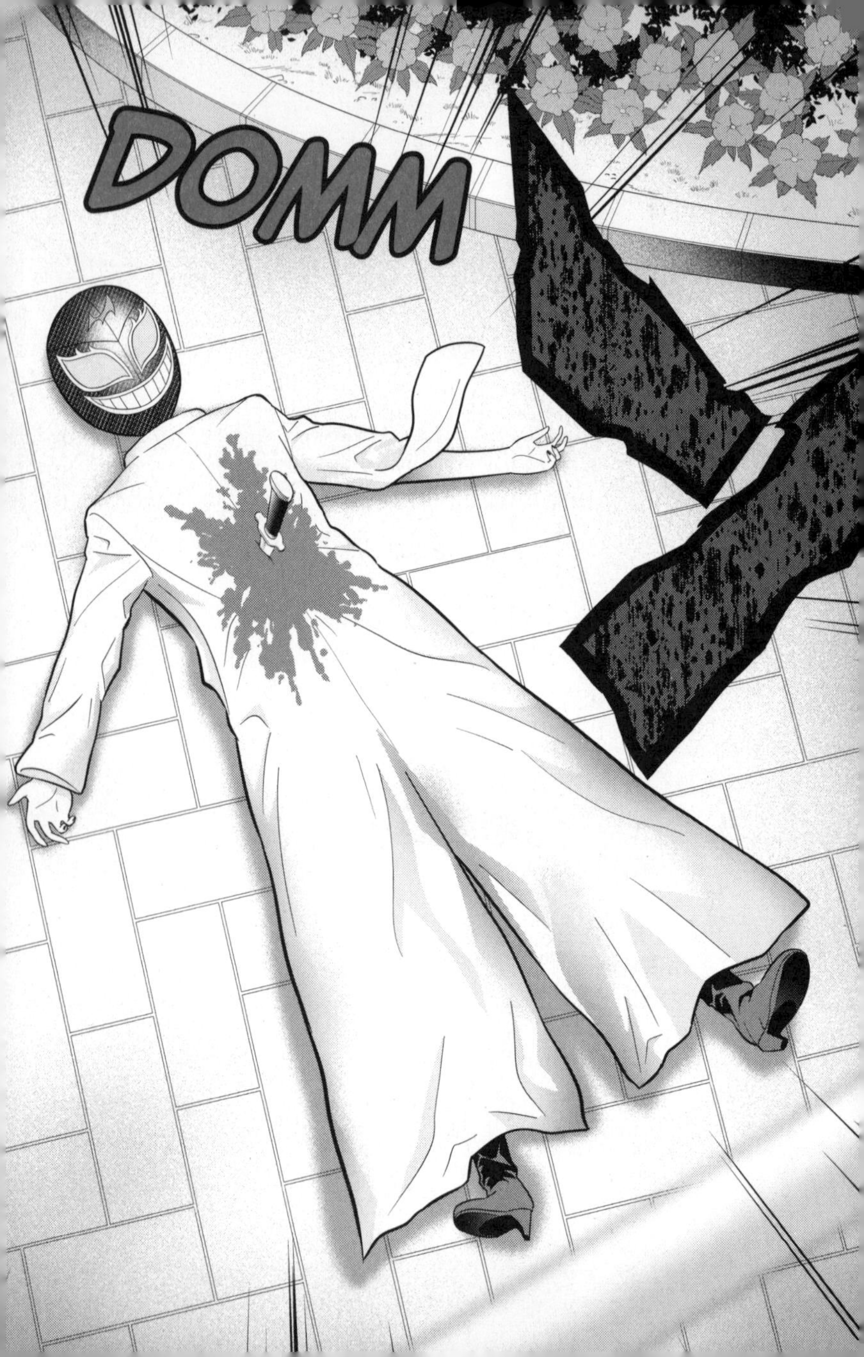
DOMM

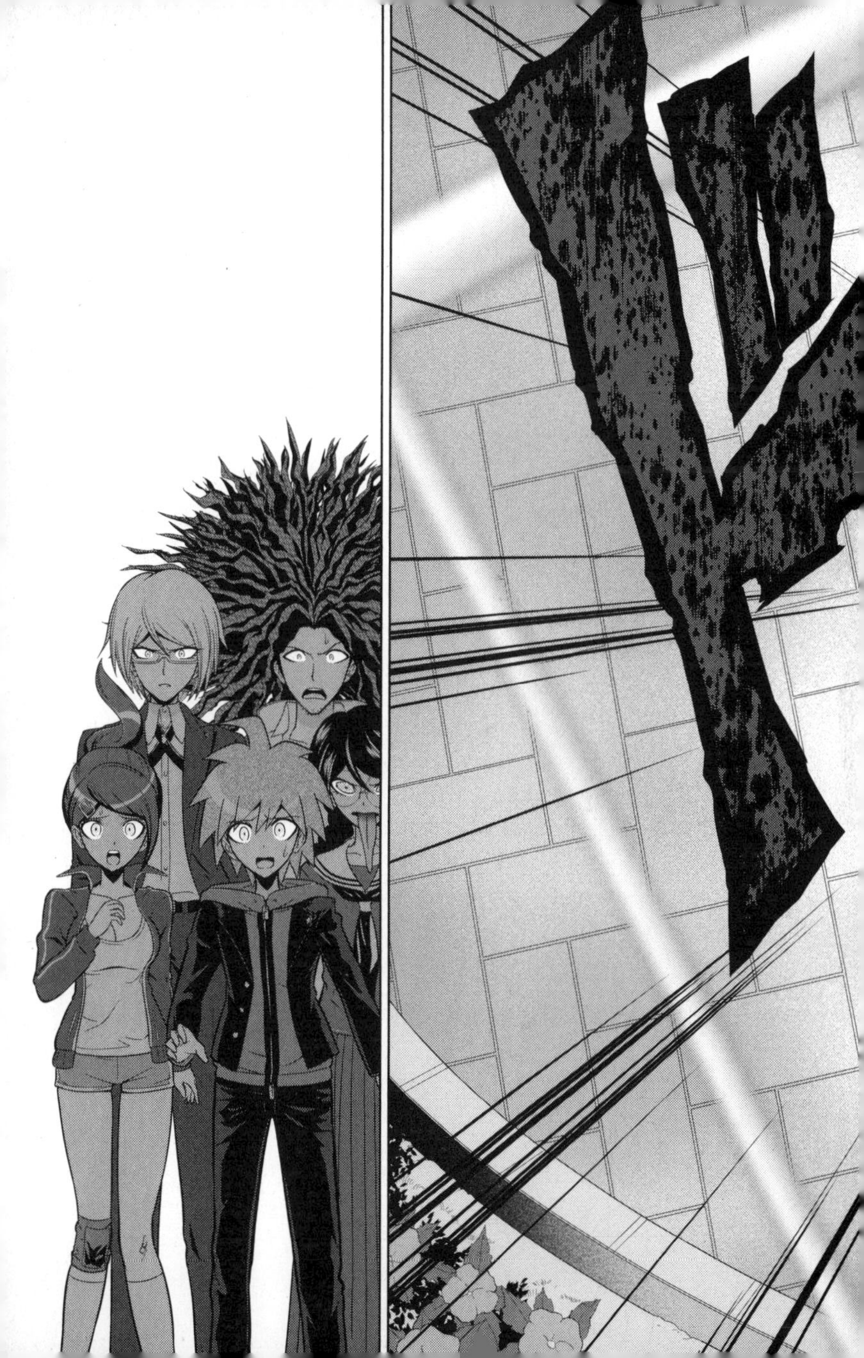

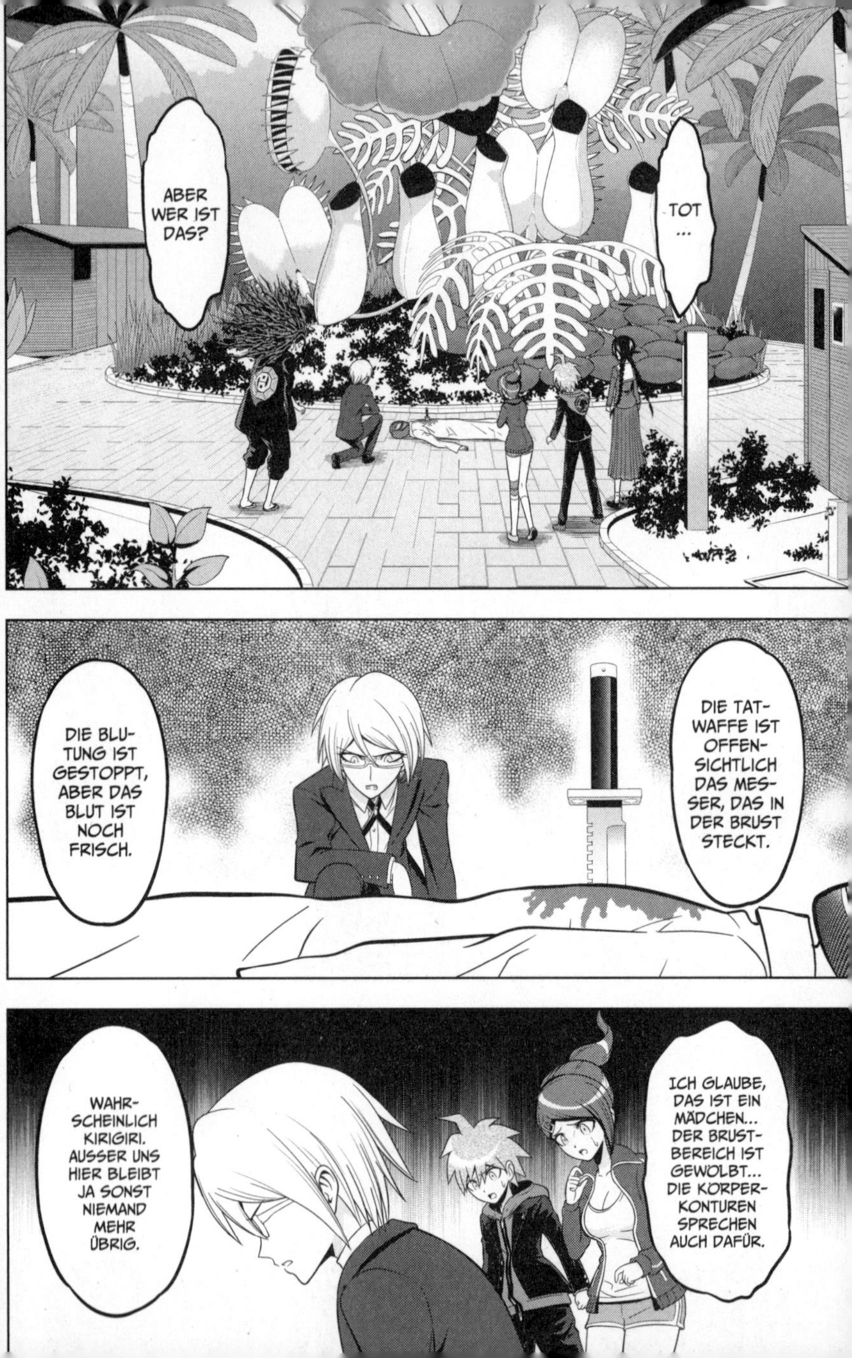
TOT ...
ABER WER IST DAS?
DIE TATWAFFE IST OFFENSICHTLICH DAS MESSER, DAS IN DER BRUST STECKT.
DIE BLUTUNG IST GESTOPPT, ABER DAS BLUT IST NOCH FRISCH.
ICH GLAUBE, DAS IST EIN MÄDCHEN... DER BRUSTBEREICH IST GEWÖLBT... DIE KÖRPERKONTUREN SPRECHEN AUCH DAFÜR.
WAHRSCHEINLICH KIRIGIRI. AUSSER UNS HIER BLEIBT JA SONST NIEMAND MEHR ÜBRIG.

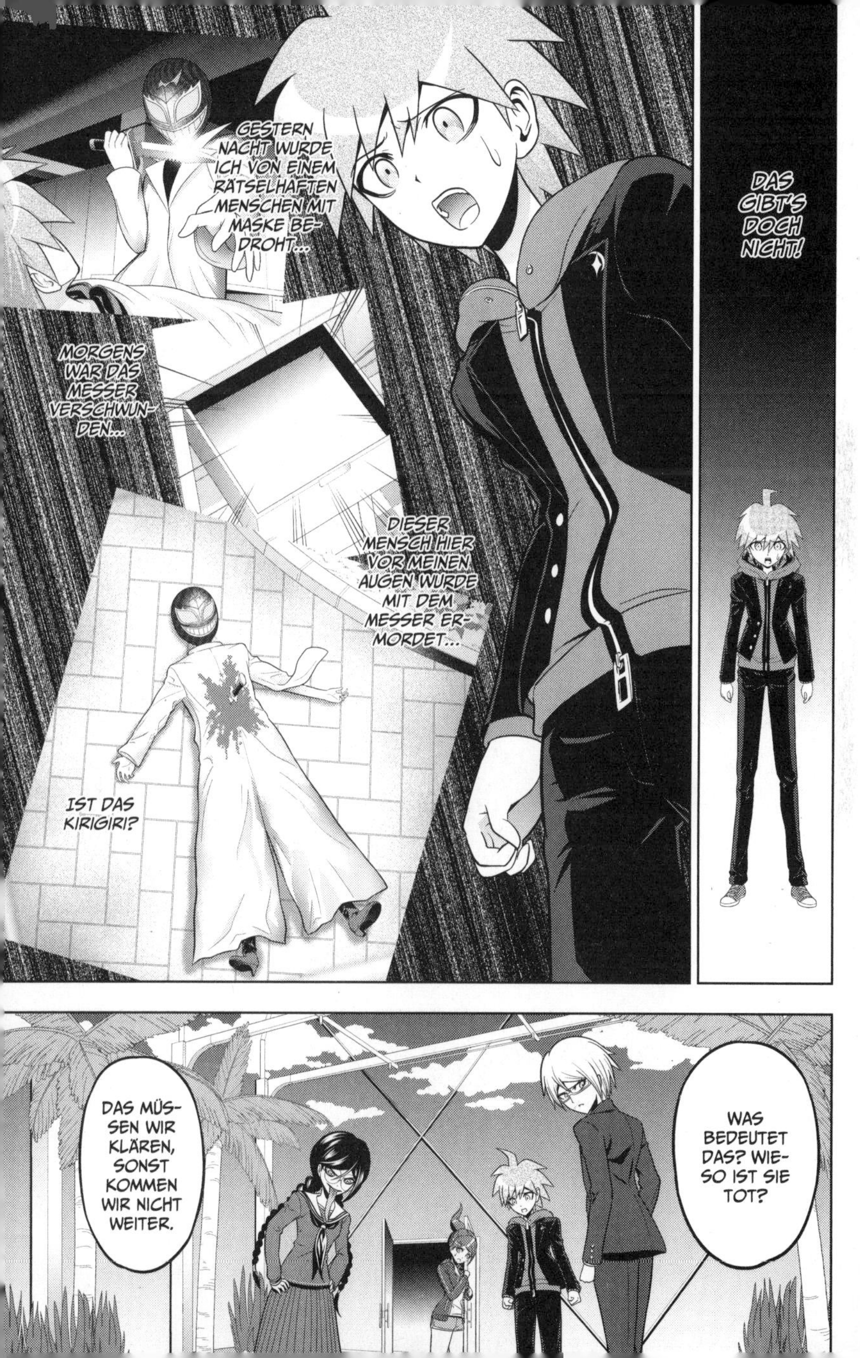
DAS GIBT'S DOCH NICHT!
GESTERN NACHT WURDE ICH VON EINEM RÄTSELHAFTEN MENSCHEN MIT MASKE BEDROHT...
MORGENS WAR DAS MESSER VERSCHWUNDEN...
DIESER MENSCH HIER VOR MEINEN AUGEN WURDE MIT DEM MESSER ERMORDET...
IST DAS KIRIGIRI?
WAS BEDEUTET DAS? WIESO IST SIE TOT?
DAS MÜSSEN WIR KLÄREN, SONST KOMMEN WIR NICHT WEITER.

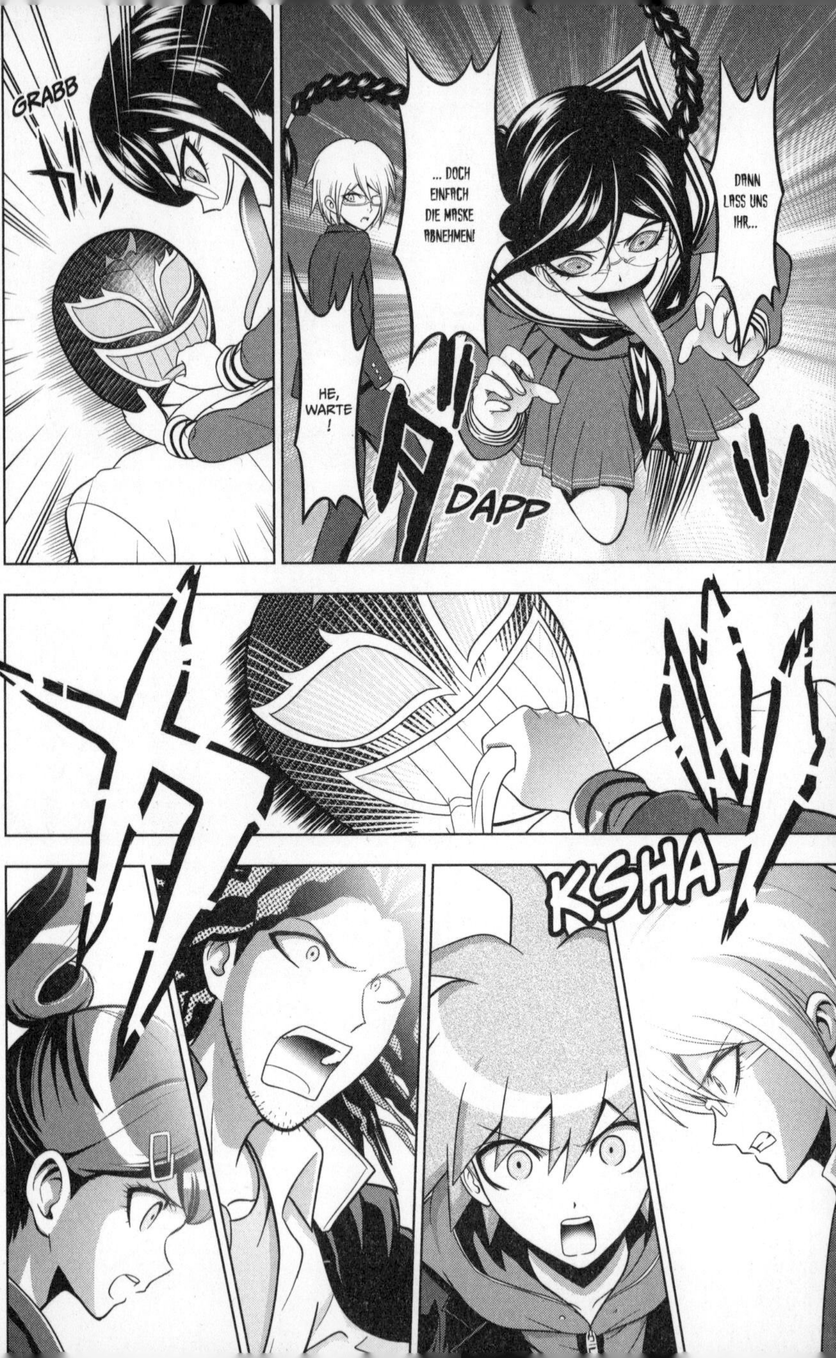
DANN LASS UNS IHR...
... DOCH EINFACH DIE MASKE ABNEHMEN!
HE, WARTE!
DAPP
GRABB
KSHA

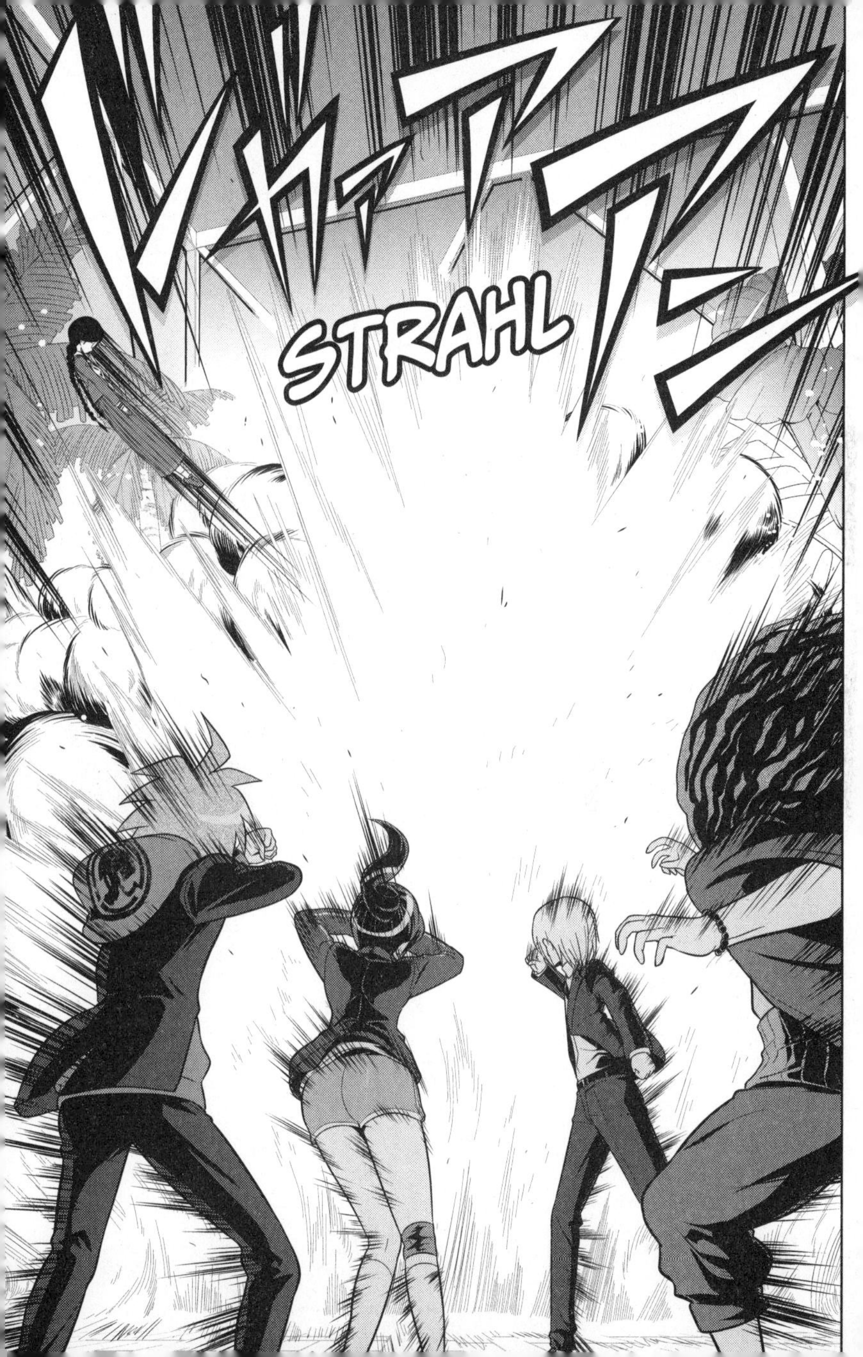
STRAHL

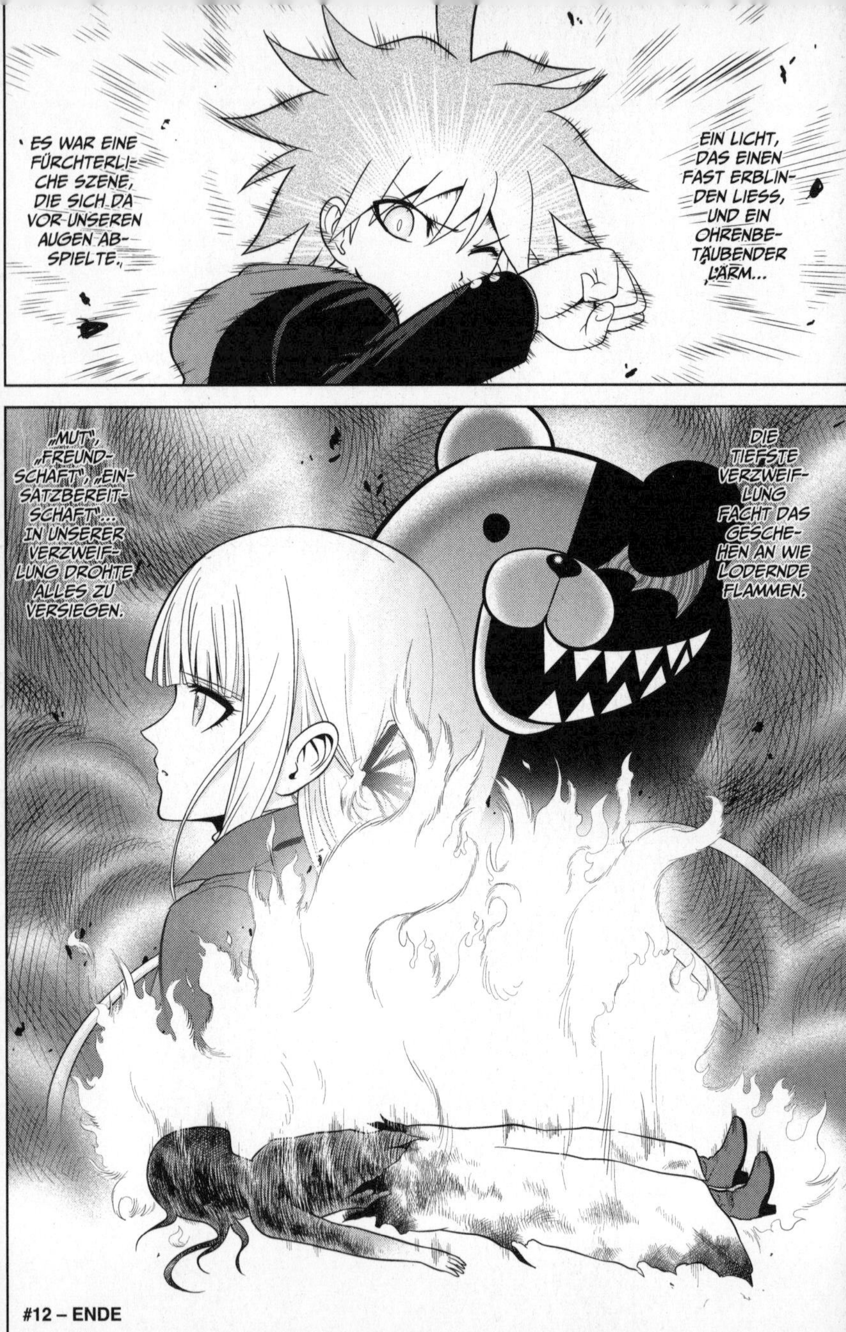
ES WAR EINE FÜRCHTERLICHE SZENE, DIE SICH DA VOR UNSEREN AUGEN ABSPIELTE.
EIN LICHT, DAS EINEN FAST ERBLINDEN LIESS, UND EIN OHRENBETÄUBENDER LÄRM...
DIE TIEFSTE VERZWEIFLUNG FACHT DAS GESCHEHEN AN WIE LODERNDE FLAMMEN.
„MUT", „FREUNDSCHAFT", „EINSATZBEREITSCHAFT"... IN UNSERER VERZWEIFLUNG DROHTE ALLES ZU VERSIEGEN.

#12 – ENDE

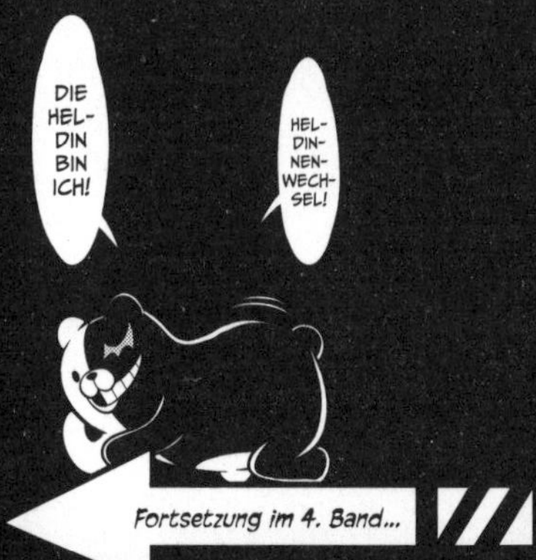
HELDINNENWECHSEL!
DIE HELDIN BIN ICH!
Fortsetzung im 4. Band...

Action

Reiji Miyajima

TALE OF THE DEMON HANDS

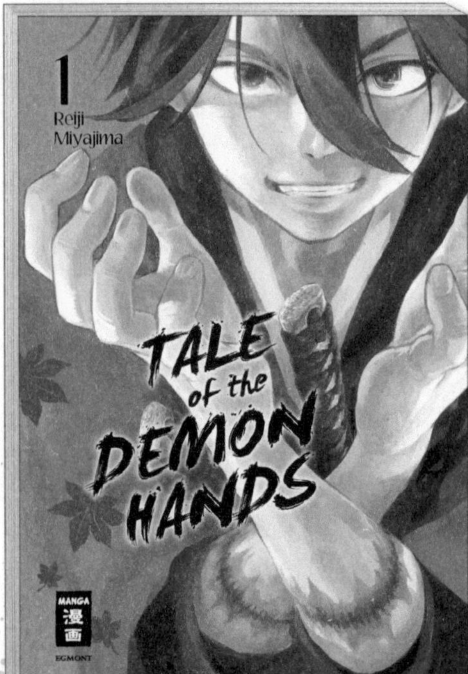

„Hüte dich vor der dämonischen Bestie, die hier ihr Unwesen treibt!" Gerade erst in der Großstadt Edo angekommen will sich Kota ihre Reiselust durch dieses sonderbare Gerücht nicht nehmen lassen. Als sie jedoch von skrupellosen Banditen gefangen genommen wird, stellt sie fest: die Bestie ist kein Tier, sondern ein Mensch!

Tale of the Demon Hands

Band 1 ISBN 978-3-7704-2703-1
€ 7,50 [D], € 7,80 [A]

MANGA 漫画 EGMONT

www.egmont-manga.de

Fantasy

Iida Pochi

MY ELDER SISTER

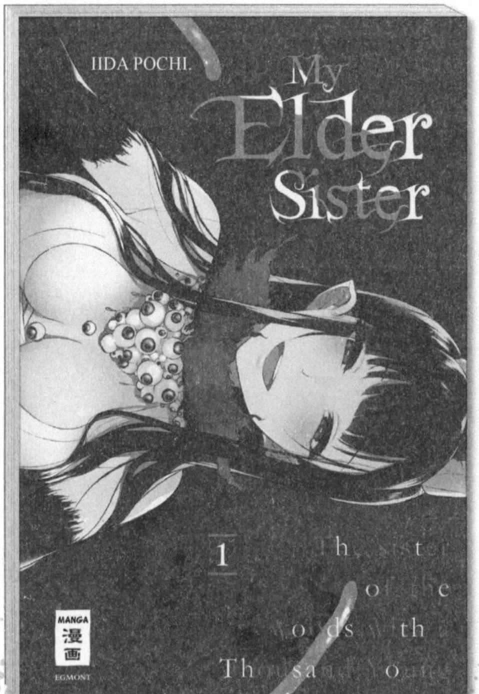

Nachdem Yus Eltern bei einem Autounfall ums Leben kamen, nehmen ihn Verwandte widerwillig bei sich auf. Als er eines Tages im Haus seines Onkels auf einen mysteriösen Raum voller okkulter Artefakte stößt, beschwört er versehentlich eine uralte Dämonenkönigin, die bereit ist, ihm einen Wunsch zu erfüllen. Doch Yu wünscht sich weder Reichtum noch Superkräfte – mehr als alles andere sehnt er sich nach einer Familie …

My Elder Sister

Band 1 ISBN 978-3-7704-5686-4
€ 7,50 [D], € 7,80 [A]

MANGA 漫画 EGMONT

www.egmont-manga.de

Fantasy

Ryoko Kui
DELICIOUS IN DUNGEON

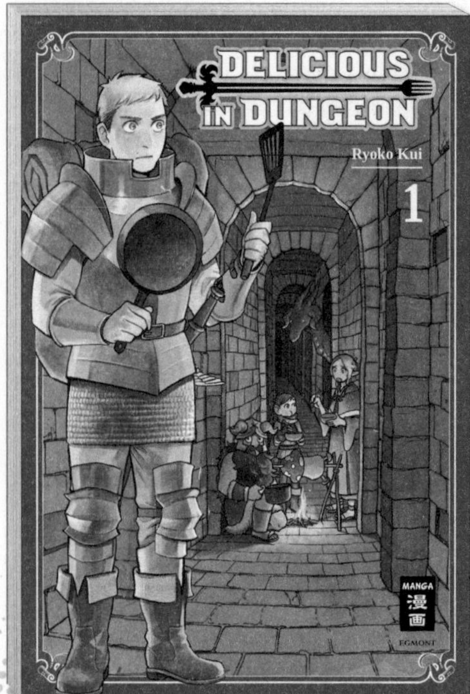

Von einem Drachen in die Flucht geschlagen und komplett pleite stehen Laios und seine Abenteurer kurz vor dem Aus. Sie wissen nicht mal, wo ihre nächste Mahlzeit herkommen soll. Da hat Laios eine geniale Idee: Wenn schon überall Monster lauern, könnte man doch ein paar von denen essen.

Delicious in Dungeon

Band 1 ISBN 978-3-7704-5835-6
€ 7,50 [D], € 7,80 [A]

MANGA 漫画 EGMONT

www.egmont-manga.de

„Danganronpa – The Animation“ von Spike CHUNSOFT und Takashi TSUKIMI
Aus dem Japanischen von Burkhard Höfler
Originaltitel: „DANGANRONPA KIBOU NO GAKUEN TO ZETSUBOU NO KOUKOUSEI THE ANIMATION” volume 3

Originalausgabe:
DANGANRONPA KIBOU NO GAKUEN TO ZETSUBOU NO KOUKOUSEI THE ANIMATION volume 3

First published in Japan in 2014 by KADOKAWA CORPORATION, Tokyo.
German translation rights arranged with KADOKAWA CORPORATION, Tokyo through TOHAN CORPORATION, Tokyo.

verlegt durch Egmont Verlagsgesellschaften mbH,
Alte Jakobstr. 83, 10179 Berlin

5. Auflage 2022
Verantwortlicher Redakteur: Christopher Willmann
Covergestaltung: Wolfgang Schütte
Koordination: Theresa Lindenstruth
Lektorat: Christian Schmidt
Korrektur: Ulrike Marotz
Printed in the EU
ISBN 978-3-7704-9411-8

SUTOPPU!

Koko wa kono manga no owari dayo.
Hantaigawa kara yomihajimete ne!
Dewa omatase shimashita!
Tanoshii hitotoki wo dozo!

Egmont-Manga-Chiimu

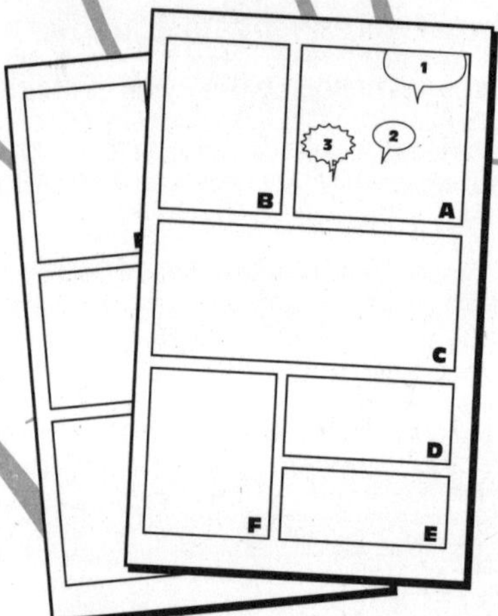

STOPP!

Das ist der Schluss des Mangas.
Fangt bitte am anderen Ende an!
Und nun genug der Vorrede,
viel Spaß beim Lesen!

Euer Egmont-Manga-Team